DEUTSCHES INSTITUT FÜR WIRTSCHAFTSFORSCHUNG

SONDERHEFT 88 · 1971

R. Peter Rochlin und Ernst Hagemann

Die Kollektivierung der Landwirtschaft in der Sowjetunion und der Volksrepublik China

Eine vergleichende Studie

DUNCKER & HUMBLOT · BERLIN

Herausgeber: Deutsches Institut für Wirtschaftsforschung, 1 Berlin 33, Königin-Luise-Straße 5, Telefon (0311) 8 29 11, telex 018 3247 diwbl. Schriftleitung: Prof. Dr. R o l f K r e n g e l.
Verlag: Duncker & Humblot, 1 Berlin 41, Dietrich-Schäfer-Weg 9. Alle Rechte vorbehalten.
Druck 1971 Berliner Buchdruckerei Union GmbH., 1 Berlin 61, Printed in Germany
ISBN 3 428 025 67 9

Inhalt

		Seite
	Vorwort	5
1.	Wirtschaftsgeographischer Überblick	6
2.	Agrarreform und Agrarrevolution	10
2.1	Die soziale Struktur in Rußland am Vorabend der Revolution	12
2.2	Die soziale Struktur in China am Vorabend der Revolution	16
2.3	Gemeinsame Ausgangslage	23
3.	Die Umgestaltung des Bodenbesitzes	25
3.1	Änderungen in der Bodenaufteilung der Sowjetunion	25
3.1.1	In der Zeit unmittelbar nach der Revolution 1917	25
3.1.2	In der Zeit der Neuen Ökonomischen Politik	28
3.2	Änderungen in der Bodenaufteilung der Volksrepublik China	31
3.3	Die Ergebnisse der Bodenaufteilung in beiden Ländern	37
4.	Die Kollektivierung	39
4.1	Die Kollektivierung der Landwirtschaft in der Sowjetunion	39
4.2	Die schrittweise Kollektivierung in der Volksrepublik China	44
4.2.1	Die landwirtschaftlichen Genossenschaften	44
4.2.2	Das Jahr des großen Aufschwungs 1956	47
4.2.3	1957 – das Jahr der Konsolidierung	49
4.2.4	Die Periode des „Großen Sprunges" von 1958/59	52
5.	Die Agrarverfassungen in der Sowjetunion und China	53
5.1	Der Kolchos	53
5.1.1	Organisation	53
5.1.2	Entwicklung der Kolchose	56
5.1.3	Finanzen der Kolchose	60
5.1.4	Die Entlohnung der Kolchosmitglieder	63
5.2	Der Sowchos	65
5.2.1	Organisation	65
5.2.2	Finanzen der Sowchose und Entlohnung der Sowchosbeschäftigten	70
5.3	Die Hoflandwirtschaften und Kolchosmärkte	73
5.3.1	Hoflandwirtschaften	73
5.3.2	Kolchosmärkte	75
5.4	Die Volkskommunen	77
5.4.1	Allgemeines	77

		Seite
5.4.2	Organisation	80
5.4.3	Eigentumsformen	86
5.4.4	Handel und Finanzen der Kommune	88
5.4.5	Planung in der Landwirtschaft	93
5.4.6	Modernisierung der Landwirtschaft	95
5.5	Die Staatsgüter in China	100
5.6	Das private Hofland und die „Freien Märkte"	103
5.7	Vergleich beider Agrarverfassungen	107
6.	Vergleich von Produktionsstruktur und -leistung	109
6.1	Bevölkerung und Beschäftigung	109
6.2	Produktionsflächen	114
6.3	Pflanzliche Produktion	118
6.4	Viehwirtschaft	123
6.5	Mechanisierung	125
6.6	Chemisierung	127
6.7	Gesamtwirtschaft und Außenhandel	128
7.	Schlußbetrachtung	129
7.1	Zusammenfassung	129
7.2	Zukunftsaspekte	133
	Summary	138
	Verzeichnis der Tabellen im Anhang	139
	Literaturhinweise	171

Bei der Wiedergabe russischer Namen und Bezeichnungen wurde die phonetische Transkription verwendet.

Bei der Wiedergabe chinesischer Namen und Bezeichnungen wurde zur Transkription die Pinyin-Wenzi (phonetische Transkription) benutzt.

Nur bei allgemein bekannten oder bibliographisch erfaßten Namen wurde die gebräuchlichste englische Schreibweise beibehalten.

Vorwort

Die geschichtliche Entwicklung Rußlands und Chinas verlief bis zum Anfang des 20. Jahrhunderts in verschiedenen Bahnen. Kulturell und politisch wie auch sozial und wirtschaftlich bestanden zwischen beiden Ländern außerordentlich große Unterschiede. Auch ihre geographischen Merkmale differierten trotz gemeinsamer Grenze ganz beträchtlich. Erst mit der Errichtung der kommunistischen Herrschaft (in Rußland im Jahre 1917, in China im Jahre 1949) und der Einführung der zentralen Planwirtschaft war eine Basis entstanden, die eine vergleichende Betrachtung der weiteren Entwicklung beider Reiche ermöglichte, eine Entwicklung, die nach anfänglicher Parallelität immer mehr auseinanderging.

Zweck dieser Arbeit ist eine vergleichende Studie der Entwicklung und der strukturellen Veränderungen der Landwirtschaft in Rußland und China nach Übernahme des kommunistischen Systems im Rahmen der verfügbaren Informationen.

Allerdings wird der quantitative Vergleich durch die Unzulänglichkeit der Quellen erschwert. Statistische Erhebungen im Bereich der Landwirtschaft sind überall, besonders aber in Entwicklungsländern, mit Schwierigkeiten verbunden. Auch ist die Fehlergrenze in der Agrarstatistik höher als anderswo. Diese Probleme treten dann noch deutlicher zutage, wenn aus politischen Gründen statistische Informationen zurückgehalten, unvollständig veröffentlicht oder manipuliert werden. Das ist in der Sowjetunion — vor allem in der Stalinära — der Fall gewesen; für die VR China gelten diese zusätzlichen Einschränkungen etwa seit 1958, in verstärktem Maße seit 1960. Die Einschätzung der tatsächlichen Entwicklung in beiden Ländern wird ferner erschwert durch ungenügendes Vergleichsmaterial aus der Zeit vor der kommunistischen Machtübernahme, häufige methodische Änderungen der Berichterstattung und durch das hier wie dort geübte Verfahren, Basisjahre für Indexreihen zu wählen, die eine scheinbar rasche Entwicklung mit imponierenden Zuwachsraten erkennen lassen.

Um dem Leser dennoch eine Vorstellung auch der quantitativen Entwicklung der Landwirtschaft geben zu können, war es notwendig, die aus den verschiedenen Statistiken gewonnenen Berechnungen durch eigene Schätzungen — besonders für China — zu ergänzen. Es wird im einzelnen jedoch ausdrücklich darauf hingewiesen, wenn an der Genauigkeit der

Originalstatistik Zweifel bestehen oder ergänzende Schätzungen notwendig waren.

Im Rahmen dieser Untersuchung wurde die sowjetische Landwirtschaft von *R. P. Rochlin*, die chinesische von *Ernst Hagemann* beschrieben. Für die vergleichenden Abschnitte der vorliegenden Arbeit sind beide Verfasser gemeinsam verantwortlich.

1. Wirtschaftsgeographischer Überblick

Die Sowjetunion und die Volksrepublik China verfügen in ihren heutigen Grenzen zwar über zwei Territorien gewaltigen Ausmaßes, die allerdings aus klimatischen und ökologischen Gründen für die menschliche Besiedlung und agrarische Nutzung nur zu einem Teil geeignet sind.

In der Sowjetunion bestehen rund 80 vH des Gebietes — von insgesamt 22,4 Mill. qkm — aus Ebenen und Tiefland unter 500 m Höhe ü. M., aber nur etwas über ein Viertel der gesamten *Fläche* wird landwirtschaftlich genutzt, davon rund 10 vH für den Ackerbau. Das chinesische Gebiet hat einen Umfang von 9,6 Mill. qkm — ungefähr die Fläche der Vereinigten Staaten von Amerika —, jedoch liegen von dieser Fläche nur 14 vH unter 500 m und nur zusammen 40 vH unter 2000 m Höhe, einer Höhe, in der kaum noch Ackerbau möglich ist. Obwohl auch viele Teile des Gebietes unter 2000 m aus morphologischen und klimatischen Gründen landwirtschaftlich nicht genutzt werden können, beträgt die landwirtschaftliche Nutzfläche insgesamt doch etwas über 30 vH, die Ackerfläche 11 vH.

Im Januar 1970 betrug die *Bevölkerung* der Sowjetunion (nach amtlichen Angaben rund 241 Mill. Menschen oder 11 Einwohner je qkm, in China (nach eigenen Schätzungen) rund 812 Mill. oder 84 Einwohner je qkm. Diese mittlere Bevölkerungsdichte ergibt jedoch vor allem deshalb kein klares Bild, weil Zunahme und Verteilung der Bevölkerung ungefähr der Ausdehnung der Ackerfläche folgten und sich in der Sowjetunion weitgehend im westlichen Teil des Territoriums, in China im Osten, in den Flußtälern und Ebenen des eigentlichen China wie auch im Becken von Szechuan, konzentriert. So liegt in den Kernprovinzen Nord-, Mittel- und Südostchinas die Bevölkerungsdichte über 200 Einwohner je qkm, in der Mandschurei und den südwestlichen Gebieten immer noch bei 60 bis 70 Einwohnern je qkm, den landwirtschaftlich sehr extensiv genutzten, dünn besiedelten Randgebieten aber nur noch bei 6 bis 8 Menschen je qkm. Die Bevölkerungzentren beider Länder, der Sowjetunion im Westen und Chinas im Osten, sind voneinander abgewandt. Durch planmäßige Besiedlungspolitik beider Staaten werden die ursprünglich dünnbesiedelten Räume beiderseits der langen Grenze in gegenläufiger Richtung nur langsam aufgefüllt.

Das weiträumige Territorium der Sowjetunion[1] besteht aus verschiedenen großen Gebieten, die — morphologisch gesehen — krasse Unterschiede zeigen, jedoch sind die Übergänge abgemildert. Man kann das Land in sechs horizontal verlaufende Zonen einteilen, wobei sich im allgemeinen die Bodeneigenschaften jeder Zone von West nach Ost verschlechtern. Auf die nördliche arktische Zone folgt die Waldzone (die größte aller Zonen), die große Teile Sibiriens umfaßt und weiter nach Süden die Steppenzone mit dem fruchtbaren Schwarzerdegebiet: 60 vH der Steppenzone werden für den Ackerbau genutzt. Sie geht allmählich nach Süden hin in die Dürrezone über, an die sich, an der Peripherie des Landes, die Gebirgszone anschließt. Ganz im Südwesten liegt die kleinste Zone, die transkaukasische subtropische Zone.

China[2] wird historisch und geomorphologisch in Nord- und Südchina geteilt, wobei die west-östlich verlaufenden Gebirgsketten der Kuen-lun- und Ch'ing-lin-Gebirge die Wasser- und Klimascheide zwischen den Stromgebieten des Huangho und des Yangtse bilden. Nordchina hat den Charakter eines großen Tafellandes, das in Stufen in die ostchinesische Tiefebene abfällt und seine Gestaltung dem Löß (einer Art Bleicherde) verdankt, einem Verwitterungsprodukt des von den Gegenmonsunen herangewehten Gesteinsstaubes des asiatischen Hochlandes und der darin gewachsenen Streppengrasvegetation. Dieser fruchtbare, sich selbstdüngende Boden bildete durch Abschwemmung, die tiefe Schluchten in das ursprüngliche Relief grub, die große nordchinesische Ebene. In Südchina, wo das alte Gebirgsrelief erhalten geblieben und langsam verwittert ist, herrschen Laterit und Roterden vor. Diese Böden bedürfen nicht nur regelmäßiger Düngung, sondern auch besonders sorgfältiger Drainage.

Rußland hat kontinentales Klima, wobei die Übergangszeiten zwischen Winter und Sommer nach Osten hin allmählich kürzer werden. Die Temperaturunterschiede auf dieser gewaltigen Landmasse sind sehr groß, werden aber durch die Bodenverhältnisse, das Fehlen größerer Gebirgszüge und maritimer Einschnitte in ihren Übergängen abgemildert. Noch in der Waldzone dauert der Winter 6 bis 7 Monate und erst in ihrem südlichen Teil gibt es eine klare Unterscheidung zwischen den Jahreszeiten. In der Streppenzone herrschen milde Frühlinge, trockene Sommer und kurze, mitunter strenge Winter vor.

---

[1] Für eine ausführliche Beschreibung des Gebietes vergleiche man: W. *Leimbach:* „Die Sowjetunion". Stuttgart 1951; Th. *Shabad:* „Geography of the USSR". New York 1951; und die Übertragung aus dem Russischen, S. *Balzak*, V. *Vasyutin*, J. *Feigin:* „Economic Geography of the USSR". New York 1949.

[2] Grundlegendes Werk über China ist immer noch: F. B. *Cressey:* „Land of the 500 Million". New York 1955, 2; neueste Darstellung in deutscher Sprache: A. *Kolb:* „Ostasien, China-Japan-Korea, Geographie eines Kulturerdteils". Heidelberg 1963; von chinesischer Seite: *Jen Yu-di:* „Kurzgefaßte Geographie Chinas". Peking 1964.

Die Hauptmasse der Niederschläge für dieses große Gebiet wird weitgehend vom Atlantischen Ozean herangeführt, die Jahreszeiten und vor allem die Meeresferne spielen bei der Verteilung eine Rolle. Die durchschnittliche Jahresmenge nimmt von der Ostsee (Ø 600 mm) nach Osten und Südosten rasch ab und vermindert sich besonders stark östlich des Baikalsees. In Mittelasien beträgt die Niederschlagsmenge kaum 100 mm. Nur der Ferne Osten hat unter dem Einfluß der Pazifikwinde wieder reichliche Niederschläge.

China erstreckt sich über alle Klimazonen, jedoch wirken die Monsunwinde ausgleichend auf das Klima. Während die zentralasiatischen Teile kontinentales Klima haben mit arktischen Einschlägen in den Gebirgen, liegt das übrige Nordchina in der gemäßigten Zone. Mittelchina hat subtropisches Klima und der Süden ragt in die tropische Zone. Klimabestimmend sind die Monsune, die im Süden [über das ganze Jahr verteilt] reichlich Niederschläge bringen, bis 2500 mm und mehr; in Nordostchina betragen sie durchschnittlich aber nur noch 300 mm und über 80 vH fallen hier im Frühsommer, der Rest im Herbst.

Nordchina ist daher gekennzeichnet durch geringe und unregelmäßige Niederschläge, kalte Winter und vorherrschende Trockenlandwirtschaft; Hauptanbaufrüchte sind hier Sommerweizen, Hirse, Kaoliang, Bohnen, Mais und Kartoffeln. Südlich des Yangtse, wo die Niederschläge reichlicher fallen, dominieren Naßfeld- und Mehrernteanbau. Hauptanbaufrüchte sind neben Wasserreis und gelegentlich Winterweizen, auf terrassierten Hügeln Mais und Süßkartoffeln, sowie als Winterzwischenfrucht Gemüse. Außerdem werden Tee, Zuckerrohr und viele Obstsorten angebaut, auch viele Sorten von Ölsaaten. Im Gebiet zwischen Huangko, Yangtse und Huaiko findet man Trocken- und Naßfeldbau, dieses Gebiet hat heute die Bezeichnung Winterweizengebiet.

Das charakteristische Merkmal der sowjetischen Landwirtschaft ist das Vorherrschen der Getreidewirtschaft, die heute noch mehr als die Hälfte der gesamten Anbaufläche umfaßt. In den letzten fünfzig Jahren wurde der Weizenanbau auf Kosten des Anbaus von Roggen stark ausgedehnt, auch die technischen Kulturen (Zuckerrüben, Baumwolle, Hanf, Flachs und Sonnenblumen) haben großen Umfang angenommen. Neben Getreide ist die Kartoffel die wichtigste Feldfrucht. Mit Ausnahme der arktischen Zone wird beinahe im ganzen Territorium Obst und Gemüse angebaut.

Die Viehwirtschaft bekommt immer stärkere Bedeutung in der Sowjetunion. Mit zunehmender Mechanisierung wird allerdings die Rolle der Zugtiere, deren Zahl ständig zurückgeht, geringer. Dafür gewinnt die Viehwirtschaft in ihrer Funktion als Nahrungsmittellieferant für die Städte an Bedeutung. In China sind seit alten Zeiten Pferd, Rind, Schaf, Schwein und Huhn bekannt, Esel und Kamele wurden von den Nomadenvölkern übernommen. Die Fischzucht ist überall — vor allem in den Naßfeldgebieten — weit verbreitet. Rinder werden auch in nächster Zeit noch den Hauptteil der landwirtschaftlichen Zugkraft stellen. Das Schwein — zumeist nur mit Abfällen gefüttert — ist wichtigstes Haustier für die Fleischversorgung und von besonderer Bedeutung auch für die Düngerwirtschaft.

Während die Sowjetunion über das größte geschlossene Waldgebiet der Erde (33 vH ihres Territoriums) verfügt, ist China mit seinem 9 vH-Anteil der Waldfläche ausgesprochen waldarm.

Zusammenfassend läßt sich vergleichend feststellen, daß mit rund doppelt so großer Fläche in der Sowjetunion — bei in beiden Ländern annähernd gleichem Anteil der Ackerfläche an der Gesamtfläche — der Ackerboden je Kopf der Bevölkerung rund 6mal größer ist als in China. Allerdings wird dieses Verhältnis zugunsten Chinas durch die Möglichkeit mehrfacher Ernten in diesem Lande und intensivem Anbau zum Teil ausgeglichen. Die Bodenverhältnisse in China sind im allgemeinen günstiger als in der Sowjetunion; jedoch sind große Teile Chinas durch ihre starke Gebirgsfaltung und ihre Höhenlage — mit ihren Konsequenzen für die Verkehrserschließung — benachteiligt. Obwohl ein großer Teil der landwirtschaftlichen Nutzfläche Chinas in der subtropischen und gemäßigt warmen Klimazone liegt und die Niederschläge im allgemeinen auf die Hauptvegetationszeit des jetzigen Anbausystems konzentriert sind, bewirken die unregelmäßig auftretenden Abweichungen der Monsunwinde sowie der allgemeine Mangel an Oberflächenwasser in Nordchina ein Überwiegen der ungünstigen Klimaeinflüsse. Sonstige Anomalien, darunter auch arktische Kaltlufteinbrüche im Norden und Wirbelstürme in den Küstengebieten, führen immer wieder zu Schäden der landwirtschaftlichen Produktion. Insgesamt sind aber Dürreperioden und Überschwemmungen räumlich begrenzt und von geringerem Einfluß auf die Gesamternte.

In der Sowjetunion galten die Klima- und Bodenverhältnisse lange Zeit als ungünstig und oftmals ausgesprochen schlecht. Mit der Anwendung moderner Agrarmethoden und neuer technischer Mittel kann jedoch die landwirtschaftliche Nutzfläche weit besser genutzt und die Auswirkung des Klimas gemildert werden, wobei die geringe Faltung des Landes und der große Vorrat an Oberflächenwasser von Vorteil sind. Obwohl in China seit ungefähr zehn Jahren eine Modernisierung des Anbausystems angestrebt wird und in steigendem Umfang industrielle Vorleistungen in die Landwirtschaft strömen, scheinen heute in der chinesischen Landwirtschaft noch mehr als in der sowjetischen die ungünstigen Einflüsse zu überwiegen.

2. Agrarreform und Agrarrevolution

Die Agrarfrage ist eines der ältesten Probleme der Menschheit. Aus der europäischen Geschichte sind die Reformen von Solon und Pisistratos in Griechenland und die der Gracchen aus Rom bekannt; in der chinesischen Literatur, soweit sie ökonomische Fragen behandelt, begegnet man immer wieder dem Problem der Sicherung vor Hungersnöten, dem Verhältnis von Einwohnern zum Boden oder der Reform des bestehenden Bodenrechts von Shang Yang über Wang Mang bis hin zu den Reformen der Taiping in der Mitte des vorigen Jahrhunderts. Alle diese Reformen zielten stets auf eine Anpassung der begrenzten landwirtschaftlichen Nutzfläche an eine gestiegene Bevölkerungszahl, damit auch eine Verbesserung der gesamten Agrarstruktur. Zumeist waren die Reformen mehr auf Sicherung des Gemeinwohls ausgerichtet, dabei häufig auf eine Stabilisierung der Erträge des Staates. Diese Zielsetzung war abhängig von der traditionellen kulturellen, sozialen und technischen Entwicklung, sie bestimmte die Mittel, die angestrebt wurden: gemeinschaftlicher Bodenbesitz und individuelle Nutzung oder individueller Besitz und gemeinsame Bewirtschaftung. Durch die Eingriffe in die Beziehungen von Bodeneigentümer und Bodenbenutzer, von Feudalherr und Lehnsmann, von Grundrentenbezieher und Kleinpächter, von Herr und Knecht werden soziale und ethische Grundfragen menschlichen Verhaltens in ihrer Gesamtheit berührt. Solange es sich um traditionelle agrarische Gesellschaften handelte, war daher auch ein Ausgleich der Interessengegensätze im Rahmen der überkommenen Sozialordnung möglich.

Erst die beginnende Industrialisierung änderte den Rahmen dieser traditionellen Struktur. Es ist daher nicht verwunderlich, daß im frühkapitalistischen England Gedanken einer Agrarreform besonders rasch entwickelt wurden. So sollte nach J. St. Mill der Staat die Grundrente, die infolge ständig steigender Nachfrage nach landwirtschaftlichen Gütern den Charakter einer Monopolrente angenommen habe, durch eine sogenannte Wertzuwachssteuer teilweise abschöpfen und auf diese Weise arbeitsloses Einkommen umverteilen. Andere Bodenreformer wollten das Bodeneigentum zugunsten des individuellen Kleineigentums aufteilen, diese Ideen (von Ogilvie, Hall und Wallace) fanden ihren Niederschlag in der Siedlungsbewegung. Die Agrarsozialisten hingegen sahen in der Bodenfrage nur ein Teilproblem der allgemeinen sozialen Frage, zu deren Lösung das Eigentum am Boden aufzuheben sei. Das Land sollte dann an die Meistbietenden verpachtet oder an Arbeitslose vergeben werden. Hier wurde also die Bauernfrage zur Arbeiterfrage des Frühkapitalismus.

Die Forderung nach Abschaffung des Individualeigentums an Boden hat also eine lange Tradition, die mit der Ursprungsgeschichte des modernen Sozialismus in keinem unmittelbaren Zusammenhang steht. So haben z. B. auch liberale Nationalökonomen (wie H. H. Gossen) die Beseitigung der Grundrente durch Verstaatlichung des Bodens im Hinblick auf eine ungehemmte Entwicklung der individuellen Wirtschaft gefordert. Aber diese Gedanken paßten gut in die sozialistische Ideologie, soweit durch sie die Abschaffung des Privateigentums überhaupt gefordert wurde.

Erst K. Marx integrierte die Agrarfrage in ein geschlossenes nationalökonomisches System; nach ihm würde die Agrarreform nur im Zusammenhang mit einem allgemeinen Wandel der gesellschaftlichen Verhältnisse verwirklicht werden können. Aus dieser Gesamtschau folgerte er, daß die Entwicklung der Landwirtschaft denselben Weg gehen würde wie die Industrie. Die Grundrente sei nur ein Bestandteil des gesellschaftlichen Mehrwerts und die Konzentration und Zentralisation des Kapitals würde ökonomische Zwischenschichten vernichten. Der kapitalistische Großbetrieb würde nach dieser „Verdrängungstheorie" die kleinen selbständigen Produzenten beseitigen und die Besitzer ins Proletariat stoßen. Wie der Bauer zum Lohnarbeiter, würde durch die technische Entwicklung die Landwirtschaft industrialisiert werden, womit sich die Unterschiede von Stadt und Land aufheben würden. Folgerichtig müßten in der Landwirtschaft die Produktionsmittel in gleicher Weise vergesellschaftet werden wie in der Industrie.

Zwar wurden die Thesen von Marx von den französischen Sozialisten sehr bald abgelehnt und auch von den Revisionisten Bernstein und David kritisiert, jedoch konnten diese sich in der sozialistischen Bewegung, z. B. gegenüber Kautsky, nicht durchsetzen. Die Folge war, daß die Revolutionäre in Rußland und China zwar auf eine die Landwirtschaft einbeziehende Theorie zurückgreifen konnten, aber kein konkretes agrarpolitisches Programm besaßen.

Das galt besonders für Rußland, wo lediglich die Narodniki[3] einem Mir-Sozialismus anhingen, die Bolschewiken aber durch die spontane Reaktion der Bauern 1917 überrascht wurden. Lenins politischer Verstand ließ daher die „schwarze Umverteilung" des Großgrundbesitzes sanktionieren, um die Bauern als Bundesgenossen für die Revolution zu gewinnen. Das Ziel müsse jedoch die zu Produktivgenossenschaften zusammengeschlossene Landwirtschaft bleiben, wie er in den sogenannten „Aprilthesen" (von 1917) erklärte[4]: „Wir können den Bauern und noch mehr dem ländlichen Proletariat nicht verheimlichen, daß wir zur Großraumwirtschaft öffentlichen Charakters übergehen und diese verwirklichen müssen, sobald man die praktischen und rationellen Methoden

---

[3] „Volkstümler"; Anhänger der in der zweiten Hälfte des 19. Jahrhunderts unter der russischen Intelligenz entstandenen revolutionären Bewegung.
[4] Woprossy Ekonomiki, Nr. 7/1957, S. 96.

eines solchen Übergangs den Massen erklärt und die Massen diese verstanden haben." Und im Jahre 1923 entwarf er im Aufsatz „Über die Kooperation" einen Plan für die sozialistische Umgestaltung der russischen Landwirtschaft: Die Bauern sollten sich danach freiwillig und allmählich zu Bauerngemeinschaften zusammenschließen, die später als sozialistische Großbetriebe wirken würden. Voraussetzung dieser kooperativen Assoziation sei ein schnelles Wachstum der Industrie, die die materiell-technische Basis für die sozialistische Umgestaltung der Landwirtschaft schaffen würde.

Damit war in groben Zügen ein sowjetisches Agrarreformprogramm entworfen, das einige Jahre später eine radikale revolutionäre Veränderung der sowjetischen Landwirtschaft einleiten sollte.

2.1 Die soziale Struktur in Rußland am Vorabend der Revolution

Die russische Geschichte kennt bis zur zweiten Hälfte des 19. Jahrhunderts so gut wie keine Bauernschaft, die als eine freie Bevölkerungsschicht wirken konnte. Die wirtschaftlich unabhängigen Bauern bildeten nur eine geringe Minderheit, denn das Gros der Bauernschaft war schon im Mittelalter in die Abhängigkeit von Fürsten, Gutsbesitzern und Klöstern geraten, denen die Bauern einen Tribut entrichten mußten. Die Bindung der Bauern als Leibeigene an den Gutsbesitzer zeichnete sich besonders während der Entstehung des Moskauer Zentralstaates und später des russischen Kaiserreichs (18. Jahrhundert) ab. Die Zarenregierung erkannte erst Anfang des 19. Jahrhunderts die anormale Lage der Bauernschaft, die die Willkür der Gutsbesitzer mit zahlreichen Aufständen und Massenflucht beantwortete. Es bedurfte jedoch des verlorenen Krimkrieges und der wachsenden Opposition im Lande, um den Zaren Alexander II. zu bewegen, im Jahre 1861 die Beseitigung der Leibeigenschaft zu verkünden. Die Bauern erlangten zwar die persönliche Freiheit, behielten jedoch nicht in vollem Umfang das Land, das von ihnen bearbeitet wurde. Denn es gelang den Gutsbesitzern bei der Durchführung der Reform, oftmals, sich Ländereien mit gutem Boden anzueignen und den ehemaligen Leibeigenen den schlechteren Boden zu überlassen. Abgesehen davon mußten die befreiten Bauern für das zugeteilte Land Ablösungsbeiträge, gewiß in kleinen Raten, aber jahrzehntelang, entrichten.

Eine besondere Einrichtung im russischen Dorf war der „Mir", den man keinesfalls als Vorbild des heutigen Kolchossystems betrachten darf. Es handelte sich um eine im 18. Jahrhundert entstandene und vom Staat geförderte Dorfgemeinschaft, der alle Dorfbewohner angehörten. Die

Zarenregierung zog es vor, die vom Dorf verlangten Leistungen (Rekruten, Steuern, Spanndienste und Straßenarbeiten) lieber von einer Gemeinschaft, die für ihre Mitglieder bürgen mußte, als von dem einzelnen Bauern zu verlangen. Die Rechte der Gutsherren wurden dadurch nicht angetastet. Unter dem Mirsystem war der Bauer nicht Eigentümer, sondern nur Nutznießer der Scholle, auf der er nach seinem Gutdünken wirtschaften und über deren Ertrag er frei verfügen konnte, doch gehörte das Land nicht ihm, sondern dem Mir. Alle zehn bis zwanzig Jahre wurde von der Mirverwaltung eine Umverteilung des Bodens vorgenommen, wobei kinderreiche Bauern mehr Land erhielten als die anderen. Auch diejenigen, die eine Zeitlang einen qualitativ besseren Boden gehabt hatten, mußten eventuell mit einem schlechteren Boden vorliebnehmen, um andere Bauern in den Genuß des guten Bodens kommen zu lassen. Dies alles entsprach zwar dem Gerechtigkeitsgefühl, hemmte aber die Initiative der Bauern, die kein Interesse hatten, einen Boden besonders sorgfältig zu kultivieren, der ihnen nach Ablauf einer gewissen Zeit weggenommen werden konnte. Die Freizügigkeit der Mirbauern war eingeschränkt: Ohne Erlaubnis der Mirverwaltung konnte der Bauer keinen Paß erhalten, und nur mit einem Paß durfte er sich in der Stadt bzw. in einem anderen Gouvernement niederlassen.

Erst Jahrzehnte nach der Beseitigung der Leibeigenschaft erkannte die Zarenregierung die hemmende Wirkung des Mirsystems. Sie verkündete am 22. November 1906, also nach der Niederlage im russisch-japanischen Krieg und nach der Revolution von 1905, der zahlreiche Bauernrevolten vorausgegangen waren, das sogenannte Stolypinsche Agrargesetz (nach dem damaligen Regierungschef Stolypin benannt), das den Bauern den Austritt aus der Dorfgemeinde ohne vorherige Genehmigung der Mirverwaltung gestattete und ihnen zusammenhängendes Land garantierte. Stolypin wollte eine Schicht von wohlhabenden Bauern schaffen, die auf eigener Scholle für sich und ihre Nachkommen wirtschaften konnte.

Die Agrarreform von 1906 kam ebenso wie seinerzeit die Aufhebung der Leibeigenschaft zu spät. 136 Millionen ha Land sollten dem Mirbereich entzogen und nach der Flurbereinigung den Bauern zugeteilt werden.

Wegen Mangels an Landmessern und anderen geeigneten Beamten konnten bis 1913 erst rd. 40 Millionen ha vermessen werden, von denen 17 Millionen ha an die neuen Eigentümer verteilt wurden. Übrigens erfaßte das Mirsystem nur die Hälfte aller Dörfer des Zarenreiches (es war in Sibirien genauso unbekannt wie im Kaukasus, in gewissen Teilen der Ukraine, Russisch Polens und in den baltischen Provinzen), aber es war stark in den zentralrussischen Gouvernements vertreten.

Im Jahre 1913 lebten noch über 80 vH der Bevölkerung Rußlands auf dem Lande. Das Verhältnis zwischen der landwirtschaftlichen und industriellen Produktion (einschließlich Bauwesen) war 58 zu 42 vH, so daß das Zarenreich vorwiegend als ein Agrarland zu bezeichnen war. Die materielle Lage der Bauernmasse war unbefriedigend und der Wunsch nach der Verteilung des Großgrundbesitzes wurde immer dringender, obwohl die meisten Bauern sich keine Gedanken darüber machten, wie diese Verteilung vor sich gehen sollte, insbesondere wenn keine größeren Güter in der Nachbarschaft der Dörfer lagen.

Nach sowjetischen Angaben[5] zählte man von insgesamt 20 Millionen Höfen (in ganz Rußland) vor der Oktoberrevolution 1917 30 vH Höfe ohne Pferde und 15 vH ohne Ackerland, also nur mit Haus und Garten. Jährlich gingen rd. zwei Millionen Bauern während der Erntezeit als landwirtschaftliche Arbeiter zu den Gutsbesitzern und wohlhabenden Landwirten. In der Winterzeit begaben sich viele Bauern in die Städte, um sich dort durch vorübergehende Beschäftigung bis zum Beginn der Feldarbeiten über Wasser zu halten.

Vor dem ersten Weltkrieg umfaßte die landwirtschaftliche Nutzfläche Rußlands (in den Grenzen vor dem 17. Sept. 1939) 367 Millionen ha, von denen 59 vH den Bauern und 41 vH der Krone, der Kirche und den Gutsherren gehörten. 22 vH der Nutzfläche befanden sich in den Händen wohlhabender Bauern, während 37 vH auf die Mittel- und Kleinbauern entfielen. Von den rd. 20 Millionen Bauernhöfen gehörten kurz vor der Revolution rd. 65 vH der Höfe Kleinbauern, 20 vH Mittelbauern und 15 vH wohlhabenden Bauern. Über die Betriebsgröße dieser Gruppen fehlen genaue Angaben, doch wird man wohl annehmen können, daß die Kleinbauern meistens unter 5 ha, die mittleren nicht über 10 ha und die wohlhabenden über einen etwas größeren Bodenbesitz verfügten. An und für sich brauchte ein Hof von 5 ha und weniger nicht immer als arm zu gelten, denn die Qualität des Bodens, die Art der Kulturen, vorhandene Zugkräfte und Geräte spielten mitunter eine größere Rolle als der Umfang des Besitzes.

Die Stolypinschen Agrargesetze von 1906 bezweckten die Entstehung einer breiten Schicht vermögender Bauern, die schon aus eigenem Interesse keine Teilung des Grundbesitzes anstreben sollten. Die ärmeren Bauern sollten eben ihre Dörfer verlassen und zur Industrie hinüberwechseln. Bis 1915 verkauften rd. 30 vH der aus dem Mir ausgetretenen Bauern ihr Land im Umfang von 3 Millionen ha und gingen in die Städte, während die Käufer — meist wohlhabende Bauern — in erstaunlich kurzer Zeit eine vermögende Oberschicht im Dorf bildeten. Sie waren die Nutznießer der Stolypinschen Agrarreform, denn sie besaßen ein zusammen-

---

[5] SSSR w zyfrach w 1962 g. Moskau 1963, S. 133.

hängendes, flurbereinigtes Land. Bis zur Revolution wuchs die Zahl der wohlhabenden Höfe, die von den ärmlichen Bauernwirtschaften stark abstachen, ganz beträchtlich, so daß die Gegensätze zwischen unbemittelten und vermögenden Bauern sich zusehends verschärften.

Im Vergleich zu den Verhältnissen vor 1906 begann die zaristische Regierung den Agrarfragen bedeutend mehr Aufmerksamkeit zu schenken. Sie duldete die Genossenschaftsbewegung (1902 gab es rd. 1000 Konsum- und Verkaufsgenossenschaften, im Jahre 1915 fast 24 000, darunter 60 vH Kreditgenossenschaften), förderte die Bauernauswanderung nach Sibirien (zwischen 1906 und 1913 fanden mehr als 3 Millionen Bauern östlich des Urals eine neue Heimat) und unterstützte die Erweiterung des Schulnetzes auf dem flachen Lande. Nach 1906 nahm die Produktion der Landwirtschaft zu: Im Laufe eines Jahrzehnts stieg der durchschnittliche Getreideertrag je ha um 15 bis 25 vH.

Die damalige Landwirtschaft war durch ein niedriges technisches Niveau gekennzeichnet. Nur die Großgrundbesitzer eigneten sich technische Neuerungen an. 1916 verfügte die Landwirtschaft über eine Kapazität von nur 200 000 PS[6]. Der Gerätebestand der meisten Bauern war alt und unzureichend, die Betriebsführung primitiv und die Produktion niedrig, so daß zwei Drittel der Höfe für die Marktversorgung ausfielen. Nur 32 vH der Höfe belieferten den Markt mit Agrarprodukten, 40 vH konnten gerade ihren Eigenbedarf decken, während 28 vH ihren Unterhalt nur durch zusätzliche Arbeit in Stadt und Land bestreiten konnten.

Die Viehhaltung war bei dem Gros der Bauernschaft infolge Armut, primitiver Wartung und völlig ungenügender tierärztlicher Pflege unzulänglich.

Im allgemeinen lebte man auf dem Lande von der Hand in den Mund und verfügte über keine Reserven. Jede Mißernte — zwischen 1891 und 1914 waren es zwölf — bedeutete Hungersnot oder mindestens starke Unterernährung vieler Millionen Bauern. Die im Interesse der Handelsbilanz forcierte Getreideausfuhr kam nicht der Masse der Bauern, sondern hauptsächlich den Gutsbesitzern und wohlhabenden Bauern zugute.

Während des ersten Weltkrieges verschlechterte sich die Lage der Bauernschaft in den vom Krieg verschonten Gebieten nicht wesentlich, obwohl Millionen Bauern eingezogen waren. Die im Dorf verbliebenen Männer älterer Jahrgänge brachten zusammen mit den Bäuerinnen und Jugendlichen die Ernten ohne allzu große Verluste ein, so daß die bäuerliche Bevölkerung keinen Lebensmittelmangel verspürte, ganz im Gegensatz zu den Großstädtern, deren Not nicht auf das Fehlen der Agrarprodukte im Lande, sondern auf das schlechte Funktionieren des Eisen-

---

[6] Nar. Chos. w 1962 g. S. 822.

bahnwesens und der Versorgungsorganisation zurückzuführen war[7]. Da alle Soldatenfrauen Unterstützungsgeld erhielten, hatte die Dorfbevölkerung mehr Geld als je zuvor in der Geschichte. Doch stand dieser inflationistisch aufgeblähten Geldmenge kein ausreichendes Angebot von Konsumgütern und landwirtschaftlichen Werkzeugen gegenüber, so daß die Unzufriedenheit der ohnehin kriegsfeindlichen Bauernschaft ständig wuchs.

2.2 Die soziale Struktur in China am Vorabend der Revolution

Die chinesischen Kommunisten traten 1949 ihre Herrschaft über ein rückständiges, unterentwickeltes China an: Die chinesische Volkswirtschaft war durch jahrelangen Krieg und Bürgerkrieg zerrüttet, einen „take-off" in ein selbsttragendes Wachstum hatte sie während der Kuomintang-Herrschaft nicht erlebt. In den vorangegangenen zwanzig Jahren war die durchschnittliche industrielle und landwirtschaftliche Produktion kaum gestiegen und die pro-Kopf-Rate des Volkseinkommens und die Lebenshaltung der Masse des Volkes bestenfalls konstant geblieben.

Die Struktur der Volkswirtschaft, der Faktoreinsatz, die berufsmäßige Gliederung sowie der Grad der Verstädterung hatten sich nur unwesentlich verändert; es gab keinen integrierten Binnenmarkt und der geringe Außenhandel — ohnehin weitgehend von ausländischen Mächten kontrolliert — hatte nur wenig Einfluß auf die wirtschaftliche Entwicklung des chinesischen Hinterlandes. Während sich in den wenigen Vertragshäfen und ihren Einzugsgebieten zumeist unter ausländischer Leitung und mit ausländischem Kapital ein kleiner „moderner" industrieller Sektor bildete, dessen Produktion (rund 10,5 vH des Volkseinkommens einschließlich Handwerk, Bergbau, Bauhandwerk u. a.) in erster Linie für die Bedürfnisse der Bevölkerung dieser „Enklaven" und den Export bestimmt war, existierte daneben fast unberührt und mit nur geringem Austausch der „traditionelle" Sektor der Landwirtschaft, in dem eine Bauernbevölkerung in der Größenordnung von 75 vH der Gesamtbevölkerung rund 65 vH des Volkseinkommens erarbeitete. Das Anbausystem, die technische Ausstattung und die Kommerzialisierung dieses traditionellen Sektors hatten sich in diesem Jahrhundert nur wenig verändert, so daß man sagen kann, daß für diese Zeit die wirtschaftliche und gesellschaftliche Entwicklung in weiten Teilen Chinas stagnierte. Die Gründe lagen in der Struktur dieser Gesellschaft.

Das traditionelle China war ein agrarischer, „bürokratischer" Staat unter einer zentralisierten Regierung. Der Feudalismus war in China schon sehr

---

[7] Bolsch. Sow. Enzykl., Bd. 15, 1952, S. 627.

früh vor der Jahrtausendwende abgeschafft worden, an seine Stelle trat eine „bürokratische" Gesellschaft, deren Basis ein freies Bauerntum mit anfänglich ausgeglichenem Landbesitz darstellte. In der Folge einer langsamen Bevölkerungsvermehrung und Bodenverknappung differenzierte sich diese Gesellschaft in Bodenbesitzer und Bodenbenutzer, deren Beziehungen durch ein weit verbreitetes Pachtsystem gekennzeichnet waren. Während zu Anfang dieser historischen Phase die staatliche Bürokratie noch weitgehend in den Produktionsprozeß eingriff (vor allem durch Einflußnahme auf öffentliche Bauarbeiten im Rahmen der asiatischen Bewässerungskultur), trat diese Funktion im Laufe der Zeit zurück gegenüber der Kontrolle der Beziehungen von Bodeneigentümern und Bodenbenutzern. Während die drei dienenden Klassen der Bauern, Handwerker und Händler durch Steuern, Abgaben und Arbeitsleistungen für den Unterhalt des Staates aufkamen, hatte die Klasse der Gentry-Bürokratie[8] die Aufgabe, die Überschüsse von Landwirtschaft und Handel in die Hände des kaiserlichen Staates überzuführen und den Arbeitseinsatz zu leiten. Eine weit verbreitete Korruption verschaffte der Gentry zusätzliches Einkommen, das zur Vermehrung des eigenen Bodenbesitzes und im Zusammenhang mit dem staatlichen Amt zur Vergrößerung der politischen Macht beitrug. Prestige und Macht verlieh jedoch allein das Amt in der staatlichen Bürokratie, deren Funktion durch die konfuzianische Ethik, die alleinige Staatsdoktrin, und durch diskriminierende Gesetze sanktioniert und zugleich in ihrem Ausbeutungscharakter verschleiert wurde[9].

Die Gentry-Bürokratie rekrutierte sich aus den gebildeten Schichten des Volkes in staatlichen Examen verschiedener Grade. Zwar war in der Theorie der Zugang zu den Prüfungen jedem Bewerber offen, in Ermangelung eines öffentlichen Schulsystems jedoch zumeist auf die Söhne reicher Familien beschränkt. Die Möglichkeit, durch finanzielle Hilfe der Großfamilie für begabte junge Bauern die Kosten für eine langdauernde Ausbildung aufzubringen, führte nur in Ausnahmefällen zum Erfolg. Die Klasse der Gebildeten-Beamten (der Bürokratie) und der Bodenbesitzer (Landlord) reproduzierte sich selbst, die soziale Mobilität war minimal.

Bestimmende soziale Einheit neben dem bürokratischen Staat war die Familie als zweiter Grundpfeiler der Gesellschaft, die häufig drei Generationen unter einem Dach vereinte. Das *Familiensystem* des Konfu-

---

[8] Der Ausdruck „Gentry" für die *Shen shi*-Klasse, die Gelehrten-Bürokratie, von M. *Weber* einst Mandarinen-Klasse genannt, hat sich im internationalen Schrifttum eingebürgert.

[9] Vgl. E. *Balacz*: „Bureaucracy and Society — Variations on a Theme". New Haven, Conn. 1965, Kap. I und II; *Chün Tu-ch'ü*: „Chinese Class-Differentiation and Its Ideology". In: A. W. *Wright*: „Studies in Chinese Thought". Cambridge, Mass. 1956.

zianismus war ausschlaggebend für das Leben im Dorf; es war konzentriert auf die Bewahrung des von den Ahnen ererbten Familienbesitzes und wies der Familie neben dieser ökonomischen Rolle auch eine soziale und staatliche Kontrollfunktion zu. Das sittliche Wohlverhalten innerhalb der Familie wurde als von allgemeinem Wert für die Gesellschaft als Ganzes angesehen, wobei die Familie sozusagen das Übungsfeld darstellte für richtiges Verhalten als Bürger in der Gesellschaft und im Staat. Die soziale Philosophie dieses Systems wies jedem Mitglied dieser Gesellschaft außerdem seinen „Namen" oder „Titel" zu, entsprechend seiner Rangordnung, Bildung, Alter, Geschlecht usf., und schrieb ihm zugleich das seinem „Titel" entsprechende Verhalten vor. Dieses Wohlverhalten gemäß der „Sitte" sicherte die soziale Ordnung. Das Mitglied dieser Gesellschaft war stets Angehöriger eines Kollektivs, z. B. des Produktions- und Konsumtionskollektivs Familie, in dem kein Mitglied persönliches Eigentum erwarb; für individuelle Neigungen gab es wenig Raum. Die Beziehungen der Menschen in diesem System waren in höchstem Grad unpersönlich, die soziale Integration des Dorfes daher minimal.

In dieser Gesellschaft entwickelten sich auch keine *Städte* im westlichen Sinne. Städte waren Verwaltungssitz der Bürokratie und eventuell Handelsplatz. Sie beherbergten die Angehörigen der Bürokratie, die sogenannten „abwesenden" Landbesitzer sowie Händler und Dienstleistungspersonal. Ein freies, emanzipiertes Bürgertum konnte sich unter den Augen dieser bürokratisch-autokratischen Verwaltung nicht herausbilden; und infolgedessen erfolgte in den Städten auch keine autonome wirtschaftliche und kulturelle Entwicklung. Es gab daher auch keine Ausbreitung von Handwerk und Industrie und infolgedessen keine erweiterte Nachfrage nach Agrarprodukten, d. h. keine Kommerzialisierung der Landwirtschaft. Dieser Sozialordnung entsprechend bildeten sich auch keine Stände mit ständischen Traditionen und eigenen politischen und rechtlichen Ansprüchen gegen die Gesellschaft oder mit korporativem Selbstbewußtsein. Platz für politische Bewegungen im westlichen Sinne gab es in dieser Gesellschaft nicht. Bauernaufstände hatten mehrfach in der chinesischen Geschichte Dynastien gestürzt, ihr Ziel war aber in jedem Falle die Wiederherstellung der als gerecht empfundenen Zustände der alten Zeit gewesen. Man strebte nach gleichmäßigerem Bodenbesitz, Verringerung der Pachtzinsen und Steuern und verjagte korrupte Beamte — aber strebte nicht nach einer Veränderung des gesellschaftlichen Systems.

Dieses Gesellschaftssystem hatte daher seinen sozialen Charakter, trotz vieler Dynastiewechsel und bewegter politischer Geschichte, über Jahrhunderte hinweg nur unwesentlich gewandelt. Die Situation änderte sich jedoch sehr rasch, als die erschlaffende Herrschaft der Ching-

Dynastie im 19. Jahrhundert nicht nur im Inneren durch mehrere, zum Teil Jahre dauernde Aufstände erschüttert wurde, sondern der Staat auch von außen durch das Vordringen der westlichen Kolonialländer bedroht wurde. Trotz der beachtlichen kulturellen und zivilisatorischen Leistungen des kaiserlichen China erwiesen sich die westlichen Staaten in organisatorischer und technischer, vor allem militärischer Hinsicht als überlegen. China mußte erstmalig in seiner Geschichte ausländische Mächte als gleichberechtigt anerkennen und eine Reihe demütigender Verträge hinnehmen; außerdem verlor der Staat mit der Kontrolle über den Außenhandel eine wichtige Einnahmequelle.

Die geistigen, politischen und ökonomischen Folgen dieses Zusammenstoßes mit dem Westen waren beträchtlich: Kräfte innerhalb der Bürokratie drängten auf Reformen und Modernisierung der Gesellschaft, auf geistige Auseinandersetzung. Wirkliche Reformen hätten aber die autoritäre Herrschaft des Kaisers eingeschränkt und die ökonomischen Grundlagen der Gentry-Bürokratie angetastet. Daher setzten sich sehr rasch die konservativen Kräfte innerhalb der Bürokratie durch, die eine Rückkehr zur „reinen Lehre" der konfuzianischen Doktrin und strengere Kontrolle der Bevölkerung empfahlen. Die Anfänge industrieller Betätigung wurden entweder von der Bürokratie behindert oder von ihr in eigener Regie übernommen zur Herstellung von Kriegsschiffen und anderem militärischen Gerät. Um den gesteigerten Finanzbedarf der Bürokratie zu decken, wurde eine neue Steuer „Li-kin" auf Handel und Transport eingeführt, die sich hemmend auf die gewerbliche Produktion auswirkte, den Regionalismus förderte und die Stellung der Zentralgewalt weiter schwächte. Vor allem wurde eine stärkere Besteuerung des Bodens vermieden, die als Anreiz für technologische Verbesserungen hätte dienen können. Zunehmende Korruption und Ämterkauf sowie die Abschaffung des staatlichen Prüfungswesens hatten die Rolle der Bürokratie unterhöhlt, die Gentry-Klasse löste sich auf in Gentry-Kriegsherren, die sich von der Zentralgewalt unabhängige Gebiete schufen, und in „abwesende" Grundbesitzer, die sich zu reinen Rentiers entwickelten und zusammen mit den Kapitalisten der unter ausländischem Einfluß stehenden Hafenstädte die Basis für die spätere Nationalistische Partei, die Kuo Min Tang, bildeten. Begleitet von rascher sozialer Desintegrierung verfiel der bürokratische Staat nahezu in Anarchie: Um die Jahrhundertwende gab es in China keinen starken Staat mehr, der eine merkantilistische Politik forcieren und geistige Impulse für eine Modernisierung hätte geben können.

Die Situation auf dem Lande hatte sich im gleichen Ausmaß verschlechtert: Der Verfall der staatlichen Ordnung und das zunehmende Desinteresse der Gentry an der landwirtschaftlichen Produktion bewirkten, daß notwendige Reparaturen an den Bewässerungsbauten unterblieben oder nur nachlässig verrichtet wurden, wodurch die Auswirkungen von

Dürren und Überschwemmungen verschlimmert wurden. Die staatlichen Getreidehäuser, zur Milderung derartiger Notlagen gedacht, wurden nicht mehr aufgefüllt und verfielen.

Durch den Fortfall der staatlichen Kontrolle verschlechterten sich auch die Pachtbedingungen und die Pachtzinsen stiegen weiter an.

Die Angaben über den tatsächlichen Umfang der Landpacht sind jedoch sehr widersprüchlich. So berichtet YANG[10], daß in Südchina bis zu 95 vH aller Bauern Land gepachtet hatten. Vor allem über die Eigentumsverhältnisse sind die Angaben sehr unterschiedlich; die folgende Tabelle gibt einen Überblick einzelner Quellen:

Bodenbesitzverhältnisse in China

	I Anfang 1930 ⌀	II Mitte 1930 ⌀	II Mitte 1930 Nordchina	II Mitte 1930 Mittelchina	II Mitte 1930 Südchina	III um 1945 Mittelchina	IV 1945–1949 Südchina
Eigentümer	46	43	64	31	27	5	13
Teileigentümer	24	25	21	26	27	32	30,5
Pächter........	30	32	15	43	43	63	56,5

Quellen: I T. H. *Shen:* „Agricultural Resources of China". Ithaca, New York 1951, S. 96; II W. *Wilmans:* „Die Landwirtschaft Chinas". Berlin 1938, S. 35; III D. and I. *Crook:* „Revolution in a Chinese Village, Ten Mile Inn". London 1959, S. 160; IV C. K. *Yang:* „A Chinese Village ..." l. c. S. 29, Note 1.

Die Zahlen zwischen Nord- und Südchina differieren ganz beträchtlich[11]. Die Eigentumskonzentration nahm in den letzten sechzig Jahren vor der kommunistischen Machtübernahme stark zu, sie lag höher in den Einflußgebieten der Küstenstädte. Der staatliche Grundbesitz spielte daneben mit 7 vH der gesamten Ackerfläche kaum eine Rolle.

Dieses Bild wäre für die Bauern nicht allzu unvorteilhaft, hätten sich die seit langem rein kommerziellen Pachtbedingungen nicht stark verschlechtert: Die Pachtdauer richtete sich nach den Bodenverhältnissen und dem Anbausystem, sie betrug im allgemeinen höchstens fünf Jahre,

---

[10] C. K. *Yang:* „A Chinese Village in Early Communist Transition". Cambridge, Mass.1959, S. 46.

[11] So untergliedert WILMANS seine Angaben in der Tabelle wie folgt: während im nordchinesischen Anbaugebiet noch 64 vH der Bauern Eigentümer ihres Bodens waren und in Mittelchina noch 31 vH, waren es in Südchina im Durchschnitt nur noch 27 vH. W. *Wilmans,* l. c. S. 35.

in Südchina drei Jahre. Der Pachtzins war in bar oder Naturalien gleich nach der Ernte zu entrichten. Als Sicherheit verlangte der Eigentümer gewöhnlich 50 vH einer Jahresernte sofort nach Vertragsabschluß. Die Höhe des Pachtzinses richtete sich nach Lage und Qualität der Böden, dem Aufwand an Arbeit, Düngemitteln und ähnlichem, die Rente schwankte zwischen 25 und 65 vH des Ertrages[12]. Arme Bauern hatten oft zusätzliche Beträge für die Benutzung von Arbeitsgeräten und Zugvieh zu zahlen. Der starke Bevölkerungsdruck[13] und die Konkurrenzsituation unter den landhungrigen Bauern sicherten eine hohe Durchschnittsrente, der häufig abwesende Landlord hatte daher wenig Interesse an Produktivitätssteigerungen. Die geringe Pachtdauer andererseits schreckte den Pächter vor Investitionen in einen Boden ab, der ihm nur für kurze Zeit zur Nutzung zur Verfügung stand. Da die Pacht fast ausschließlich in Reis oder Korn zu zahlen war, verhinderte dieses System auch den Übergang zu ertragssteigerndem Mehrfruchtanbau.

Kennzeichnend für die agrarische Situation war auch der geringe Umfang der landwirtschaftlichen Betriebe; die durchschnittliche Betriebsgröße schwankte zwischen 1,3 ha in Nord- und 0,5 ha in Südchina[14]. Durch das Pachtsystem, aber auch durch das Erbrecht[15], war dieser geringe Betriebsbesitz in viele kleine Felder zersplittert. Die Betriebseinrichtungen waren primitiv, die wenigen Arbeitsgeräte rückständig. Künstliche Düngung und Pflanzenschutzmittel waren nur in wenigen Versuchsfarmen bekannt, eine Aufforstung hatte es seit hundert Jahren nicht mehr gegeben. Maßnahmen zur Flutkontrolle, Bewässerung und Bodenmelioration gab es nur noch selten. Die landwirtschaftliche Forschung stagnierte seit der Mitte des vorigen Jahrhunderts. Während in dieser Zeit der Stand der Technik und die durchschnittlichen Erträge in China, Japan und Korea annähernd gleich waren, stiegen fortan die Erträge in Japan und Korea, im Gegensatz zu China, durch Änderungen im Anbausystem und Steigerung der Produktivität durch Einführung neuer Technik rasch an[16].

Politische und wirtschaftliche Gründe drängten auf eine Lösung der chinesischen Agrarfrage. Die agrarpolitischen Forderungen des chinesischen Revolutionsbundes sahen daher neben einer Aufstockung der Be-

---

[12] C. K. *Yang:* A Chinese Village, l. c. S. 49.
[13] Bodenreserven waren mit den derzeitigen technischen Mitteln nicht mehr zu erschließen, größere Wanderungsbewegungen blieben auf Nordchina (die Mandschurei) beschränkt. Der Bevölkerungsanstieg brachte einen immer stärkeren Arbeitskräftebesatz und ein Absinken der Arbeitsproduktivität.
[14] W. *Wilmans:* „Die Landwirtschaft Chinas". l. c. S. 34.
[15] Bis 1949 erbten in China alle männlichen Nachkommen zu gleichen Teilen, vor allem auch den Boden.
[16] Vgl. F. H. *King:* „Farmers of Forty Centuries or Permanent Agriculture in China, Korea and Japan." London 1927.

triebe durch Neuverteilung des Bodens an die armen Bauern vor allem eine Reduktion der Pachtzinsen vor, um dem Pächter einen höheren Anteil vom Ertrag zu belassen. Ein größerer Anteil des Pachtzinses sollte auf Kosten des Luxuskonsums der Gentry in Kapital zur Substitution von Boden und Arbeit umgewandelt werden. Neben einer Verbesserung der allgemeinen Pachtbedingungen plante Sun Yat-sen, der Vater der chinesischen Revolution, sogar eine Verstaatlichung des Bodens[17].

Aber dieses Grundproblem einer wirtschaftlichen Gesundung Chinas wurde nach der Revolution von 1911 von der herrschenden Partei, der Kuo Min Tang, zurückgestellt gegenüber den polzitischen Forderungen einer starken Zentralgewalt, einer Souveränität auch im außenpolitischen Sinne. Außerdem bildeten die Nachfolger der Gentry, abwesende Landlords, städtische finanzielle, gewerbliche und kommerzielle Interessenten die soziale Basis der Kuo Min Tang; ihr gemeinsames Interesse war die Aufrechterhaltung der alten sozialen Ordnung unter Beibehaltung ihrer Klassenstruktur[18]. So enthält das Programm von 1928 keine Hinweise mehr auf eine durchgreifende Agrarreform[19].

Die besondere Struktur der traditionellen chinesischen Gesellschaft hatte keine Kräfte entwickelt, die eine Veränderung aus dieser selbst heraus hätte bewirken können. Die erste revolutionäre Bewegung aber war nicht entschlossen, die Lösung der Agrarprobleme Chinas durch eine Veränderung der gesellschaftlichen Struktur einzuleiten. Das gab ihren politischen Gegenspielern, der kommunistischen Partei, die Gelegenheit, als Agrarreformer aufzutreten und die Unruhe unter den Bauern für ihre politischen Zwecke auszunutzen. Auch die Kommunisten mußten während des langen Bürgerkrieges Kompromisse schließen und ihre agrarpolitischen Forderungen mäßigen[20], doch haben sie niemals von ihrem Ziel einer völligen Neugestaltung der sozialen Struktur abgelassen. Trotzdem gelang es auch den Kommunisten nicht, mit der sozialen Frage allein die Bauernschaft zu mobilisieren. Erst die Verbindung des sozialpolitischen Programms mit der nationalen Bewegung des Widerstandes gegen Japan im zweiten Weltkrieg, als die Kommunisten größere Gebiete beherrschten

---

[17] Vgl. The manifesto of the Tung-meng-hui (Chines. Revolutionsbund) 1905, 4, Document 56, S. 228. In: *Teng Ssu-yu* und *J. K. Fairbank*: „China's Response to the West, a documentary survey, 1839—1923." Cambridge, Mass. 1954.

[18] P. M. *Linebarger*: „The China of Chiang Kai-Shek." Boston 1941, vor allem S. 220 ff.

[19] Vgl. *Wu Chao-chu*: „The Nationalist Programme for China." London 1929.

[20] In erster Linie wurden lediglich die abwesenden Landlords und Anhänger der Kuo-Min-Tang enteignet, sowie die Pachtzinsen auf 37,5 vH des Ernteertrages ermäßigt. Reiche und mittlere Bauern, soweit sie zur Zusammenarbeit bereit waren, wurden toleriert. Vgl. C. Brandt, B. Schwartz, J. K. Fairbank: „A Documentary History of Chinese Communism." London 1952, S. 275 ff.

und in Guerillakämpfen als Beschützer der ländlichen Bevölkerung auftraten, brachte im Zusammenhang mit der Not und den Wirren des Krieges die Möglichkeit zur Ausnutzung einer revolutionären Situation[21].

2.3 Gemeinsame Ausgangslage

Vergleicht man die beiden Gesellschaften von Rußland und China zu den Zeitpunkten 1917 und 1949, so läßt sich für beide Länder sagen, daß eine vorindustrielle Agrarstruktur die Herrschaft einer verhältnismäßig dünnen Oberschicht begünstigte.

Gemeinsames Merkmal ihrer Wirtschaften war immer noch das Überwiegen der Landwirtschaft, wenngleich der Prozeß der Auflösung der alten Ordnung und die Entwicklung neuer Sozialstrukturen in Rußland weiter fortgeschritten war. Der Übergang von einem Herrschaftsystem zum anderen erfolgte in Rußland in einem revolutionären Prozeß von relativ kurzer Dauer; in China war dieser Umbruch — als Folge einer allmählichen Auflösung und Auszehrung mit dem Höhepunkt der Revolution von 1911 — begleitet von jahrzehntelangem Bürgerkrieg und Anarchie.

Für beide Gesellschaften typisch waren die unselbständigen Stände und der scharfe Dualismus zwischen einem autoritären Herrscher und einer zahlenmäßig kleinen Adels- bzw. Bürokratenschicht mit ausgeprägt ausbeuterischem Charakter einerseits und der Masse des weitgehend rechtlosen ländlichen Volkes andererseits. Leibeigenschaft war in China unbekannt und Großgrundbesitz — wohl auch ökologisch und durch das Anbausystem begründet — äußerst selten. Aus diesen agrartechnischen Gründen herrschte in Rußland flächenextensive, in China dagegen intensive Bewirtschaftung des Bodens vor. In Rußland wie auch China war die grundbesitzende Klasse eng mit der politischen Macht des Staates verbunden, in Rußland allerdings in einem direkteren Verhältnis. Beide Schichten hatten den Charakter einer Rentiersklasse. Sie griffen nur wenig in den Produktionsprozeß ein und versäumten es in beiden Ländern, besonders in China, als Innovateure aufzutreten, den Modernisierungsprozeß auf dem Lande in Gang zu setzen. Die Kommerzialisierung war in Rußland — vor allem aufgrund der hohen Getreideexporte — weiter fortgeschritten als in China.

Für die sonstige wirtschafts- und gesellschaftspolitische Rückständigkeit beider Länder (gegenüber dem zeitgenössischen Europa) dürfte vor allem das Fehlen eines Bürgertums und seiner Institutionen wie auch die geringe Anzahl von Städten ausschlaggebend gewesen sein. Von entscheiden-

---

[21] Vgl. Ch. A. *Johnson:* „Peasant Nationalism and Communist Power, The Emergence of Revolutionary China 1937–1945." London 1963.

der Bedeutung für die Vorbereitung eines für die wirtschaftliche und gesellschaftliche Entwicklung günstigen Klimas war für das zaristische Rußland die seit dem 18. Jahrhundert erfolgte freiwillige Öffnung gegenüber dem Westen mit dem Ziel, den ökonomischen und kulturellen Rückstand Rußlands zu beseitigen. Seit dieser Zeit gab es eine rasche Europäisierung Rußlands, vor allem in den Städten, die große Teile der Bevölkerung in ihrem gesellschaftlichen Verhalten industriell vorformte. Vor allem wurde auch das Denken der sich später entwickelnden russischen „Intelligentsia" durch die westeuropäischen sozialen und politischen Ideen stark beeinflußt, die für die Vorbereitung des revolutionären Umbruchs größte Bedeutung erlangte.

China dagegen hatte sich bis zu der gewaltsamen Öffnung durch die westlichen Kolonialmächte nach dem Opiumkrieg ein Gefühl der kulturellen Überlegenheit bewahrt. Der daraus entwickelte Nationalismus hatte die Adaption westlicher Ideen und die Ingangsetzung eines auf Änderung der Gesellschaftsstruktur gerichteten Entwicklungsprozesses im Hinblick auf eine moderne Industriegesellschaft behindert.

Während in China — geschichtlich gesehen — die Schriftsprache stark charakterbildend und als einigendes und kulturell bewährendes Element gewirkt und eine ganz spezielle, dem europäischen sehr verschiedene Art des Denkens entwickelt hatte, fiel die kulturelle Funktion in Rußland bis zum Beginn des 18. Jahrhunderts fast ausschließlich der christlichen Religion zu. Sie erwies sich besonders in Rußland als starke geistige und nationale Kraft und stellte lange Zeit eine verhältnismäßig enge Bindung zwischen dem Herrscher und der Masse des Volkes her.

Die Entwicklungsaussichten am Vorabend der Revolution waren in Rußland viel günstiger gewesen als in China. So hatte es z. B. in Rußland niemals die Einheit des chinesischen Familiensystems gegeben. Auch war es dort viel früher — wie auch in Westeuropa — zur Auflösung der alten Großfamilie gekommen.

In Rußland hatte die Industrialisierung ihr Anfangsstadium überschritten, der „take-off" war erreicht. Seit den 90er Jahren des vorigen Jahrhunderts stieg die jahresdurchschnittliche industrielle Zuwachsrate bis auf 8 vH und lag damit über derjenigen aller anderen westlichen Industriestaaten. Chinas Industrialisierung steckte hingegen 1949 noch in den Anfängen. In allen wichtigen industriellen Erzeugnissen hatte Rußland vor 1917 absolut und pro Kopf ein wesentlich höheres Niveau erreicht als China vor 1949, die Arbeitsproduktivität lag in den Vergleichsjahren um vieles höher. In beiden Ländern war allerdings die Standortverteilung sehr ungünstig und die Weite des Landes nur wenig erschlossen. Mit der Transsibirischen Bahn war in Rußland immerhin auch ein Anfang gemacht.

Vor allem aber hatten in Rußland die Stolypinschen Reformen den Weg einer gangbaren Agrarreform aufgezeigt. Mit den „Kulaken" hatte sich in den Dörfern eine Schicht wohlhabender Bauern herausgebildet, die ein wirtschaftliches Wachstum hätte tragen können. Und die damalige Zarenregierung legte — im Gegensatz zur politischen Führung in China — auf diese Reformen großen Wert. Aber der erste Weltkrieg bereitete dem Reformwerk ein Ende. In China jedoch hatte die Kuo Min Tang-Regierung schon 1928 eine durchgreifende Agrarreform von ihrem Programm gestrichen. Sie begnügte sich fortan mit einer Gesetzgebung zur Milderung der Pachtbedingungen, die dann auch nur in wenigen Gegenden in die Praxis umgesetzt wurden. Auch in China wurden dann wenig später durch die Ereignisse des Krieges gegen Japan die radikalen Reformer (d. h. die Kommunisten) begünstigt.

3. Die Umgestaltung des Bodenbesitzes

3.1 Änderungen in der Bodenaufteilung der Sowjetunion

3.1.1 *In der Zeit unmittelbar nach der Revolution 1917*

Mit dem Sturz des Zarenregimes im März 1917 brach die stärkste Stütze der Gutsbesitzer zusammen, so daß die Neu-Verteilung des Gutslandes in greifbare Nähe rückte. Sofort nach der Errichtung der Provisorischen Regierung wurde in manchen Dörfern damit begonnen, das lebende und tote Inventar der Nachbargüter zu verteilen, weil der alte zaristische Apparat zerschlagen war und das neue Regime über so gut wie keine Machtmittel verfügte. Die Provisorische Regierung wollte die Lösung der Agrarfrage, vor allem die Verteilung der Güter, der künftigen Nationalversammlung (Utschreditelnoje Sobranije) überlassen. Sie berücksichtigte jedoch nicht die Stimmung der Bauern, die das jahrhundertealte Sehnen nach mehr Land schnell verwirklichen und auf die Zusammenkunft der Nationalversammlung nicht warten wollten, obwohl die Verteilung des gutsherrlichen Besitzes, die Hauptforderung der damals stärksten, von Kerenski geführten sozialrevolutionären Partei, sicher war. Die bolschewistischen Führer dagegen verstanden es, die Ungeduld der Bauernschaft auszunützen und versprachen im Falle eines gelungenen Umsturzes sofort „Frieden und Boden", d. h. die Beendigung des langwierigen Krieges mit Deutschland und die Verteilung des Grundbesitzes. Der Sturz der Kerenski-Regierung am 7. November 1917 und das Verbleiben der Sowjetregierung an der Macht in den ersten Monaten konnten zum größten Teil nur mit Unterstützung oder wohlwollender Neutralität der Bauern erfolgen.

Am 8. November 1917 — also einen Tag nach der Machtergreifung — verkündete die Sowjetregierung in einem Dekret die entschädigungslose Enteignung des Grundbesitzes der Krone, der Kirche und der Gutsherren. Die Verfügungsgewalt über den enteigneten Grundbesitz wurde den Bezirkskomitees für Agrarangelegenheiten und den Kreissowjets der Bauerndeputierten übertragen, die endgültige Regelung der Agrarfrage sollte der künftigen Nationalversammlung überlassen werden.

Durch das Dekret vom 8. November 1917 wurde das Privateigentum an Grund und Boden aufgehoben. Der Boden durfte weder verkauft noch gekauft noch verpfändet oder gepachtet werden. Er wurde zum sozialistischen Eigentum des gesamten Volkes erklärt und sollte der Nutznießung aller überlassen werden, die ihn persönlich bearbeiteten. Die Bodennutzung mußte im Sinne eines Ausgleichs erfolgen, d. h. je nach örtlichen Bedingungen unter Zugrundelegung sogenannter Arbeits- und Bedarfsnormen. Der enteignete Besitz sollte unter „Wahrung der strengen Ordnung" genau registriert werden usw.

Im großen und ganzen entsprach das Dekret auch der Forderung der von den Bolschewisten bekämpften sozial-revolutionären Partei und sicherte so der Sowjetregierung die Unterstützung des linken Flügels der Sozial-Revolutionäre und vor allem der ungeduldigen Bauernschaft. Die Einstellung Lenins zum individuellen Bodenbesitz war jedoch bekannt. Bereits 1905 hatte er vor dem „System bäuerlicher Kleinwirtschaften" gewarnt und „die sozialistische Umgestaltung des Dorfes" als „das einzige Mittel, jedes Elend und jede Ausbeutung zu beseitigen"[22] bezeichnet.

Die landhungrigen Bauern begrüßten das Dekret mit Begeisterung. Sie kümmerten sich weder um das Wort „Eigentum des Volkes" noch um die — zumeist noch gar nicht existierenden — Bezirkskomitees, die die Reform durchführen sollten. Die Bauern begannen sofort mit der Verteilung des Gutslandes nach der Kopfzahl der Familien oder nach dem Grad der Armut, ohne irgendwelche Durchführungsbestimmungen des Dekrets abzuwarten. Die örtlichen Sowjets konnten sich in den meisten Fällen nicht einmischen, weil ihnen keine Machtmittel zur Verfügung standen, da die Sowjetregierung zunächst nur in den Städten Polizeigewalt ausüben konnte.

Die überstürzte und mit elementarer Gewalt vollzogene Bodenverteilung verursachte großen Schaden, weil viele Güter geplündert oder zerstört wurden. Die Zuteilungen des Bodens erfolgte größtenteils nach groben Schätzungen der Dorfbewohner und oft genug durch bloßes Faustrecht.

Ein zweites Gesetz vom 19. Febr. 1918 bestätigte die Sozialisierung des Bodens, das Verbot der Pacht und des Verkaufs und bestimmte, daß die Verteilung unter Zugrundelegung der Gleichheit und Arbeitsfähigkeit

---

[22] Bolschaja Sow. Enz. Bd. 1, 1949, S. 310.

erfolgt. Die Bauern richteten sich jedoch nach ihren eigenen Vorstellungen. Dort, wo die Sowjetregierung über genügende Machtmittel verfügte, gelang es ihr, eine Anzahl von Großgütern (ungefähr 1,6 Millionen ha) zu beschlagnahmen. Sie sollten den Kern der künftigen landwirtschaftlichen Staatsbetriebe bilden.

Die Bodenenteignung traf nicht nur die Krone, die Kirche und die Gutsbesitzer. Viele Bauern, die auf Grund der Stolypinschen Agrargesetze (1906) aus dem Mir ausgetreten waren und es zu einem gewissen Wohlstand gebracht hatten, verloren ihren Besitz. Dasselbe Schicksal erfuhr eine größere Anzahl vermögender Bauern, die keine Nutznießer Stolypinscher Gesetze waren. Auch sie mußten zusehen, wie die Dorfbewohner ihren Besitz aufteilten. Dabei spielten Familienfehden und Neid eine große Rolle. Bauern, die einen Teil ihres Bodens vor der Revolution verkauft hatten, nahmen häufig ihr Land ohne Rückzahlung zurück. Nach amtlichen sowjetischen Quellen[23] wurden auf solche Weise vier Fünftel bäuerlicher Ländereien enteignet.

Im großen und ganzen gab man sowjetischerseits zu, daß die „Verteilung von Grund und Boden, die im Jahre 1918 erfolgte, keine staatlich organisierte Bodenreform darstellte"[24].

Sowjetischen Angaben zufolge[25] wurden über 150 Millionen ha unter die Bauern umverteilt. Nach dem Abschluß der Aktion wurde als Teilergebnis festgestellt[26], daß die Bauern von 36 Gouvernements im europäischen Rußland ihren Besitz von 103 Mill. ha um 23 Mill. ha, also um über 20 vH vermehrt hatten. Die größte Zunahme verzeichnete der Bauernbesitz in den Gouvernements an der mittleren Wolga (rd. 50 vH), wo es viele Latifundien gab, den kleinsten Zuwachs hatte der Bauernbesitz in den nördlichen Gouvernements (8,3 vH), und im Ural (7,3 vH), wo der Großgrundbesitz wenig verbreitet war.

Wie die restlichen 127 Mill. ha verteilt wurden, ist unbekannt. Entsprechende amtliche Zahlen liegen nicht vor bzw. sind nicht verfügbar. Es ist jedoch unmöglich, daß der Bauernbesitz sich so stark vermehrt haben konnte. Nach Abzug von drei Millionen Höfen wohlhabender Bauern kamen rund siebzehn Millionen Höfe als Nutznießer in Betracht, was bei 150 Mill. ha theoretisch im Durchschnitt fast 9 ha Bodenzuwachs je Hof bedeutet hätte. Da die Durchschnittsgröße eines mittleren und Kleinbauernhofes zusammengenommen rund 8 ha ausmachte, würde

---

[23] Stat. Westnik I-III, 1923, S. 151. Zitiert nach S. N. Prokopovicz: „Rußlands Volkswirtschaft unter den Sowjets." Zürich 1944, S. 62.
[24] P. N. *Perschin*: „Agrar- und Forstwirtschaft." Moskau 1922. Zitiert nach S. N. Prokopovicz, l. c. S. 61.
[25] Selskoje Chos. SSSR. Moskau 1960, S. 7.
[26] S. N. *Prokopovicz*, l. c. S. 64.

diese Zunahme den Bauernbesitz mehr als verdoppelt haben, was von keiner sowjetischen Quelle behauptet wurde. Ob die Zahl von 150 Mill. ha nicht stimmt oder ein großer Teil dieser Ländereien nicht zur Verteilung gelangte, ist nicht mehr aufzuklären.

Die Bodenverteilung je Kopf der Bauernbevölkerung wäre günstiger ausgefallen, wenn nicht die in den Jahren 1917 bis 1920 erfolgte Massenabwanderung aus den Städten aufs Land die Zahl der Ansprüche auf die Bodenzuteilung in die Höhe getrieben hätte. Schätzungsweise kehrten acht Millionen nominelle Bauernhofbesitzer, die in den Städten arbeiteten, in ihre Dörfer zurück und verlangten ihren Anteil, der ihnen zumeist auch zugestanden wurde. Aufgrund von Teilschätzungen lagen derartige Boden-Zuteilungen meistens zwischen 0,1 und 0,5 ha je Kopf.

Dies bedeutete eine Enttäuschung für die Masse der Bauern, die eine Verdoppelung, wenn nicht eine Verdreifachung ihres Besitzes erwartet hatten. Das entscheidende Ergebnis der revolutionären Bodenverteilung war also nicht eine ins Gewicht fallende Vergrößerung des individuellen Bauernbesitzes, sondern das Verschwinden der Latifundien der Krone, der Kirche und der Gutsherren. Auch ein Teil der wohlhabenden Bauernschicht mußte auf seinen Besitz verzichten, so daß ein riesiges Heer von mittleren, kleinen und winzigen Bauernhöfen übrig blieb. In der bäuerlichen Einstellung zur Außenwelt trat eine Wandlung ein. Der alte Traum von der künftigen Bodenverteilung verschwand, weil nichts mehr zu verteilen war. Von nun an konnte man die eigenen Nöte nicht einfach auf die Gier oder Willkür der Gutsbesitzer oder zaristischen Beamten zurückführen. Die neu entstandenen sowjetischen örtlichen Behörden setzten sich fast durchwegs aus Bauern oder städtischen Arbeitern zusammen, die fast alle bäuerlicher Herkunft waren. Sie sprachen die Sprache des Volkes, so daß damals die Bauern nicht das Gefühl hatten, die Vertreter einer höheren Schicht vor sich zu sehen. Das war ein wichtiger psychologischer Faktor, den die Sowjetregierung auch zu nutzen verstand.

3.1.2 *In der Zeit der Neuen Ökonomischen Politik*

Während des Bürgerkrieges (1918 bis 1920) kam der Gegensatz zwischen der Sowjetregierung und der Bauernschaft zum ersten Male schroff zum Ausdruck. Die meisten Bauern weigerten sich, Lebensmittel gegen völlig entwertetes Geld freiwillig herauszugeben. Die im März 1921 verkündete „Neue Ökonomische Politik" (Nowaja ekonomitscheskaja politika, abgekürzt NEP) war trotz des gewonnenen Bürgerkrieges das einzige Mittel, das sowjetische Regime aufrechtzuerhalten und durch gewisse wirtschaftliche Zugeständnisse dem ruinierten Lande neue Impulse zur ökonomischen Gesundung zu geben. Die Sowjetregierung gestattete die

Tätigkeit des privaten Kleingewerbes und des Kleinhandels, was zu einer sehr schnellen Belebung dieser Wirtschaftszweige führte. Nicht minder wichtig waren die Maßnahmen für die darniederliegende Landwirtschaft. Der Erlaß vom 21. März 1921 setzte die berüchtigte Nahrungsmittelumlage — die Ursache vieler Willkürakte sowjetischer Funktionäre und vieler Bauernrevolten — außer Kraft und führte eine Naturalsteuer ein. Ein fester Prozentsatz der erzielten Ernte war an den Staat abzuliefern; seine Höhe entsprach ungefähr der Hälfte der Zwangsumlage von 1920. Die Naturalsteuer wurde im Jahre 1923, also nach der Währungsreform, durch eine Geldsteuer abgelöst. Bereits im Herbst 1923 wurden 80 vH der landwirtschaftlichen Steuern in Geld entrichtet.

Infolge der außerordentlichen Dürre in den Jahren 1920 und 1921 fielen die Ernten so schlecht aus, daß in vielen Teilen des Landes, vor allem in den südlichen und südöstlichen Gebieten, eine Hungersnot ausbrach, die viele Opfer, insbesondere auf dem Lande, forderte. Nur mit großen Anstrengungen und nicht zuletzt dank amerikanischer Hilfe gelang es der Sowjetregierung, der Hungersnot Herr zu werden.

Im Jahre 1922, also zwei Jahre nach der Beendigung des Bürgerkrieges, war der Umfang der bebauten Fläche für Getreide auf rd. 70 vH des Standes von 1913 abgesunken. Erst allmählich konnte die Getreideproduktion gesteigert werden, doch erreichte sie mit Ausnahme des Jahres 1926 nicht wieder die Höhe von 1913, während die Bevölkerung im Jahre 1929 um 14 Mill. größer war als im Jahre 1913.

Getreideflächen und -ernten 1922—1928

Jahr	Flächen in Mill. ha	Produktion		Hektarertrag in dz
		in Mill. t	in vH	
1913	94,4	76,5	100,0	8,1
1922	66,2	50,3	65,8	7,6
1923	78,6	56,6	74,0	7,2
1924	82,9	51,4	67,2	6,2
1925	87,3	72,5	94,8	8,3
1926	93,7	76,8	100,4	8,2
1927	94,7	72,3	94,5	7,6
1928	92,2	73,3	95,8	7,9
1929	96,0	71,7	93,7	7,5

Quellen: Sozialistitscheskoje stroitelstwo SSSR. Moskau 1935, S. 323 u. 361; Narodn. Chos. SSSR w 1963 g. Moskau 1964, S. 273.

Die Entwicklung der Viehwirtschaft zeigte bessere Ergebnisse als die der Getreideproduktion. Es wurden nicht nur die während des Bürgerkrieges erlittenen Verluste wettgemacht, sondern z. T. auch beträchtliche Steigerungen erzielt. Nur der Pferdebestand lag etwa 6 vH unter der Zahl von 1916 (siehe Tabelle 15 des Anhangs).

Nach wie vor kümmerten sich die Bauern nicht darum, daß der gesamte Boden nunmehr sozialisiert und ihnen nur zur Nutzung überlassen war. Die erdrückende Mehrheit der Bauern war gegen jede gemeinsame Bewirtschaftung: Man wollte auf eigener Scholle arbeiten und in den Genuß der eigenen Produktion kommen. In diesem Zusammenhang war auch das Verschwinden des Mir-Systems bemerkenswert: Es löste sich nach der Revolution von selbst auf und lieferte damit einen Beweis dafür, daß von einer tiefverwurzelten Einrichtung keine Rede sein konnte.

Die Agrarpolitik während der NEP-Periode (1921 bis 1928) ließ sich von der Leninschen Parole leiten „Arbeiter, verbündet euch mit den Klein- und Mittelbauern gegen die Kulaken"[27]. Auf solche Weise konnte man auch im Dorf die Theorie des Klassenkampfes in die Praxis umsetzen und die Differenzen zwischen ärmeren und vermögenden Bauern für politische Zwecke ausnutzen. Im Grunde genommen war jeder Mittelbauer, wenn er gut zu wirtschaften verstand, ein potentieller Kulake, d. h. er konnte in die Kategorie der Wohlhabenden aufrücken, doch war es für die Sowjetregierung in der damaligen Zeit wichtig, die Verbundenheit mit den Mittelbauern immer wieder zu betonen.

Im Januar 1927 waren rd. 89 vH aller Höfe in den Händen selbständiger Bauern, darunter 22 vH Kleinbauern, 63 vH Mittelbauern und 4 vH Kulaken[28]. Es gab keine feste Definition für die Zugehörigkeit der einzelnen Bauerngruppen. Als arme Bauern (amtliche Definition der Kleinbauern) galten vor allem Hofbesitzer mit weniger als 4 ha Ackerland ohne Arbeitsvieh sowie die Hälfte der Bauern mit 4 bis 6 ha schlechten Bodens. Auch Bauern mit 1 Stück Arbeitsvieh gehörten zu dieser Gruppe, wenn sie weniger als 1 ha besaßen. Was die Kulaken betrifft, so waren sie nach sowjetischer Definition[29] „kapitalistische Unternehmer im Dorf, die im Vergleich zu den armen Bauern über einen großen Bodenbesitz verfügten, die Landarbeiter und die armen Bauern ausbeuteten, Geld gegen Wucherzinsen ausliehen, Produktionsmittel besaßen usw.". Normalerweise hatten die Kulaken einen durchschnittlichen Bodenbesitz von nicht weniger als 10 ha, doch waren auch andere Momente wichtig, die den Betreffenden als Kulaken kennzeichneten, wie die Qualität seines Bodens, der Wert der Produktionsmittel, die Beschäftigung von Landarbeitern über gewisse

---

[27] In der russischen Sprache bedeutet „Kulak" soviel wie Ausbeuter. In der vorrevolutionären Zeit bezeichnete man damit Personen, die die wirtschaftlich Schwachen ausnutzten. Aus propagandistischen Gründen übertrug die Sowjetregierung diese Bezeichnung auf alle mehr oder weniger wohlhabenden Bauern.
[28] Statist. spraw, SSSR sa 1928 g. S. 42 f.
[29] Bolsch. Sow. Enzykl. Bd. 24. Moskau 1953, S. 10.

Zeit hinaus usw. In den meisten Fällen hing die Stempelung zum Kulaken von den Verhältnissen im Dorf ab, wobei die Beziehungen zu den örtlichen Behörden und Parteiorganen von großer Bedeutung waren. Auch Neid und Feindschaft der Nachbarn spielten oftmals eine entscheidende Rolle.

Die Erholung der sowjetischen Landwirtschaft während der NEP-Periode erhöhte das Selbstbewußtsein der Bauernschaft und stärkte das Mißtrauen der Sowjetregierung, die sich mit wachsender Sorge mit dem Phänomen einer rd. 120 Mill. Personen umfassenden relativ freien bäuerlichen Bevölkerung befassen mußte.

3.2 Änderungen in der Bodenaufteilung der Volksrepublik China

Um Ruhe und Ordnung im Lande zu garantieren und eine schnelle wirtschaftliche Gesundung zu ermöglichen, wurde mit Hilfe der Armee sogleich nach der Revolution im Herbst 1949 eine neue Verwaltungsstruktur errichtet. Das Land wurde in sechs Regionen eingeteilt; jede Region umfaßte mehrere Provinzen, die sich in militärischer und wirtschaftlicher Hinsicht untereinander unterstützen sollten. Innerhalb der Provinzen blieb die Teilung in Kreise (xian) und Gemeinden (xiang) erhalten, das wirtschaftliche Hauptgewicht lag bei den Kreisbehörden. Während sich die Kommunisten in ideologischer Hinsicht zunächst passiv verhielten, um die Macht ihres Systems zu festigen, gingen sie sofort rigoros gegen einige aus der Vergangenheit übernommene Mißstände vor. Mit Hilfe der „3-Anti-Bewegung" des Jahres 1951 und der „5-Anti-Bewegung" von 1952[30], ursprünglich nur innerhalb der KPCh und der Staatsbürokratie geplant, dann aber auf die gesamte Wirtschaft ausgedehnt, wurde die Korruption der Bürokratie weitgehend ausgerottet. Das äußere Bild der Dörfer und Städte wurde sauberer, Diebstahl und Bettelei, Bestechung und Prostitution sowie das für asiatische Länder typische Massenelend auf den Straßen großer Städte verschwanden[31].

Die Regierung war bestrebt, in kürzester Zeit einen möglichst großen Anteil der industriellen und landwirtschaftlichen Produktion zu kontrollieren. Von der KMT hatten die Kommunisten einen umfangreichen staat-

---

[30] „5-Anti" „wu fan yundong", Bewegung gegen Bestechung, Steuerhinterziehung, Diebstahl von Staatseigentum, schlechte Arbeit bei Staatsaufträgen und Diebstahl von staatlichen Informationen. „3-Anti" „san fan yundong" richtete sich gegen Korruption, Verschwendung und „Bürokratismus". Vgl. *Hsueh Mu-chiao, Su Hsing, Lin Tse-li*: The Socialist Transformation of the National Economy in China. Peking 1960, S. 52/53.

[31] Es sei hier aber daran erinnert, daß sich diese „Bewegungen" auch ganz allgemein gegen mißliebige Bürger richteten und vor allem unter dem chinesischen Mittelstand Opfer forderten.

lichen Sektor der Industrie übernommen, mit dessen Hilfe sie eine Kontrolle und allmähliche Umgestaltung der privaten Industrie vornehmen konnten. So waren bei der Machtübernahme 90 vH der Produktionskapazität für Stahl, über 70 vH der Kohle- und Elektroenergiekapazitäten in staatlichen Händen. Der Anteil der staatlichen Industrie an der gesamten industriellen Bruttoproduktion des Jahres 1950 betrug 41,3 vH[32]. Bis zum Ende des Jahres 1952 waren die Schwerindustrie, die Banken und das Transportwesen fast vollständig verstaatlicht. Die übrige Privatwirtschaft ließ man zunächst gewähren, da man die Hilfe der privaten Unternehmer bei der Wiederherstellung der Wirtschaft ausnutzen wollte.

Man begnügte sich mit einer Kontrolle der Verteilung, indem alle Güter über staatliche oder staatlich kontrollierte Syndikate vertrieben wurden. Eine hohe Besteuerung, Zuteilung der Rohstoffe und Kredite, Kontrolle der Löhne und Preise, Forderungen der Gewerkschaften und der Wettbewerb der staatlichen Betriebe schränkten die Handlungsfreiheit der privaten Unternehmer jedoch immer mehr ein.

Die zweite große Aufgabe der neuen Regierung war der Kampf gegen die Inflation[33], den man mit Bemühungen um einen Ausgleich des Budgets begann. Die Ausgaben sollten eingeschränkt und ein gleichmäßiger Strom der Einnahmen garantiert werden. Hierzu diente die Steuerreform vom Januar/März 1950, die die Vielzahl früherer Steuern auf eine einheitliche Bodensteuer sowie die Industrie- und Handelssteuer beschränkte; neu eingeführt wurde eine Lohn- und eine Umsatzsteuer[34].

Die Bodenumverteilung — von den Chinesen meist Agrarreform genannt — wurde überall sofort nach der „Befreiung" durchgeführt und war in ganz China bis zum Ende des Jahres 1952 abgeschlossen[35]. Insgesamt sollen bei der Bodenreform 46,7 Mill. ha, d. h. 45 vH der gesamten Anbaufläche des Jahres 1952, umverteilt worden sein[36]. Dieses Land wurde von rund 4 Mill. Landlords und Großbauern an über 60 Mill. Familien von Kleinbauern, landlosen Bauern und Landarbeitern übertragen. Zusammen mit dem Land wurden auch die Betriebsmittel der Landlords an die armen Bauern verteilt und alle Schulden gestrichen, wodurch die größte Not vorübergehend etwas gelindert und vor allem das Interesse der Bauern an der Bewirtschaftung der Felder gesteigert wurde. Allerdings war die Kleinheit der Betriebsflächen weiter wesentliches Merkmal. Während der

---

[32] *Hsueh Mu-chiao, Su, Lin*, The Socialist Transformation ..., l. c. S. 29.
[33] Eine ausführliche Darstellung gibt *Yuan-li Wu*: „An Economic Survey of Communist China". New York 1956, Kapitel III.
[34] Ebenda, S. 69/70.
[35] Mit Ausnahme des nordwestlichen China und Tibet, wo die Landreform erst 1959 begonnen wurde.
[36] State Statistical Bureau: „Ten Great Years — Statistics of the Economic and Cultural Achievements of the People's Republic of China." Peking 1959, S. 34.

durchschnittliche Landbesitz der Mittelbauern mit 0,93 ha ungefähr gleich blieb, war der der Großbauern mit 1,22 ha zwar niedriger als vor der Reform, aber doch größer als der durchschnittliche Besitz der armen Bauern, deren Betriebsfläche im Schnitt nur 0,84 ha betrug. Diese geringen Differenzen erlangen dort Bedeutung, wo der Bodenbesitz an der Grenze des Existenzminimums liegt. Die gesamten Betriebsflächen waren im Jahre 1952 aufgrund der Bevölkerungszunahme und der Berücksichtigung der Landlosen bei der Umverteilung (darunter auch vieler demobilisierter Soldaten) um ein Drittel kleiner als im Jahre 1936[37].

Mao Tse-tung hatte vor der Politischen Konsultativen Konferenz (vor Beginn der Landreform) erklärt, daß die Durchführung der Bodenreform ein wichtiges Stadium bei der Entwicklung des Kommunismus in China sei. Sie stelle nach der Beendigung des Bürgerkrieges die zweite Etappe und gleichzeitig die unbedingte Voraussetzung für den Aufbau des Sozialismus dar[38]. Diese Landreform würde mehr sein als eine bloße Umverteilung des Bodens, sie würde vor allem eine schlagkräftige Waffe in der Hand der Partei zur Durchführung des Klassenkampfes auf dem Lande darstellen. Das Ziel war einerseits die Vernichtung der herrschenden Klasse in den ländlichen Gegenden, andererseits die Festigung der Macht des neuen Staates und der Kontrolle der Partei über die Masse der Bauern. Aus diesem Grunde wurden zwar die Bauern durch eine umfangreiche Propaganda zur Mitarbeit angetrieben und zum „Klassenkampf" aufgerufen, durch eine entsprechende Organisation aber alle etwa auftretenden spontanen, von der Partei unabhängigen Aktionen — oder gar Landschenkungen der Landlords —, d. h. friedliche Landverteilungen, zu verhindern versucht. Die Landreform sollte unter größtmöglicher Anteilnahme der Bauern als eine von der KPCh geplante und im gesamten Ablauf kontrollierte Aktion durchgeführt werden. Während die Klasse der Landlords, der abwesenden Großgrundbesitzer, vernichtet und die Klasse der reichen Bauern neutralisiert werden sollte, stützte sich die Politik der Partei nach sowjetischem Vorbild vor allem auf die armen und mittleren Bauern, auf deren „Landhunger".

Für die armen ländlichen Familien war ausreichender eigener Landbesitz jahrhundertelang das Streben und ebenso das Ziel aller sozialreformerischen Bemühungen innerhalb der Beamtenschaft gewesen. Aus dieser Erfahrung heraus wurde der Boden in China nicht verstaatlicht, sondern den begünstigten Bauern als Eigentum übergeben[39]. In Art. 20 des Bodenreformgesetzes hieß es, daß nach Durchführung der Boden-

---

[37] Berechnet nach den Angaben von W. *Wilmans*: „Die Landwirtschaft Chinas." l. c. S. 34.

[38] People's China, Peking. Nr. 1, vom 1. 7. 1950. S. 24.

[39] The Agrarian Reform Law of the People's Republic of China and other Relevant Documents. Peking 1950.

aufteilung die örtlichen Volksregierungen neue Besitztitel an die Bauern ausgeben sollten, die die Berechtigten ermächtigten, nach eigenem Ermessen ihren Boden zu bewirtschaften, zu verkaufen oder zu verpachten. Gleichzeitig wurde erklärt, daß dieses Prinzip des privaten Bodenbesitzes eine langfristige Politik darstelle, und daß mit einer genossenschaftlichen Bodenbewirtschaftung erst unter den günstigeren Bedingungen einer umfangreicheren Mechanisierung der chinesischen Landwirtschaft begonnen werden sollte.

Dieses behutsame Vorgehen sollte den Kommunisten die Unterstützung der Masse der Bauernschaft sichern, zumal man die Mittelbauern als Alliierte zu gewinnen trachtete, trotz deren erkannter kleinbürgerlicher Vorbehalte. Da die Mittelbauern rund 20 vH der ländlichen Bevölkerung darstellten, sei es notwendig, „die fortschrittlichen Kräfte mit diesen zu vereinen. Sonst endet die Landreform in einem Fehlschlag"[40]. Aus diesem Grunde wurde den Mittelbauern nicht nur erlaubt, im Durchschnitt mehr Boden zu behalten als die armen Bauern, sie wurden auch ausdrücklich als Mitglieder der Bauernvereinigungen, denen die Durchführung der Bodenreform übertragen worden war, zugelassen. Aber auch die reichen Bauern sollten möglichst geschont, lediglich „neutralisiert", d. h. wirtschaftlich und vor allem politisch entmachtet werden. Denn obwohl der Anteil der reichen Bauern nur 5 vH der ländlichen Bevölkerung betrug, stellten sie die entscheidende ländliche Produktionskraft dar. Deshalb wurde im Zuge der Landreform lediglich ihr verpachtetes Land beschlagnahmt, während der von ihnen selbst bebaute Boden und ihr sonstiges Eigentum unberührt blieb.

Alle diese Maßnahmen zielten also dahin, erstens die Macht der Partei auf dem Lande zu festigen, eine möglichst breite Anhängerschaft unter den Bauern zu gewinnen und die ehemals herrschende Klasse der Gentry-Bodenbesitzer zu isolieren; zweitens durch eine gezielte, differenzierte Politik möglichst einen Rückgang der landwirtschaftlichen Produktion zu verhindern; und drittens die organisatorischen Voraussetzungen für die später geplante Umstrukturierung der Landwirtschaft zu schaffen. Dieses Ziel war von Liu Shao-chi bei der Verkündung des Landreformgesetzes im Juni 1950 so dargestellt worden: „Das grundlegende Ziel der Landreform ist nicht einfach eine Befreiung der Bauern. Das Gesetz zielt auf die Freisetzung der ländlichen Produktivkräfte von den Fesseln des feudalen Landbesitzsystems der Landlordklasse, um die wirtschaftliche Produktion zu entwickeln und auf diese Weise der Industrialisierung des Neuen China den Weg zu ebnen[41]." Damit war die eigentliche Bestimmung der landwirtschaftlichen Reformen angedeutet.

---

[40] *Mao Tse-tung*: „Selected Works." Vol. IV, S. 235.
[41] People's China, Nr. 2, vom 16. 7. 1950, S. 73.

In dem geplanten Ablauf der Landreform lassen sich vier Phasen unterscheiden, die je nach der Gegend und dem Einfluß der Partei jeweils drei bis acht Monate dauerten und von entsprechender Propaganda begleitet waren. Als Kader dienten zunächst die demobilisierten Soldaten der kommunistischen „Volksbefreiungsarmee", später die örtliche jugendliche Intelligenz, Bauernaktivisten und sonstige „demokratische", d. h. kommunistenfreundliche Personen. Mit ihrer Hilfe organisierte die Partei auf der Ebene der xian und xiang und später auch in den Dörfern Bauernversammlungen, aus denen sich dann die Bauernvereinigungen, die Träger der Landreform, entwickelten. In der zweiten Phase wurden die Bauern von diesen Bauernvereinigungen zur Handlung aufgerufen und zwei Bewegungen entfacht; die Maßnahmen zur Senkung der Zinsen (im Durchschnitt auf ein Vietel des ursprünglichen Zinses und auf eine Bodenrente von höchstens 37,5 vH des normalen Ertrages der Hauptfrucht, das Verbot von Vorauszahlungen u. a.) sowie die sogenannte „Sprich-Bitterkeit-Bewegung", bei denen in öffentlichen Versammlungen die sogenannten „Despoten", die sich der Ausbeutung, Grausamkeit, Zinsknechtschaft usf. schuldig gemacht, die früher mit den Japanern zusammengearbeitet haben sollten, oder aus sonstigen Gründen den neuen Herren mißliebig waren, identifiziert und angeklagt wurden. Wo die Unzufriedenheit gegenüber diesen „Klassenfeinden" sich nicht genügend äußerte, wurden die Emotionen durch Propaganda angeheizt; und es wurde besonders darauf geachtet, daß alle armen Bauern aktiv an diesem „gelenkten Terror" teilnahmen, der mit seinen Anklagen die spätere Aburteilung der Landlords vorbereitete. Auf diese Weise sollte den Bauern das Bewußtsein vom Ende dieser jahrhundertelang herrschenden Klasse und gleichzeitigem Beginn neuer Machtverhältnisse auf dem Lande möglichst anschaulich vermittelt werden. In der dritten Phase begann die Vorbereitung der eigentlichen Reform durch die Landreformkomitees der Bauernvereinigungen mit der Sammlung von Unterlagen für die Bevölkerungsstatistik und der Vermessung des individuellen Bodenbesitzes. Gleichzeitig wurde der „Klassenstatus" der ländlichen Bevölkerung entsprechend der „Direktive betreffend die Unterscheidung des Klassenstatus auf dem Lande" vom 4. August 1950 mit einer Einteilung der ländlichen Bevölkerung nach Landlords, reichen Bauern, oberen und unteren Mittelbauern, armen Bauern und Landarbeitern neu bestimmt. Die Klasseneinteilung mußte jede Familie zunächst nach Beispielen eines veröffentlichten Kataloges selbst vornehmen und diese Selbsteinschätzung wurde anschließend in den Bauernversammlungen überprüft und nicht selten korrigiert. Da die Grenzen der Klassenzugehörigkeit nur sehr schwer zu bestimmen waren, ergab sich häufig Anlaß zum Protest gegen die Willkür der örtlichen Kader. In der vierten und letzten Phase der Landreform erfolgte schließlich die Konfiszierung des Bodens, der Geräte und der Häuser der Landlords und die sofortige Verteilung an die begünstigten Bauern, die Ausgabe der Besitztitel, schließlich die Wahl der örtlichen Verwaltungen.

Die Bauernvereinigung hatten außerdem die Aufgabe, einige Funktionen des Familienklans zu übernehmen, d. h. zusammen mit der Armee eine Dorfmiliz aufzustellen und Dorf- und Winterschulen[42] einzurichten. Die Jugend wurde mit Theater und *yangge*-(Volkstanz-)gruppen angesprochen. Die Maßnahmen auf den Gebieten der Kultur und Erziehung zielten neben der Vermittlung von Wissen auf eine psychologische Umerziehung der Dorfbewohner, die darin bestand, ihnen das Ende der traditionellen Abhängigkeit besser bewußt zu machen, sie zur Mitarbeit in den neuen Organisationsformen zu überreden und auf die geplante Kollektivierung vorzubereiten.

Wirtschaftlich bedeutete die Reform die Freisetzung der Initiative von Millionen Bauern, die nach langen Jahren der politischen Unruhe von dem neuen Regime eine Stabilität erwarteten. Eine große Zahl früher mithelfender Familienangehöriger wurde wirtschaftlich selbständig. Die Landreform verringerte die Unterschiede in den Betriebsgrößen und wahrscheinlich auch größere Unterschiede im Familieneinkommen. Die private Landpacht und private Vermietung von Arbeitskraft wurden auf ein Minimum reduziert. Durch die Umverteilung des Vermögens der Landlords, deren Gewinne bisher zu einem großen Teil nur zu immer neuen Landkäufen, Luxuskonsum und zuletzt zur Kapitalflucht geführt hatten, sollten diese Anteile nun zu einem gewissen Maß über die Landwirtschaftssteuer und die Aufkäufe des Staates zu produktiverer Verwendung in das öffentliche Budget fließen. Eine wesentliche Folge der Landreform war jedoch die Unterbrechung und teilweise Zerstörung der in Jahrhunderten gewachsenen komplexen Systeme der individuellen Bewässerung, des Austauschs von Bewässerungs- und Arbeitsgeräten und Arbeitsvieh, sowie der traditionellen Beziehungen der gegenseitigen Hilfeleistung innerhalb der Großfamilien. Damit war zugleich eine Voraussetzung gegeben für die Gewöhnung der Bauern an die Notwendigkeit neuer Formen der Zusammenarbeit.

Sonst hatte sich an der grundsätzlichen Lage der landwirtschaftlichen Betriebe jedoch nichts geändert. Die Kapitalausstattung war weiterhin viel zu niedrig und die Produktivität gering. Sehr oft wurde die Entlastung von den hohen Pachtzinsen durch eine gesteigerte Konsumneigung kompensiert. Als Folge von Mißernten oder Krankheiten, aber auch infolge der unterschiedlichen Familiengrößen und Bodenqualität sowie aufgrund der unterschiedlichen persönlichen Leistung, gerieten einige Familien

---

[42] In den Winterschulen wurde neben der Indoktrinierung vor allem die Ausbildung im Schreiben und Lesen gefördert, wobei die Kenntnis von 1000 Schriftzeichen angestrebt wurde.

bald in Not, mußten wieder Kredite aufnehmen oder Land verkaufen. Der alte Prozeß der Klassendifferenzierung war also auch nach der Bodenreform noch in Kraft[42a]. Das Landproblem in China war — wie oben bereits erwähnt — viel mehr über Produktivitätssteigerungen und neue Organisationsformen zu lösen als über eine Umverteilung des individuellen Besitzes. Die Kommunisten haben sich auch immer wieder den organisatorischen Veränderungen zugewandt. Anfangs begnügte man sich jedoch damit, eine nachbarschaftliche Zusammenarbeit über kürzere oder längere Zeiträume hinweg zu organisieren, um die knappen Betriebsmittel der armen Bauern besser auszunutzen, die Arbeitsspitzen während der Ernte zu überbrücken und die Bauern an eine Zusammenarbeit außerhalb der Familienbande (d. h. des Clans) zu gewöhnen.

Dank günstiger Witterungsverhältnisse in den Jahren 1950 und 1951 konnten bis zum Jahresende 1952, dem Ende der Übergangsperiode, die durchschnittlichen Vorkriegsergebnisse bei den wichtigsten landwirtschaftlichen Produkten erreicht werden[43].

Zusammenfassend läßt sich sagen, daß die neue Regierung mit ihren vorsichtigen Eingriffen in das Wirtchaftsleben und den ergänzenden Reformen recht erfolgreich war, so daß das Ziel der ersten drei Jahre — neben der Wiederherstellung der Einheit des Landes und der Durchführung der Bodenreform — die „Wiedergesundung der nationalen Wirtschaft" als erreicht gelten konnte. Damit waren die Voraussetzungen für ein umfassendes und stärker kontrolliertes Programm der Entwicklung der Volkswirtschaft und den Beginn der Kollektivierung der Landwirtschaft geschaffen.

3.3 Die Ergebnisse der Bodenaufteilung in beiden Ländern

Die Bodenaufteilung in beiden Ländern erfolgte unter sehr verschiedenen Bedingungen. Während in der Volksrepublik China nach langen Kriegs- und Bürgerkriegsjahren eine gewisse Stabilität herrschte (der Koreakrieg hatte nur geringe innenpolitische Auswirkungen), beschränkte sich die Macht der Sowjetregierung zur Zeit der Agrarreform hauptsächlich auf die Städte. Die Bodenverteilung erfolgte in den sowjetischen Dörfern spontan und ohne jegliche Ordnung, zumeist mitten im Bürgerkrieg. In der Sowjetunion handelte es sich also um eine mit elementarer Gewalt vollzogene Aktion, die von der Sowjetregierung höchst unzureichend kontrolliert werden konnte. Dagegen verlief dieser Prozeß in China nach

---

[42a] Diesen Prozeß schildert: *Cheng Chu-yuan:* „Communist China's Economy 1949—1962." South Orange, N. J. 1963, S. 28.
[43] Vgl. Tabelle 10 im Anhang.

einem gewissen Schema in mehreren geplanten Stadien unter ständiger Einflußnahme und Überwachung der KPCh und ihrer Kader.

Die sowjetischen Führer besaßen am Vorabend der Revolution kein richtiges Programm für die Reform der Landwirtschaft und noch weniger Erfahrung in der landwirtschaftlichen Praxis. Die bolschewistische Partei hatte damals unter ihren Mitgliedern kaum Bauern oder Agrarfachleute, so daß sie das Agrarprogramm der feindlichen Sozialrevolutionäre übernehmen mußte, um die Bauern zu gewinnen. Dagegen rekrutierte sich die KPCh in erster Linie aus bäuerlichen Kreisen, die das Dorf und seine Bedürfnisse genau kannten. Noch vor dem endgültigen Sieg hatten die chinesischen Kommunisten die Möglichkeit, zwanzig Jahre lang in den von ihnen beherrschten Gebieten, den sogenannten „Sowjetbasen", mit verschiedenen landwirtschaftlichen Reformmaßnahmen zu experimentieren, ehe sie die große Bodenaufteilung in Angriff nahmen. Auch konnten sie aus den sowjetischen Erfahrungen der Bodenverteilung und der Kollektivierung lernen.

Die verschiedene Ausgangslage hatte zur Folge, daß in China die Mehrheit der Bauern den geplanten und schrittweisen Agrarreformen viel williger zustimmte und auf solche Weise die Macht der kommunistischen Partei auf dem Lande festigte, während die in die Dörfer entsandten sowjetischen Parteifunktionäre dort meistens als Feinde und Störenfriede betrachtet wurden, die sich in die selbsterworbenen Rechte der Bauern einmischten. Den chinesischen Kommunisten kam dabei noch zugute, daß sie sich nicht nur auf die armen Bauern, sondern auch auf die Mittelbauern und zumindest teilweise auch auf die reichen Bauern stützen konnten, und zwar entsprechend ihrer Politik gegenüber den „nationalen" Kapitalisten und Kleinbürgern während der Übergangszeit der „Neuen Demokratischen Revolution". Andererseits wurde der Begriff des „Kulaken" in der Sowjetunion zunehmend weiter gefaßt, als er ursprünglich gemeint war, und brachte bis zur Kollektivierung ein ständiges Moment der Unsicherheit in das sowjetische Dorf.

Die katastrophalen wirtschaftlichen Verhältnisse während des Bürgerkrieges und die Hungersnot in den Städten zwangen die Sowjetbehörden sehr bald, dem Dorf drastische Zwangsablieferungen (ohne Entgelt) aufzuerlegen, während in China erst mit Beginn des ersten Fünfjahresplanes eine Rationierung und kontingentierte Zwangsablieferung eingeführt wurde, zu einer Zeit also, in der das Regierungssystem gefestigt war.

Unterschiedlich wurde in der jeweiligen Zeit des Übergangs die Frage des Eigentums behandelt: Während in der Sowjetunion der Boden sofort verstaatlicht und Verkauf (oder Pacht) verboten wurde, erhielten alle chinesischen Bauern nach der Umverteilung Eigentumstitel; Verkauf und Pacht des Bodens wurden gestattet und auch praktiziert.

Dieser Vergleich läßt es erklärlich erscheinen, daß die Umverteilung des Bodens in China im Gegensatz zur Sowjetunion keinen Rückgang, sondern vielmehr eine schnelle Erholung der landwirtschaftlichen Produktion erbrachte. Dagegen konnte in der Sowjetunion eine Besserung der Lage in der Landwirtschaft erst fünf Jahre nach der Bodenumverteilung erzielt werden.

4. Die Kollektivierung

4.1 Die Kollektivierung der Landwirtschaft in der Sowjetunion

Die unverkennbare Erholung der Landwirtschaft in der Zeit der NEP bewies den Erfolg der damaligen Agrarpolitik, doch bildete die feindselige Einstellung der Bauern gegenüber der gemeinsamen Bewirtschaftung des Bodens Gegenstand heftiger Diskussionen in den führenden sowjetischen Kreisen. Bereits im Jahre 1923 warnten Trotzki und seine Anhänger vor der „Verspießerung" der Revolution und warfen der Regierung eine opportunistische Haltung den kapitalistischen Elementen, insbesondere den Bauern gegenüber, vor.

Ein Jahrzehnt nach der Revolution von 1917 mußte die Sowjetregierung feststellen, daß die mehr oder weniger auf freiwilliger Basis unternommenen Versuche, sozialistische landwirtschaftliche Betriebe zu errichten, sehr bescheidene Ergebnisse gezeigt hatten. Schon kurz nach dem Umsturz waren die ersten Kollektivwirtschaften entstanden, größtenteils auf den von ihren Besitzern verlassenen Gütern. Es handelte sich häufig um bunt zusammengewürfelte Gemeinschaften, die unter dem Einfluß städtischer Agitatoren oder radikal gesinnter Intellektueller eine sozialistische Gesellschaft eigener Vorstellung einzurichten versuchten. Mancher Gründer dieser „landwirtschaftlichen Kommunen" hegte die Hoffnung, daß das neue sozialistische „Sein" auch ein sozialistisches „Bewußtsein" schaffen würde. Der ökonomische Wert dieser Kommunen (im Februar 1919 erhielten sie ein Musterstatut) war gering, aber allein ihre Existenz gab der Regierung die propagandistische Möglichkeit, von den Erfolgen des Sozialismus im Dorf zu sprechen.

Bald kamen zu den Kommunen Dorfgenossenschaften gemeinsamer Bodenbearbeitung hinzu (towarischtschestwo po sowmest noj obrabotke semli, russisch abgekürzt TOS), doch behielt jedes Mitglied sein Landeigentum. Die Verteilung der Ertrages war in den TOS verschieden; neben den Leistungen einzelner Mitglieder wurden auch andere Momente berücksichtigt, wie die Zahl der Familienmitglieder, Einsatz von Pferden usw. Im Jahre 1929 machten die TOS 60 vH aller sozialistischen Wirtschaften aus[44]. Eine andere Form der Kollektivwirtschaft bildete das sogenannte „Artel", eine Art Genossenschaft, die ihrer Struktur nach am ehesten als Vorläufer des späteren Kolchos (russische Abkürzung *Kol*lektiwnoje *chos*jajstwo-Kollektivwirtschaft) gelten konnte. Hier gab es kein Bodeneigentum mehr und der Ertrag wurde nach Abzug von Steuern und sonstigen Abgaben unter die Mitglieder von der — meist frei gewählten — Artelsverwaltung verteilt.

Wie langsam die Entwicklung der Kollektivierung in der NEP-Periode voranging, ersieht man daraus, daß es im Jahre 1928 nur 33 300 landwirtschaftliche Genossenschaften verschiedener Art gab, die nur knapp 2 vH aller Bauernhöfe und 1,4 Mill. ha, also 2,3 vH der gesamten Ackerfläche umfaßten. Der individuelle Bauernbesitz gliederte sich 1928 folgendermaßen: rd. 5 vH aller Bauernhöfe mit je über 8 ha gehörten den wohlhabenden Bauern (Kulaken), 60 vH gehörten den Mittelbauern (4 bis 8 ha) und 35 vH den Kleinbauern (unter 4 ha). Wie bereits gesagt, war der Umfang des Bodenbesitzes nicht unbedingt ausschlaggebend für den Wohlstand eines Bauern, doch hielt die Regierung aus taktischen Gründen eine vereinfachte Differenzierung für vorteilhafter.

Kurz vor dem Ende der NEP-Periode im Jahre 1927 hieß es in der „Prawda": „Am Ende des Bürgerkrieges gab es in der Sowjetunion 15,6 Mill. Bauernhöfe; jetzt gibt es ihrer 25 Mill. Diejenigen, die die Bedeutung dieser Zahlen nicht verstehen und glauben, das Agrarproblem könne ohne energische Maßnahmen gelöst werden und das Dorf bedeute keine Gefahr für den Sozialismus, verstehen nichts[45]."

Die Sowjetregierung war zu dieser Zeit entschlossen, die in der Industrie herrschenden „sozialistischen Produktionsverhältnisse" auch im Dorf einzuführen, ohne Rücksicht auf die ökonomischen Folgen und auf die an ihrem Besitz hängenden Bauern. Die Verkündung des ersten Fünfjahresplanes 1928 bis 1932 — er sollte dem von Stalin proklamierten „Sozialismus in einem Lande" ein besonders starkes Gewicht verleihen — brachte weitere Einschränkungen der privatwirtschaftlichen Tätigkeit. Die in der NEP-Periode gewährten Erleichterungen wurden rückgängig gemacht, so daß das private Kleingewerbe völlig verschwand und der private Einzelhandel nur auf den mehr oder weniger geduldeten Konsumgütermärkten erlaubt wurde. Im Dezember 1927 beschloß der XV. Parteikongreß die „Beseitigung der kapitalistischen Elemente in der Landwirtschaft" und die beschleunigte Kollektivierung. Vor allem sollten die Kulaken enteignet werden, weil sie natürlicherweise die stärksten und am meisten interessierten Anhänger des individuellen Bodenbesitzes waren.

---

[44] Bolsch. Sow. Enz. Bd. 42, 1956, S. 535.
[45] Prawda, vom 30. 3. 1927.

Die Sowjetregierung glaubte, man könne die gesamte Landwirtschaft mit Hilfe einer von oben ausgearbeiteten Planung und einer straff organisierten Verwaltung auf ähnliche Weise leiten wie die Industrie. Millionen rückständiger und durch Streuländereien zersplitterter Höfe sollten zu landwirtschaftlichen Großbetrieben zusammengelegt werden, die mit Fachkräften und modernsten technischen Mitteln versehen und unter Anwendung neuester Agrarmethoden eine rasche Steigerung der Agrarproduktion und die Hebung des bäuerlichen Standards sichern würden.

Es fehlte jedoch nicht an warnenden Stimmen aus den Führungsgremien der kommunistischen Partei. Anfang 1926, also fast vier Jahre vor der gewaltsamen Kollektivierung, hatte z. B. Bucharin in einem Gespräch mit Ruth Fischer gesagt: „Unser Land ist so schrecklich arm. Unsere Bauern rackern sich mit primitiven Geräten ab. Wir haben keine reichen Bauern im Sinne des Westens; unsere Kulaken können nicht mit den reichen Bauern Deutschlands oder Frankreichs verglichen werden. Jeder, der zwei Pferde und einige landwirtschaftliche Maschinen besitzt, ist zum Kulaken ernannt worden. Es wird Jahre dauern, bis diese Bauernwirtschaft in eine moderne Landwirtschaft verwandelt wird. Das Parteimonopol wird nicht bedroht, wenn ein paar von diesen Kulaken reich werden. Wir haben die Kommandohöhen[46] und können die Kontrolle aufrechterhalten. Eine Zwangskollektivierung würde den ganzen Charakter unseres Regimes ändern; sie würde verheerende Folgen haben. Die richtige Bauernpolitik wäre, die Landwirtschaft mit Hilfe eines Netzes staatlich unterstützter Genossenschaften auf ein höheres Niveau zu bringen[47]."

Die Stimmen der schwachen und uneinigen Opposition blieben jedoch ohne Einfluß auf die Agrarpolitik Stalins. Schon aus dogmatischen Gründen hielt er an der Sozialisierung der gesamten Wirtschaft, also auch der Landwirtschaft, fest. Die Existenz einer riesigen relativ unabhängigen Bauernschicht widersprach dem totalitären Charakter des Sowjetstaates, der alle Erscheinungen des öffentlichen Lebens planen, leiten und kontrollieren wollte. Auch die ungenügende Versorgung der Städte mit Lebensmitteln beeinflußte die Kollektivierungspläne der Regierung. Die Beschaffungsämter waren nicht imstande, die für die schnell wachsende städtische Bevölkerung eingeplanten Mengen von Agrarprodukten bereitzustellen, was u. a. auf die niedrigen agrarischen Aufkaufpreise und auf die Unzufriedenheit der Bauernschaft mit der „Preisschere" zwischen landwirtschaftlichen und industriellen Erzeugnissen zurückzuführen war. Im Februar 1929 wurde die Rationierung der Lebensmittel in den Städten wieder eingeführt, was zum Aufblühen des Schwarzen Marktes führte.

---

[46] Schlüsselstellungen.
[47] R. *Fischer*: „Stalin und der deutsche Kommunismus." Frankfurt/Main 1949, S. 662.

Zu den innenpolitischen Gründen der gewaltsamen Kollektivierung gehörte u. a. auch der Machtkampf Stalins gegen die trotzkistische Opposition. Er zerschlug sie, übernahm aber ihr kollektivistisches Agrarprogramm, um den linken Flügel der Partei zu gewinnen.

Anfang November fand sich in einem Artikel Stalins „Die große Wendung" die wissentlich falsche Behauptung, die Mittelbauern seien für die Kollektivierung[48] und am 27. Dez. 1929 sprach er von der notwendigen „Liquidierung der Kulaken als Klasse"[49]. Damit wurde die forcierte Kollektivierung von höchster Stelle beschlossen.

Die Aktion begann ohne sachliche Vorbereitung. Es gab nicht einmal eine klare Kolchosordnung, es fehlte an Verwaltungsbeamten, Fach- und Schreibkräften, gemeinschaftlichen Gebäuden und modernen Geräten. Die Maschinen-Traktoren-Stationen (MTS) waren erst im Entstehen: am 1. Okt. 1928 wurden im ganzen Land nur 26 700 Traktoren gezählt, von denen ein Teil nicht einsatzbereit war.

Der Regierungsbeschluß vom 6. Januar 1930 velangte eine beschleunigte Kollektivierung, so daß die örtlichen Parteikomitees damit begannen, einen richtigen Wettbewerb untereinander um die höchste Zahl der kollektivierten Höfe zu veranstalten. Es wurden alle Zwangsmittel angewandt einschließlich von Verhaftungen und Deportationen, so daß im Februar 1930 bereits die Hälfte aller Hofbesitzer in die Kolchose eingetreten waren. Jedoch hatten viele Bauern vor dem Eintritt ihr Vieh abgeschlachtet, das Inventar verschleudert und die Vorräte versteckt, um den entschädigungslosen Übergang ihres Eigentums in den Kolchosbesitz zu verhindern. Manche Bauern stellten sich aber mit Gewalt der Kollektivierung entgegen und in vielen Dörfern herrschten anarchische Zustände. Der entstandene Wirrwarr führte zur völligen Desorganisierung des Dorflebens, so daß Stalin in seinem am 2. März in allen Sowjetzeitungen unter der Überschrift „Schwindlig vor Erfolgen" veröffentlichten Artikel den Eifer der örtlichen Behörden bremsen mußte und sie für das entstandene Durcheinander verantwortlich machte, obwohl er selbst sie zu der überstürzten Aktion angespornt hatte. Der Mitte März erfolgte Beschluß des ZK der Partei verurteilte amtlich die „Verzerrungen der Parteilinie" und bestand auf Freiwilligkeit des Eintritts in die Kolchose, so daß die Zahl der vergesellschafteten Höfe von 58 vH (10. März 1930) auf 37 vH im April und auf 21 vH im September des gleichen Jahres zurückging.

Es handelte sich jedoch nur um eine Atempause, weil die Regierung fest entschlossen war, die Kollektivierung, wenn auch in langsamerem Tempo, durchzuführen, was auch im Laufe des folgenden Jahrzehnts geschah.

---

[48] Prawda, vom 7. 11. 1929.
[49] Bolsch. Sow. Enz. Bd. 25, S. 199 ff.

Die Kollektivierung der sowjetischen Landwirtschaft
in vH

Stand am 1. Juli jeweils	Bauernhöfe	Ackerfläche
a) In den Grenzen vor dem 17. 9. 1939		
1918	0,1	.
1927	0,8	.
1928	1,7	2,3
1929	3,9	4,9
1930	23,6	33,6
1931	52,7	67,8
1932	61,5	77,7
1937	93,0	99,1
1940	96,9	99,9
b) In den gegenwärtigen Grenzen		
1940	84,3	89,4
1950	96,7	98,5
1953	99,3	99,97
1958	99,7	99,99

Quelle: Selskoje Chosjajstwo SSSR, Moskau 1960, S. 9.

Von der Kollektivierung wurden vor allem die Kulaken und die Mittelbauern betroffen, die nicht gewillt waren, ihren Besitz den Kolchosen entschädigungslos zu übergeben. Sie wurden samt ihren Familien in die Arbeitslager Nordrußlands, Sibiriens und Mittelasiens deportiert, und zwar mitten im strengen Winter. Die Zahl der Verbannten ist niemals amtlich bekannt geworden, ging aber in die Millionen. Nur ein Teil von ihnen blieb am Leben.

Erst Jahrzehnte später hat die Sowjetregierung über die Kollektivierung offiziell folgendes berichtet[50]: „Der Übergang der Bauernschaft zu der neuen Gesellschaftsordnung erfolgte nicht ohne große Fehler. In einzelnen Bezirken versuchten führende Funktionäre, die Bauern für den Sozialismus nicht zu überzeugen, sondern mit Druckmitteln zu gewinnen ... Es gab auch Fehler bei der Beseitigung der Bauern als Klasse. In einer Reihe von Bezirken wurden nicht nur Kulakenhöfe, die 4 bis 5 vH aller Höfe ausmachten, enteignet, sondern 15 bis 20 vH der Gesamtzahl. Dies heißt mit anderen Worten, daß drei- bis vielmal mehr Bauern als die vorhandenen Kulaken samt Familienmitgliedern in die Verbannung gehen mußten."

---

[50] „Ekonomitscheskije osnowy raswitija sozialistitscheskogo selskogo chosjajstwa." Moskau 1967, S. 18 ff. (weiter als Ekonom. osnowy ... bezeichnet).

Die von oben befohlene Vernichtung einer Oberschicht, die den tüchtigsten Teil der Dorfbevölkerung bildete, erschütterte die gesamte sowjetische Landwirtschaft aufs äußerte. Aus den Dörfern verschwanden alle Bauern, die es zu einem gewissen Wohlstand gebracht und zur Erhöhung der Agrarproduktion wesentlich beigetragen hatten.

Dieser Ausfall von Millionen erfahrener Landwirte blieb nicht ohne Folgen, umsomehr, als die Mißernten in den Jahren 1931 und 1932 zu einer katastrophalen Ernährungslage vor allem in der Ukraine und den südöstlichen Teilen Rußlands führten. Im Jahre 1932 war die Getreideernte um rund 7 Mill. t geringer als im Jahre 1926[51]. Nach der allmählichen Normalisierung des Dorflebens stiegen die Erträge wieder an, doch waren sie zum Teil auf die Erweiterung der Anbauflächen zurückzuführen; nach wie vor aber lasteten die Nachwirkungen der Bauerndeportation auf dem sowjetischen Dorf.

Einen besonders schweren Schlag hatte die Kollektivierung der Viehwirtschaft versetzt. Die Folge der spontanen Massenschlachtungen war eine jahrzehntelang andauernde schlechte Fleischversorgung der sowjetischen Bevölkerung. Zwischen 1929 und 1934 nahm die Zahl der Rinder um 42 vH, die der Kühe um 35 vH, der Schweine um 40 vH, der Schafe um 65 vH, der Ziegen um 63 vH und der Pferde um 53 vH ab[52].

Die durch die Kollektivierungsmaßnahmen verursachte wirtschaftliche Not des Landes, insbesondere der Bauernbevölkerung, wurde in jenen Jahren nicht nur geleugnet, sondern ins Gegenteil verkehrt. So hieß es auf der Tagung des ZK der kommunistischen Partei im Januar 1933: „Das kollektivwirtschaftliche System hat das Elend und die Armut auf dem Dorf beseitigt. Dutzende Millionen armer Bauern sind auf den Stand von Menschen mit gesicherter Existenz emporgestiegen"[53].

4.2 Die schrittweise Kollektivierung in der Volksrepublik China

4.2.1 *Die landwirtschaftlichen Genossenschaften*

Der erste chinesische Fünfjahrplan, im Sommer 1955 veröffentlicht und auf das Jahr 1953 zurückdatiert, bestand lediglich aus der Koordination der einzelnen Jahrespläne von 1953 bis 1957. Für die ersten beiden Jahre der Volksrepublik lagen nur einige wenige Planzahlen fest. Der statistische Apparat und die Kenntnis wichtiger Daten der Volkswirtschaft fehlten um diese Zeit. Das staatliche Statistische Büro, verantwortlich für die technische Vorbereitung der Planung, wurde erst im Herbst 1952 errich-

---

[51] Sozialistitsch. stroit. SSSR, Moskau 1935, S. 361.
[52] Nar. Chos. SSSR w 1958 god, S. 445.
[53] Geschichte der kommunistischen Partei der Sowjetunion. Berlin 1946, S. 387.

tet[54]. Die *hsien*-Filialen dieser Behörde befanden sich an der Jahreswende 1956/57 noch im Aufbau. Die erste Volkszählung, verbunden mit der Erfassung einiger anderer Daten, wurde im Juni 1953 durchgeführt. Auf nationaler Ebene wurden in den staatlichen Betrieben, Staatsfarmen und Genossenschaften ein einheitliches System der Buchführung und der zentralisierten Berichterstattung eingeführt. Nach der Auflösung der Verwaltungsregionen des Militärs erreichte die Zentralisierung im Sommer 1954 ihren Höhepunkt[54a].

Im Herbst 1955 erfolgte die Bekanntgabe der Prinzipien für die Durchführung des ersten Fünfjahrplans; dabei wurden folgende Schwerpunkte aufgestellt:

1. Die Schwerindustrie wird vorrangig entwickelt;
2. das Wachstum der Investitionsgüterindustrien soll schneller erfolgen als das der Konsumgüterindustrien;
3. das Wachstum der Arbeitsproduktivität muß größer sein als die Erhöhung der Löhne, um die Kapitalakkumulation zu sichern;
4. die Errichtung neuer Industrien wird sich nach den Rohstoffstandorten richten;
5. die Landwirtschaft erhält die Aufgabe, sich auf die Produktion von Getreide und industriellen Rohstoffen zu konzentrieren, ihre Überschußproduktion zu erhöhen und wird zur Finanzierung der Industrialisierung herangezogen[55].

Diesen Prinzipien entsprach die Gewichtsverteilung der geplanten Investitionen, von denen im ersten Fünfjahrplan 77,4 vH für den Aufbau der Industrie und des Transportwesens, aber nur 7,6 vH für Landwirtschaft, Forstwirtschaft und Wasserbau zur Verfügung standen[56]. Der Akzent der Landwirtschaftspolitik lag im ersten Plan bei der Neuorganisation und sozialen Veränderung der Landwirtschaft. Wie in Artikel 7 der Verfassung gefordert, wurde mit einer allmählichen Kollektivierung begonnen. Als nächste Stufe nach den „Vereinigungen der gegenseitigen Bauernhilfe", in denen 1954 fast 60 vH der bäuerlichen Haushalte zusammengefaßt waren, diente die „Landwirtschaftliche Produktionsgenossenschaft (LPG)". Im Herbst 1953 hatte das ZK der KPCh einen Beschluß über die Bildung von LPGs gefaßt, in dem zwischen niederen und höheren

---

[54] *Li Choh-ming:* „The Statistical System of Communist China." Berkeley and Los Angeles 1962, S. 13.

[54a] Ebenda, S. 19.

[55] *Li Fu-chun:* „Report on the First Five-Year Plan for Development of the National Economy of the People's Republic of China in 1953–1957." Supplement zu Party of China (vom 16. 12. 1953), Peking 1954.

[56] Ebenda.

(sozialistischen) Formen unterschieden wurde[57]. Wesentliches Merkmal der LPG niederen Typs war eine einheitliche Bewirtschaftung und der Einzug des Bodenbesitzes als Genossenschaftsanteil. Ackergeräte und Zugvieh wurden an die Genossenschaft verkauft oder ausgeliehen. Die Genossenschaftsmitglieder verrichteten ihre Arbeit unter einheitlicher Führung und Planung, die Entlohnung erfolgte entsprechend den Bodenanteilen und der geleisteten Arbeitszeit[58]. In der LPG höheren Typs wurde der private Besitzanteil weiter eingeschränkt und bei der Einkommensberechnung der Genossenschaftsanteil nicht mehr berücksichtigt. Eine LPG niederen Typs bestand im Jahre 1955 aus durchschnittlich 32 Bauernhaushalten und verfügte über ca. 70 Arbeitskräfte und 37,5 ha Land, 13 Stück Arbeitsvieh und rund 2100 yuan Betriebskapital[59]. Die Arbeitskräfte wurden in Gruppen von 8 bis 10 Personen zur Arbeit eingeteilt. Als — damit ziemlich großer — landwirtschaftlicher Betrieb galt die LPG. Sie bildete zusammen mit den Vereinigungen der gegenseitigen Bauernhilfe die Hauptform der Kollektivwirtschaften in den Jahren 1954/55.

Aufgrund der schlechten Ernte und erneut auftretenden inflatorischen Preisanstiegs sah sich das Regime im Herbst 1953 gezwungen, die privatwirtschaftliche Wirtschaftsform weiter einzuschränken und die Rationierung einzuführen[60]. Landwirtschaftliche und leichtindustrielle Güter wurden in verschiedenen Kategorien eingeteilt. Waren der Kategorie I, darunter die wichtigsten Getreidearten, Ölsaaten und Baumwolle, durften in Zukunft nur noch von den neugegründeten staatlichen Handelsgesellschaften angekauft und verteilt werden[61]. Diese Maßnahmen sollten nicht nur den Mangel in den Städten überbrücken helfen, sondern vor allem die Ersparnisse aus der Landwirtschaft für die Industrialisierung mobilisieren.

Der privatwirtschaftliche Sektor war zu Anfang des ersten Fünfjahrplans noch verhältnismäßig groß. Abgesehen von der Landwirtschaft lag Ende 1952 noch über ein Drittel der industriellen Produktion und zwei Drittel der Einzelhandelsumsätze in privaten Händen. Aber auch hier war eine schrittweise Sozialisierung eingeplant. Bis zum Jahre 1957 sollte der in den privaten Betrieben erzeugte Anteil des industriellen Produktionswertes von 41 vH (im Jahre 1952) auf 12,2 vH verringert werden, entsprechend erhöhen sollte sich der Anteil des staatlichen, genossenschaftlichen und gemischstaatlichen Sektors der Wirtschaft[62]. Alle diese Ver-

---

[57] Co-operative Farming in China. Decisions on the Development of Agricultural Producers' Co-operatives Adopted by the Central Committee of the Communist Party of China (vom 16. 12. 1953). Peking 1954.
[58] Vgl. die Übersicht auf Seite 87.
[59] Tongji Gongzuo, Peking (Statistische Arbeit).
[60] NCNA, Peking (Nachrichtenagentur Neues China), vom 19. 11. 1953.
[61] Renmin Ribao, Peking, vom 19. 3. 1955 und 25. 8. 1955.
[62] *Li Fu-chun:* „Report ..." l. c. S. 28.

änderungen wurden aber so allmählich und behutsam eingeführt, daß es — anders als während der Kollektivierung in der Sowjetunion — zu keinen ernsthaften Erschütterungen im Wirtschaftleben kam. Als der Fünfjahrplan Mitte 1955 verkündet wurde, handelte es sich zwar nur noch um einen 2½-Jahrplan, aber die Wirtschaftsfunktionäre konnten infolge der Kenntnis der „Halbzeitergebnisse" sicher sein, daß die genannten Ziele erfüllt würden, sofern es keinen schweren Rückschlag in der Landwirtschaft gab.

In die Zeit des ersten Fünfjahrplans fällt der Hauptanteil der Hilfe, den die Sowjetunion und die übrigen Ostblockstaaten an China geleistet haben. Allein in der Zeit des ersten Fünfjahrplans stellte die Sowjetunion Anleihen und Kredite in Höhe von 3120 Mill. yuan zur Verfügung. 10 800 Spezialisten — neben 1500 aus anderen osteuropäischen Ländern — arbeiteten an der Errichtung von 234 Investitionsobjekten[63]. In einigen schwerpunktmäßig ausgesuchten Industriezweigen betrug die vom Ostblock erstellte Kapazität mehr als 50 vH der damaligen Gesamtkapazität dieser Industrien[64]. Eine weitere Hilfe bestand in der unentgeltlichen Überlassung von Patenten, Konstruktionsplänen u. ä. Dokumenten von Seiten der Sowjetunion. Die Hilfe des Ostblocks stellte eine wirksame Initialzündung für das schnelle Wachstum der chinesischen Wirtschaft dar, die nicht unterschätzt, aber auch nicht überschätzt werden sollte. Denn bei den 156 Übernormprojekten[65] des ersten Plans lieferten die Sowjets nur 30,7 vH der Ausrüstungen und Materialien und die sowjetischen Kredite reichten, wie Li errechnet hat, nur zur Finanzierung von 3 vH der gesamten Nettoinvestitionen für den wirtschaftlichen Aufbau im Berichtszeitraum aus[66]. Hinzu kommt, daß China sofort mit einer Rückzahlung der seit 1950 gewährten Kredite beginnen mußte, wobei der Handelsverkehr mit der Sowjetunion sich nicht immer zum Vorteil Chinas gestaltete[67].

4.2.2 Das Jahr des großen Aufschwungs 1956

Im Spätherbst 1955 wurde die graduelle und behutsame Entwicklung in China abgelöst durch eine erste hektische Welle wirtschaftlicher und sozialer Aktivitäten. Diskussionen in den Wirtschafts- und Parteigremien

---

[63] Darunter 78 Projekte, die von den Staaten Osteuropas errichtet wurden. Vgl. *Li Choh-ming:* „Economic Development of Communist China." Berkeley and Los Angeles 1959, S. 169.

[64] Ebenda.

[65] Für jeden Industriezweig bestehen innerhalb des Planes bestimmte Investitionsnormen, ausgedrückt in yuan-Preisen von 1952, die zusammen mit anderen wirtschaftlichen und technischen Kennziffern die Größenordnung der Investitionsobjekte bestimmten.

[66] *Li Choh-ming:* „Economic Development...", l. c. S. 174.

[67] Vgl. Wochenbericht des DIW Nr. 37/1964.

des Staates forderten, angeregt durch die Veröffentlichung des ersten Fünfjahrplans und durch Mao Tse-tungs Rede „Über die genossenschaftliche Zusammenarbeit in der Landwirtschaft"[68] eine schnelle Industrialisierung und eine „permanente Revolution" in der Gesellschaft. Nach einigem Zögern gab das ZK das Signal zu einer schnelleren Kollektivierung der Landwirtschaft mit der Umwandlung der LPG niederen Typs in Produktionsgenossenschaften höheren Typs (oder sozialistische Genossenschaften)[69]. Bis zum Ende des Jahres 1956 waren 96,3 vH aller Bauernhaushalte in diesen neuen LPGs zusammengefaßt und damit die Kollektivierung der chinesischen Landwirtschaft praktisch abgeschlossen[70]. In dieser dritten Stufe der Vergenossenschaftlichung wurde nach chinesischer Ansicht das „sozialistische Prinzip": Jeder nach seinen Fähigkeiten, jedem nach seiner Leistung, verwirklicht. Die Bauern wurden einheitlich wieder zu Landarbeitern und ausschließlich nach ihrer geleisteten Arbeit entlohnt. Ein Entgelt für das Land und eventuelle Beträge für das Arbeitsvieh und Geräte entfiel, da das Eigentum der Produktionsmittel völlig in die Hände der LPG überging. Die Genossenschaftsanteile wurden zu diesem Zweck noch einmal bewertet und dann aneinander angeglichen. Zu diesem Zweck bewilligte die Regierung 40 Mill. ärmeren Bauernfamilien, die früher weniger Land als die Mittelbauern besaßen, Kredite von 3100 Mill. yuan[71], die nach dieser etwas umständlichen Transaktion in den Betriebsfonds der LPGs höheren Typs flossen. Mit dieser „Gleichstellung" beim Eintritt in die LPG sollte anscheinend einem Ressentiment der reicheren — und wohl oft tüchtigeren — Bauern den ärmeren gegenüber entgegengewirkt werden. Den Bauern verblieb als privates Eigentum lediglich ihr Haus mit Bäumen, Geflügel und zwei bis drei Schweinen sowie ein privates Hofland. Insgesamt sollte die private Hoflandfläche nicht mehr als 5 vH der gesamten Ackerfläche betragen. Die LPG höheren Typs entsprach in ihrer räumlichen Ausdehnung ungefähr der Gemarkung eines *cun* (Dorf)[72]. Sie umfaßte im Durchschnitt 160 bäuerliche Familien mit 350 Arbeitskräften und verfügte über 153 ha Ackerland. Die LPG wurde unterteilt in Arbeitsgruppen mit 10 bis 15 Haushalten, die als selbständige Betriebe auf einem bestimmten Land nach dem von der LPG festgesetzten Plan wirtschafteten[73]. Die Betriebsgröße in den LPGs höheren Typs wurde also wieder etwas verkleinert; Planung und Rechnungsführung wurden jedoch zentralisiert.

---

[68] Deutsche Ausgabe. Berlin 1957.
[69] Model Regulations for an Agricultural Producers' Co-operative, March 17, 1956. Peking 1956.
[70] Renmin Ribao, Peking, vom 28. 5. 1958.
[71] Renmin Ribao, Peking, vom 3. 10. 1956.
[72] Renmin Ribao, Peking, vom 2. 1. 1957 und 5. 7. 1957.
[73] Renmin Ribao, Peking, vom 5. 7. 1957.

Parallel mit der Kollektivierung der Landwirtschaft gab es eine Bewegung zur Ausschaltung des verbliebenen Privatbesitzes. Neben der reinen Verstaatlichung bevorzugte man die Form der staatlichen Beteiligung[74]. Bis Ende des Jahres 1956 gab es keine privaten Unternehmungen mehr in China. Diese Welle erfaßte diesmal auch das Kleingewerbe, die Höker, Handwerker und selbständigen Fuhrunternehmer, die in Genossenschaften zusammengeschlossen wurden.

Diese Aktivität wurde von einem raschen Aufschwung in der Wirtschaft begleitet. Vor allem die Investitionen des Staates, der Provinzen und Genossenschaften wurden stark erhöht. Während die Genossenschaften im Winter 1955/56 durch massenweisen Arbeitseinsatz verschiedene Investitionsprojekte erstellten, wurden die Investitionen des Staates um 62 vH gegenüber 1955 gesteigert[75]. Diese Überbeanspruchung der Leistungsfähigkeit der Individuen wie der gesamten Wirtschaft führte zu einer schweren Krise mit einem Mangel an Konsumgütern in den Städten und folgendem inflatorischen Preisanstieg. Vor allem das Transportwesen war der sprunghaften Vergrößerung der Nachfrage nach Transportraum nicht gewachsen. Deshalb kam es auf dem Gebiet der Versorgung mit industriellen Rohstoffen zu Engpässen, so daß teilweise in der Leichtindustrie nicht einmal die geringen bestehenden Kapazitäten ausgelastet werden konnten. Die zentralistisch organisierte Planungsbürokratie, deren Aufbau erst im Frühjahr 1956 abgeschlossen war, verlor völlig die Übersicht. Die Staatsreserven mußten angegriffen werden und die Devisenbestände schmolzen zusammen. In dieser Situation eines allgemeinen Durcheinanders entschloß sich die Regierung zu einer Politik der Mäßigung und Konsolidierung.

4.2.3 *1957 — das Jahr der Konsolidierung*

Erste Anzeichen einer Entspannung wurden schon im Herbst 1956 sichtbar, als auf dem VIII. Parteitag die KPCh eine Dezentralisierung der Wirtschaftsverwaltung und eine bessere Organisation des Handels gefordert wurde[76]. Den Bauern erlaubte man aus der minimalen privaten Nebenproduktion, soweit sie nicht unter Kategorie I[77] fiel, auf „freien Märkten" zu verkaufen; die Preise sollten sich unter staatlicher Aufsicht

---

[74] *Hsueh Mu-chiao, Su, Lin*: The Socialist Transformation..., l. c. S. 226.
[75] Renmin Ribao, Peking, vom 17. 9. 1956 und 19. 9. 1956.
[76] Eighth National Congress of the Communist Party of China. Peking 1956. Vol. II: Vgl. hier besonders die Referate von Chen Yun und Po I-po.
[77] Seit der Pflichtablieferung im Herbst 1953 vor allem Getreide, Baumwolle, Zucker und Fettprodukte.

nach Angebot und Nachfrage bilden[78]. Zur Orientierung dienten die staatlichen Aufkaufspreise, die bei einigen Produkten (z. B. Schweinefleisch) heraufgesetzt wurden. Aber ganz offensichtlich hatte man die Angebotselastizität der Privatwirtschaften überschätzt. Zwar wurden im Laufe der Zeit größere Mengen an Ei- und Fleischprodukten sowie Gemüsen angeboten, doch gingen diese Mengen zu einem großen Teil auf Kosten des Anteils der Kollektivarbeit in den Genossenschaften. Außerdem übernahmen die Bauern einen Teil des Hökerhandels, indem sie ihre Produkte in die nahegelegenen Marktplätze transportierten und dort selbst verkauften. Teile des Handels und des Transportwesens, eben erst genossenschaftlich zusammengefaßt, wurden praktisch reprivatisiert. Diese Art Privatinitiative untergrub das „kollektive Bewußtsein" und wirkte sich auf die Arbeitsmoral in den Brigaden der LPGs negativ aus. Aus diesen Gründen durften die Bauern ab Herbst 1957 nur noch am Produktionsort und an die staatlichen Handelsorgane verkaufen und bereits 1958 wurde der private Handel wieder eingeschränkt[79]. Auch in den LPGs war die Politik in diesem Jahr auf Konsolidierung ausgerichtet; vor allem sollten die innerbetriebliche Organisation verbessert, die Kader intensiver geschult und das Rechnungswesen vervollkommnet werden[80]. Teilweise kam es sogar zu Austritten aus den LPGs. Im ganzen Land machte man Experimente, um die günstigste Organisationsform einer landwirtschaftlichen Produktionsgenossenschaft herauszufinden, insbesondere die optimale Betriebsgröße. Einige LPGs wurden, entsprechend den örtlichen Bedingungen, verkleinert, andere, hauptsächlich zum Zweck des überbetrieblichen Einsatzes der Arbeitskräfte, zu sogenannten „Großen LPGs" zusammengelegt. Besondere Rücksicht wurde auf die Stimmung der Bauern in den einzelnen Gegenden genommen[81]. Im ganzen Land und in allen Sektoren der Wirtschaft erfolgte eine Reduzierung der Planzahlen sowie eine Einschränkung und gleichzeitige Umverteilung der Investitionen, vor allem zugunsten der Landwirtschaft und der Konsumgüterindustrien. Der Außenhandel, vor allem der Import, wurden eingeschränkt[82] und in allen Betrieben ein Regime der Sparsamkeit eingeführt. Dieses, durch die Krisensituation von 1956 der Regierung aufgezwungene Austerity-Programm sowie die vorübergehende Lockerung der Kollektivierung führten zu einer raschen Stabilisierung, so daß die Regierung schon zu Beginn des Jahres 1958 eine erneute Beschleunigung der künftigen wirtschaftlichen Entwicklung verkünden konnte.

---

[78] Der Staat setzt regelmäßig eine „Bandbreite" für das Schwanken der Preise mit entsprechenden „Interventionspunkten", an denen der Staat eingreift, d. h. neue Preise setzt oder selbst als Anbieter oder Käufer auftritt.
[79] *Hsueh Mu-chiao, Su, Lin:* The Socialist..., l. c. S. 138.
[80] Da Gong Bao, Peking, vom 8. 10. 1957.
[81] Das betraf vor allem überregionalen Arbeitseinsatz für Kapitalbauten.
[82] Vgl. Wochenbericht des DIW, Nr. 37/1964.

Das Tempo der Kollektivierung in der chinesischen Landwirtschaft

	1950	1951	1952	1953	1954	1955	1956	1957	1958	1959	1963
Bauernhaushalte insgesamt (in 1000)	105 536	.	113 683	116 325	117 331	119 201	120 000	121 500	123 250	124 750	137 000
Vereinigungen der Gegenseitigen Hilfe (in 1000)	11 313	21 000	45 364	45 637	68 478	60 389	5 800	.	keine	—	—
Anteil der Haushalte in den Vereinigungen der Gegenseitigen Hilfe (vH)	10,7	.	39,9	39,2	58,4	50,7	4,8	.	—	—	—
Landwirtschaftliche Genossenschaften	19	300	3 640	15 000	114 000	633 000	681 697	.	keine	—	—
Bauernhaushalte in Landwirtschaftlichen Genossenschaften (in 1000)	0,18	1,58	57	273	2 285	16 881	10 400	.	—	—	—
Anteil der Haushalte in Landwirtschaftl. Genossenschaften (in vH)	.	.	.	0,23	1,9	14,2	8,7	.	—	—	—
Fortgeschrittene Landwirtschaftliche Genossenschaften	1	.	10	15	201	529	311 935	700 000	752 000	.	keine
Bauernhaushalte in Fortgeschrittenen Landw. Genossenschaften (in 1000)	0,032	0,030	1,8	2,1	12	41	107 422	115 000	123 000	.	—
Anteile der Haushalte in Fortgeschr. Landw. Genossenschaften (in vH)	.	.	.	.	0,01	0,03	89,5	94,6	99,8	.	—
Volkskommunen	—	—	—	—	—	—	—	—	26 500	24 000	über 74 000

Quelle: Renmin Shouce, Peking 1956 u. 1957. — Renmin Ribao, vom 5. 7. 1957. — Renmin Ribao vom 22. 10. 1958. — Chin Chugoku Nenkan 1964, (Jahrbuch Neues China, japanisch), Tokio 1965, S. 319.

4.2.4 Die Periode des „Großen Sprunges" von 1958/59

Als Po-I-Po, der Leiter der Staatlichen Wirtschaftskommission, im Februar 1958 vor dem Nationalen Volkskongreß den vorläufigen Plan für das laufende Jahr erläuterte, sprach er von einem neuen Sprung vorwärts. Planziele und Investitionsansätze lagen beträchtlich über den Werten von 1957, aber ungefähr auf der Höhe derjenigen von 1956[83]. Auf der zweiten Plenartagung des VIII. Parteitages im Mai verkündete Liu Shaochi die „Generallinie der Partei für den Aufbau des Sozialismus", nach der der Sozialismus „besser, schneller und wirtschaftlicher" aufzubauen sei[84]. Indem der Landwirtschaft und der Leichtindustrie größere Beachtung geschenkt und der Schwerindustrie der Vorrang gegeben würde, könnte man im Jahre 1958 mit einem großen „Sprung nach vorn" in der Produktion rechnen. Tatsächlich wurden im Laufe des Jahres die Produktionsziele mehrfach heraufgesetzt und zum Ende des Jahres eine Verdoppelung der landwirtschaftlichen Erzeugung und der Stahlproduktion bekanntgegeben[85]. Auf dem Höhepunkt der Bewegung für gesteigerte Rekorde der industriellen und landwirtschaftlichen Erzeugung wurde die Einführung einer neuen Grundeinheit der Gesellschaft, der „Volkskommune" (Renmin Gongshe), verkündet; und es wurde behauptet, daß bis zum 20. Oktober 26 578 Volkskommunen durch die Zusammenlegung von 740 000 sozialistischen LPGs entstanden seien, in denen 127 Mill. Bauernhaushalte, mehr als 90 vH aller Familien, zusammengefaßt worden sein sollten[86].

In der Folgezeit benutzten die Kommunisten in ihrer Propaganda das Bild der „Drei Roten Banner" (San hongqi), unter denen 1. die General-

---

[83] Renmin Ribao, Peking, vom 13. 2. 1958.

[84] „Die Dokumente der 2. Tagung des 8. Parteitages der KPCh", (deutsch). Peking 1958, S. 27.

[85] Renmin Ribao, vom 30. 11. 1958. Die Planziele waren, entsprechend der vorsichtigen Strategie von 1957, zunächst sehr niedrig angesetzt. Die guten Ernteergebnisse des Frühjahrs 1958 legten eine Korrektur nach oben nahe; zu gleicher Zeit erfolgte aber auch der Übergang zu einem anderen System der statistischen Erfassung (Scheunen- zur Halmernte) und gleichzeitig die Ausdehnung der statistischen Büros von der xian-(Kreis-)Ebene bis auf die Ebene der Volkskommunen. Diese *Anfangserfolge,* im Zusammenhang mit dem organisatorischen Durcheinander bei der Umorganisation der verschiedenen staatlichen Dienststellen, sowie der Mythos der neuen Organisationsform der Volkskommune, schufen eine Wachstums-„Euphorie", die für die ständige Erhöhung der Planziele und die entsprechenden „Ergebnisse" verantwortlich waren. Außerdem bedeutete die Ausweitung der Aktivitäten im Rahmen der Volkskommunen eine Überforderung der Kader. Wesentlichste Ursache für das Scheitern des „Großen Sprunges" aber dürften die landwirtschaftlichen Experimente im Rahmen der Volkskommunen gewesen sein (siehe unten). Das gesamte Projekt war zu schnell durchgeführt und zu wenig vorbereitet worden.

[86] Renmin Ribao, Peking, vom 22. 10. 1958.

linie der Partei; 2. der Große Sprung von 1958/59; und 3. die Volkskommunen verstanden werden.

Zusammengenommen stellt dieses Bild in den Grundzügen die wirtschaftliche Strategie zum Ende der 50er Jahre mit einem entsprechenden institutionellen Rahmen dar.

5. Die Agrarverfassungen in der Sowjetunion und China

5.1 Der Kolchos

5.1.1 *Organisation*

Noch mitten in der forcierten Kollektivierung verkündete die Sowjetregierung am 1. März 1930 „Das Musterstatut des landwirtschaftlichen Artels" (artel = russisch Genossenschaft). Es handelte sich um ein allgemein gehaltenes und schnell angefertigtes Organisationsschema, dessen praktische Anwendung zu endlosen Spannungen, Schwierigkeiten und Zwistigkeiten im Kolchosbetrieb führte. Es vergingen jedoch fünf Jahre, bis die Regierung am 1. Febr. 1935 ein umfassendes Statut dekretierte, das trotz verschiedener Korrekturen und Reformbestrebungen fast 35 Jahre lang gültig war. Ein neues „Musterstatut der Kolchose" wurde im November 1969 vom 3. Kongreß der Kolchosmitglieder ausgearbeitet und von der Regierung am 28. November 1969 bestätigt. Auch dieses Statut tastete die wesentlichen Züge des bisherigen Kolchossystems nicht an. Dazu gehörten: der verstaatlichte Boden, kollektive Bearbeitung und kollektive Produktionsmittel, Abhängigkeit von staatlichen und Parteibehörden und die obligatorische Ablieferung einer bestimmten Anzahl und Menge von Agrarprodukten zu staatlich festgesetzten Preisen.

Das Statut von 1969[87] behält im wesentlichen die alte Definition des Kolchos bei als einer „freiwilligen Vereinigung von Bauern" mit dem Zweck, einen sozialistischen Großbetrieb zu führen. Die gesellschaftliche Agrarproduktion soll mit Hilfe moderner technischer Mittel gesteigert und die Ablieferung an den Staat erhöht werden. Der Kolchos soll nun aber verstärkt den Lebensstandard der Kolchosmitglieder verbessern und die Parteiorganisation muß für die kommunistische Erziehung der Kolchosmitglieder Sorge tragen.

Das höchste Organ im Kolchos ist die „Allgemeine Mitgliederversammlung", die den Kolchosvorsitzenden und die Verwaltung für drei Jahre wählt. Da die Wahl offen ist, kann von einer freien Abstimmung (auch nach sowjetischen Quellen[88]) keine Rede sein. In der Regel ist der Kolchos-

---

[87] Torschestwo Leninskogo kooper. plana. Moskau 1969, S. 83 ff.
[88] Ekonomika selskogo chosjajstwa, Nr. 2/1969, S. 102 f.

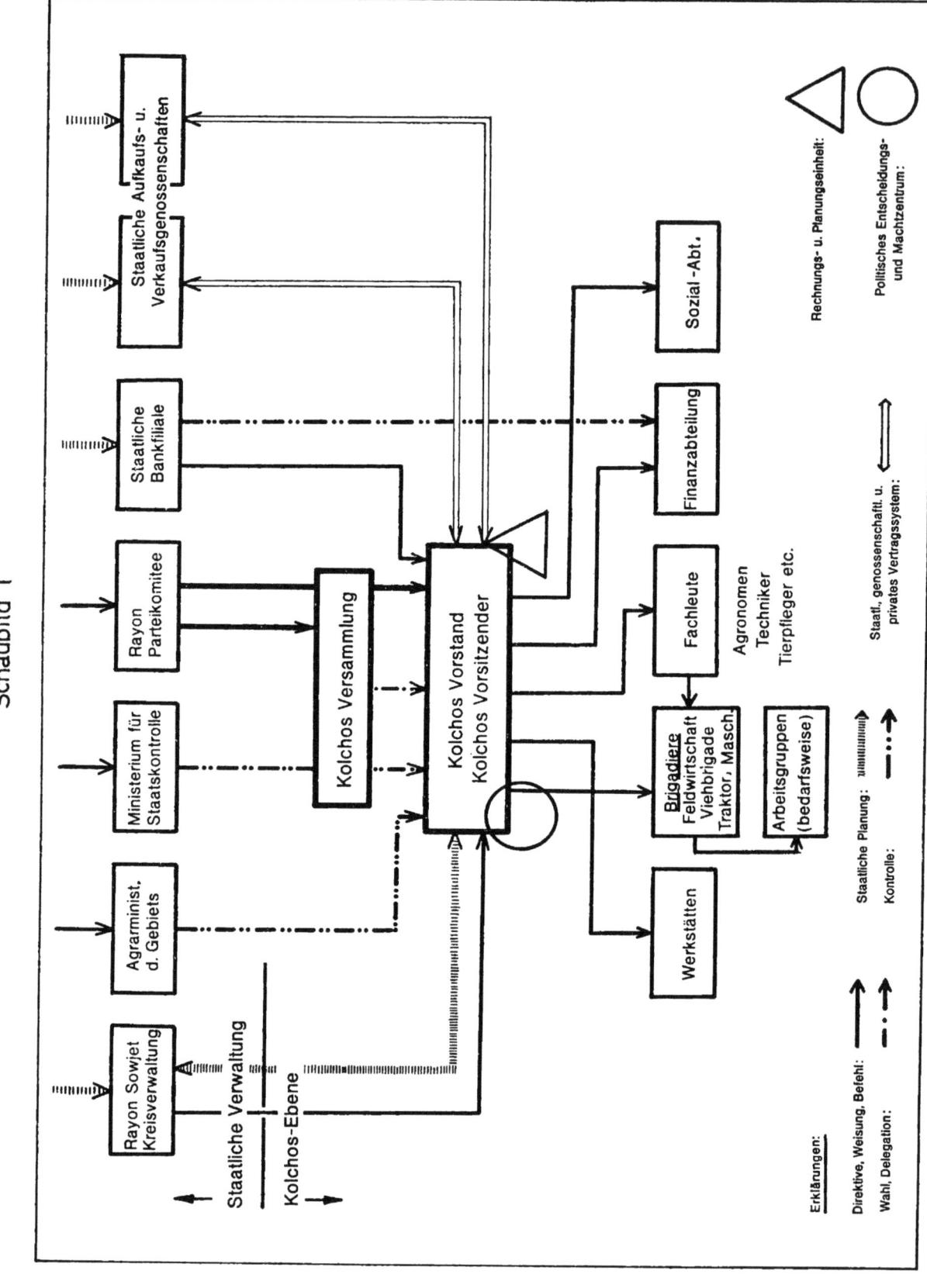

vorsitzende ein Vertrauensmann der kommunistischen Partei, der sich nach ihren Anweisungen richtet, weil er ihr unterstellt ist. Er kann auf Beschluß dieser Stelle entlassen werden, auch wenn die Mitgliederversammlung ihn unterstützt. Es gibt im Statut keine Bestimmungen über periodische Zusammenkünfte der Mitgliederversammlung. Regulär findet sie nur einmal zum Ende des Jahres statt, sonst nur im Falle wichtiger Entscheidungen.

Wenn auch den Kolchosleitungen in der Planung der Produktion und in der Geschäftsführung nach Stalins Tod ein breiterer Spielraum gewährt worden ist — diesem Ziel dienten mehrere Regierungserlasse[89] —, sind doch die Kontroll- und Eingriffsbefugnisse der Partei und der Behörden fast unangetastet geblieben. Insbesondere wirkt sich der Druck von oben in Form von Anweisungen auf die Verträge über die obligatorischen Ablieferungen und auf das finanzielle Gebaren der Kolchose aus.

Zu den Kompetenzen der Kolchosleitung, in der der Kolchosvorsitzende die entscheidende Rolle spielt, gehören laut Statut u. a.: die allgemeine Planung der Arbeiten (meistens mit Hilfe des Rayonskomitees der Partei), die Vorbereitung der Aussaat, die Ernteeinbringung und der Drusch, die Ablieferung an den Staat, die Wartung und Neubeschaffung von Produktionsmitteln sowie allgemeine Finanzfragen betreffs Einnahmen und Ausgaben, insbesondere Entlohnungen, Rücklagen usw.

Die Arbeitskräfte des Kolchos werden in sogenannte „Brigaden" eingeteilt, die bestimmte Aufgaben erhalten. An der Spitze jeder Brigade steht ein von der Mitgliederversammlung gewählter Brigadeführer, der für die Durchführung des Arbeitspensums verantwortlich ist. Er verteilt die Arbeit und trägt die Leistungen jedes Brigademitglieds in das Arbeitsbuch des letzteren ein.

Als Kolchosmitglieder gelten alle Bürger, die das 16. Lebensjahr erreicht und einen entsprechenden Antrag gestellt haben. Dies gilt auch für nicht im Kolchos Geborene, z. B. Agronomen.

Laut Statut gehört der gesamte Boden dem Staat, der Kolchos besitzt ihn nur zur „ewigen Nutzung". Jede Familie (Kolchoshof) darf ihr Haus samt kleiner Eigenwirtschaft (je nach der Region) im Umfang von 0,2 bis 0,5 ha behalten. Jeder Hof darf zur Befriedigung des persönlichen Bedarfs eine beschränkte Zahl von Tieren (eine Kuh, zwei Kälber oder zwei Schweine oder zehn Schafe sowie Geflügel, Bienenstöcke und Kaninchen) halten; allerdings bestehen hierbei ebenfalls regionale Unterschiede. Die Eigenwirtschaft darf vererbt, aber nicht verkauft oder verpachtet werden.

---

[89] Der am 20. 3. 1964 erlassene Regierungsbeschluß wandte sich erneut gegen die Intervention der Behörden in die Planung und die Arbeit der Kolchosleitungen, die selbst entscheiden dürfen, wie sie die eingeplanten Ablieferungsmengen aufbringen.

Die Pflichtablieferungen der Kolchose an den Staat erfuhren im Laufe der sowjetischen Geschichte verschiedene Wandlungen, doch blieben sie bis heute ein integraler Teil der Kolchosordnung und ein Grundsatz der sowjetischen Agrarpolitik, auch wenn sie jetzt als freiwillige Verkaufsverträge gehandhabt werden.

Ein neues Element im Kolchossystem bildet der vom 3. Kongreß der Kolchosmitglieder im Jahre 1969 gewählte Unionssowjet (Unionsrat) der Kolchose. Er besteht aus 125 Staatsbeamten, Kolchosvorsitzenden und Kolchosangehörigen. Entsprechende Sowjets der Kolchose sollen auch auf lokaler Ebene gewählt werden. Über die Funktionen des Unionssowjets und der örtlichen Sowjets der Kolchose sind jedoch noch keine zuverlässigen Informationen verfügbar.

5.1.2 *Entwicklung der Kolchose*

Ihre höchste Zahl — rd. 243 000 — erreichten die Kolchosen im Jahr 1937. Seit dieser Zeit ging ihre Zahl ständig zurück, insbesondere nach Beendigung des zweiten Weltkrieges. Nach amtlichen Angaben ist diese Abnahme auf die Zusammenlegung der kleineren Kolchose sowie durch die Umwandlung vieler Kolchose in Sowchose (Staatsgüter), und zwar „auf Wunsch der Kolchosmitglieder", zurückzuführen[90].

Die landwirtschaftlichen Kolchose (also ohne Fischereikolchose) umfaßten durchschnittlich je Kolchos in den Jahren 1950, 1958 und 1966 jeweils 165, 275 und 417 Bauernhöfe.

Der moderne Kolchos ist eine Mischung aus landwirtschaftlichem Großbetrieb (durchschnittlicher Umfang der Ackerfläche je Kolchos im Jahre 1966: 2800 ha) und einer Vielzahl privater Zwergwirtschaften (Hoflandwirtschaft) mit Durchschnittsgröße von rund 0,3 ha.

Die Gründe für die Zusammenlegung der Kolchose waren nach amtlicher Lesart administrativer und wirtschaftlicher Natur. Die Verwaltung sollte dadurch vereinfacht werden, daß mehrere Kolchose nur einen Kolchosvorsitzenden und einen reduzierten Verwaltungsapparat bekamen. Die wirtschaftlichen Gründe dieser Maßnahme spiegelten die in der sowjetischen Führung immer noch herrschende Ansicht wieder, ein Großbetrieb sei einem kleineren überlegen, gleichgültig, ob es sich um einen industriellen oder landwirtschaftlichen Betrieb handelt und ohne Rücksicht auf die lokalen Verhältnisse und auf die Entfernungen zwischen den einzelnen Teilen der entstandenen Großkolchose. Daß dadurch viele Kolchose Schaden erlitten, wurde später amtlich zugegeben[91].

---

[90] Nar. Chos. w 1964 god, S. 390.
[91] Wopr. Ekon. Nr. 2/1966, S. 61.

Auch politische Momente spielten bei der Zusammenlegung der Kolchose eine Rolle. Die Regierung wollte in jedem Kolchos eine größere Parteizelle haben. Es war leichter, solche Zellen in Großkolchosen zu bilden, weil viele kleine Kolchose zu wenig Parteimitglieder zählten. Die Abnahme der von den Kolchosen bewirtschafteten Fläche in der Nachkriegszeit hatte in den meisten Fällen ebenfalls politische Gründe. Die Regierung wandelte viele Kolchose in Sowchose (Staatsgüter) um. Zwischen 1953 und 1968 ging die Getreidefläche der Kolchose von 95,6 Mill. ha auf 58,3 Mill. ha, also um 64 vH zurück.

Die Entwicklung der Kolchose stand mehr als zwei Jahrzehnte lang im Zeichen der allgemeinen Stagnation der sowjetischen Landwirtschaft, weil die Regierung ihre Hauptaufmerksamkeit auf die Industrialisierung des Landes und — nach dem zweiten Weltkrieg — auf den Wiederaufbau der zerstörten Industriebetriebe konzentrierte. Zu den schlimmsten Perioden des Kolchoslebens gehören: die Hungersnot Anfang der dreißiger Jahre, die Lage während des zweiten Weltkrieges und die Nachkriegsverhältnisse zur Lebenszeit Stalins, als die Pro-Kopf-Produktion von Getreide niedriger war als in den Jahren 1909 bis 1913. Die Entlohnung der meisten Kolchosbauern war so schlecht, daß sie nur dank ihrer Hoflandwirtschaften diese Zeit überleben konnten. Die nach dem Tode Stalins (1953) mehrmals angehobene Bezahlung für die Pflichtablieferungen, die Vereinfachung des Ablieferungssystems, die verstärkten Investitionen, die wachsende Versorgung der Kolchose mit Fachkräften, Maschinen und Kunstdünger (dieser vor allem für die technischen Kulturen) usw., führten zu erhöhter Produktion und zur Verbesserung der materiellen Lage vieler Kolchose und Kolchosmitglieder. Als günstige Faktoren für die steigende Produktivität der Kolchose wirkten außerdem: das erhöhte Bildungsniveau der Bauernschaft (als Folge des großzügig ausgebauten Schulwesens), der verminderte administrative Druck auf die Kolchosleitungen und die von der Regierung im letzten Jahrzehnt tolerierte breitere öffentliche Diskussion über die Probleme der Kolchose und Kolchosmitglieder, die manche Mißstände an den Tag brachte.

Eine wichtige Etappe in der Entwicklung der Kolchose stellte die im Jahre 1958 beschlossene Übergabe der Maschinen-Traktoren-Stationen (gegen Bezahlung) an die Kolchose dar[92]. Nach der Kollektivierung der Landwirtschaft waren die staatlichen MTS die alleinigen Besitzer von Produktionsmitteln und erhielten für ihre Arbeit in den Kolchosen eine Bezahlung in Geld und Naturalien, die für die Kolchosen eine schwere finanzielle Belastung bedeutete. Außerdem mischten sich die Direktoren der MTS im Widerspruch zum Kolchosstatut in die Angelegenheit der

---

[92] Über die Rolle der *MTS* vgl. R. P. *Rochlin:* „Agrarpolitik und Agrarverfassung der Sowjetunion." Berlin 1960, S. 48 ff.

Die Entwicklung der Kolchose
Stand zum Jahresende

	1928	1932	1937	1940	1950	1953	1958	1964	1965	1966	1967	1968
Zahl aller Kolchosen, einschl. der Fischerei- und Gewerbekolchosen (in 1000)	33,3	211,7	243,5	236,9	123,7	93,3	69,1	38,3	36,9	37,1	36,8	36,2
darunter:												
Landwirtschaftliche Kolchose	33,3	210,6	242,5	235,5	121,4	91,2	67,7	37,6	36,3	36,5	36,2	35,6
Zahl der Höfe (in Mill.)	0,4	14,7	18,1	18,7	20,5	19,7	18,8	15,9	15,4	15,4	15,3	15,1
Vergesellschaftete Ackerfläche (in Mill. ha)	1,4	91,5	116,0	117,7	121,0	132,0	131,4	110,8	105,1	102,2	103,0	102,3
darunter:												
Getreideackerfläche	1,0	69,1	93,7	91,0	90,1	95,6	81,3	67,7	62,6	60,5	59,4	58,3
Vergesellschaftete Viehbestände (Mill. Stück)												
Rinder	0,4	8,8	14,8	20,1	28,1	27,8	32,1	37,1	38,3	39,8	40,2	39,9
darunter:												
Kühe	0,2	2,6	4,2	5,7	7,0	8,7	11,5	13,7	13,7	14,0	14,9	14,2
Schweine	0,1	3,1	6,3	8,2	12,3	13,6	23,2	22,3	24,6	24,8	22,1	21,6
Schafe	0,7	11,4	21,6	39,1	60,8	73,8	73,8	53,3	53,9	55,4	55,8	55,8
Ziegen			1,2	2,8	7,5	4,1	1,3	0,7	0,7	0,7	0,6	0,6
Zahl der Traktoren in 1000 (umgerechnet auf 15 PS)	7,2	7,0	5,5	4,4	2,3	2,0	943,0	1343,0	1398,0	1515,0	1641,0	1800,0

Quellen: Selskoje Chos. SSSR, Moskau 1960, S. 56; Nar. Chos. SSSR w 1965, god, S. 405; SSSR w zyfrach w 1967 god, S. 91 f.; Nar. Chos. 1968.

Kolchosverwaltung ein, so daß die meisten Kolchose unter der dualistischen Leitung der Kolchosvorsitzenden und der MTS-Direktoren standen, was zu dauernden Kompetenzstreitigkeiten führte.

Durchschnittsgrößen der Kolchose
Bestände je Kolchos

Jahr	Kolchos-höfe	Acker-fläche (in 1000 ha)	Viehbestand (in Stück)				Traktoren umgerechnet auf 15 PS (bis 1960 einschl. MTS u. RTS) in Stück
			Rinder		Schweine	Schafe und Ziegen	
			gesamt	Kühe			
1928	13	0,04	5	2	2	7	0,2
1932	71	0,4	42	13	15	54	0,4
1934	68	0,4	44	13	15	51	0,8
1940	81	0,5	85	24	35	177	2,4
1945	83	0,4	72	16	12	167	1,8
1950	165	1,0	224	56	98	546	6,0
1958	275	1,9	463	166	334	1083	16,0
1960	383	2,7	807	286	609	1612	24,0
1964	418	2,9	967	358	581	1409	35,0
1965	421	2,9	1038	371	667	1478	38,0
1966	417	2,8	1072	378	667	1509	41,0
1967	418	2,8	1092	386	599	1533	45,0
1968	420	2,8	1102	391	597	1558	50,0

Quellen: Strana Sowjetow sa 50 let. Moskau 1967, S. 117; SSSR w zyfrach w 1967 god, S. 92; Nar. Chos. 1968.

Durch die Übernahme der Traktoren und sonstiger Maschinen sprang die Zahl der kolchoseigenen Produktionsmittel gewaltig in die Höhe. Allein die Zahl der Traktoren stieg von 2000 im Jahre 1953 auf 1,4 Mill. im Jahre 1965. Der Preis für den im Jahre 1958 übernommenen Maschinenpark der MTS betrug 1,7 Mrd. (neue) Rubel.

Die vor dem zweiten Weltkrieg sehr langsam fortschreitende Elektrifizierung der Kolchose machte in den 50er und 60er Jahren erhebliche Fortschritte. Im Jahre 1958 hatten 49 vH der Kolchose Strom für die Produktion, im Jahre 1968: 99 vH. Die Verbesserung der Stromversorgung einzelner Kolchoshöfe ging nicht so schnell vor sich. Im Jahre 1958 besaßen 30 vH aller Kolchoshöfe Strom, 1965 waren es 90 vH.

Die in der Chruschtschew-Ära (1953—1964) getroffenen Agrarmaßnahmen erwiesen sich nur in den ersten Jahren als besonders effektiv. Die von Chruschtschew nach 1958 betriebene Agrarpolitik, die u. a. durch überstürzte administrative Reorganisationen und den übermäßig bevorzugten

Maisanbau gekennzeichnet war, stiftete in der gesamten Landwirtschaft Unruhe und Verwirrung. Nach der Absetzung Chruschtschews im Herbst 1964 wurden neue Maßnahmen zur Förderung der Agrarproduktion beschlossen. U. a. wurden die Ablieferungspreise, insbesondere für tierische Produkte erhöht, höhere Investitionen versprochen, gewisse Erleichterungen für finanziell schwache Kolchose in Aussicht gestellt und manche Beschränkungen der Nebenwirtschaften aufgehoben, so daß die Lage der Kolchose und der Kolchosbauern sich verbessern konnte. Die den Kolchosen gehörenden Werkstätten sollen weiterhin ausgebaut werden, um die Abhängigkeit von den städtischen Lieferanten zu vermindern und gleichzeitig manchen Kolchosmitgliedern Beschäftigungsmöglichkeit in der Winterzeit zu verschaffen.

5.1.3 *Finanzen der Kolchose*

Finanziell gesehen unterscheidet sich ein Kolchos von einem staatlichen Betrieb dadurch, daß er grundsätzlich auf eigene Rechnung wirtschaftet und etwaige beim Staat aufgenommene Kredite zurückzahlen muß. Gewiß, ein defizitärer Kolchos kann kein Konkursverfahren anmelden und wird schließlich vom Staat unterstützt, doch muß er seine Schulden zurückzahlen, es sei denn, daß sie erlassen werden.

In der Regel werden über die Einnahmen und Ausgaben der Kolchose nur allgemeine Daten veröffentlicht. Ausführliche Angaben beziehen sich nur auf einzelne Kolchose oder Kolchose eines Bezirks oder eines Gebiets, so daß die Ermittlung eines für die ganze Sowjetunion gültigen detaillierten Durchschnitts nicht möglich ist.

In den Finanzen der Kolchose spielt der sogenannte „unteilbare Fonds" eine große Rolle. Er umfaßt 25 bis 50 vH des vergesellschafteten Vermögens und beansprucht 15 bis 20 vH der jährlichen Bruttoeinkünfte des Kolchos. Der Hauptzweck des unteilbaren Fonds ist die Finanzierung der Kolchosinvestitionen, doch kann sie nur mit Genehmigung der örtlichen Behörden erfolgen, die ihrerseits die Meinung der Staatsbank einholen, so daß die Kolchosleitung nur ein Vorschlagsrecht hat. Manchmal wird dieser Fonds auf „Empfehlung" von oben für Zwecke bestimmt, die mit der unmittelbaren wirtschaftlichen Tätigkeit des Kolchos nichts zu tun haben wie Beteiligung am Straßenbau, Flußregulierung, Schul- und Krankenhausbauten usw. Nicht umsonst wird der unteilbare Fonds als „gesellschaftliches-" oder „Volksvermögen" bezeichnet, worüber nicht der Kolchos, sondern die „Gesellschaft", d. h. die örtlichen Parteikomitees und sonstigen Behörden entscheiden.

Neben dem unteilbaren Fonds gibt es einen „Anteilfonds", der das von jedem Kolchosmitglied eingebrachte Vermögen enthält (Boden, Produktionsmittel, einmaliger Geldbeitrag). Auf die Rückzahlung dieses Anteils hat ein Kolchosmitglied im Falle des Austritts – was nur mit Genehmigung der Kolchosleitung und Zustimmung der Behörden erfolgen kann – Anrecht. Beim Ausscheiden aus dem Kolchos besteht jedoch kein Anspruch auf Zuweisung von Land oder auf eine Zahlung aus dem unteilbaren Fonds.

Die Einnahmen der Kolchose rühren aus verschiedenen Quellen her. Zu den wichtigsten gehören die Zahlungen des Staates für die vertraglich im voraus festgesetzten Ablieferungen, die trotz der seit 1953 mehrmals erfolgten Anhebung meistens tief unter den Verkaufspreisen in den Läden und auf den Kolchosmärkten liegen.

Eine zweite Einnahme bildet der Verkauf der freien Spitzen (d. h. der Agrarprodukte, die vom Staat nicht beansprucht werden) an Genossenschaften und auf dem Kolchosmarkt. Auch staatliche Stellen können zu den Käufern zählen.

Der dritte Posten setzt sich aus verschiedenen Einkünften zusammen. Hierzu gehören vor allem Dienstleistungen der Kolchose sowie die Einnahmen der kolchoseigenen Handwerksbetriebe und der sogenannten „Zwischenkolchosbetriebe" (z. B. Konservenproduktion usw.), die mehreren Kolchosen gehören. Im Jahre 1968 betrugen die Gesamteinnahmen aller Kolchose 21,2 Mrd. Rubel (einzelne Posten sind unbekannt). Im Jahre 1965 hatten die Einnahmen bei 19,9 Mrd. Rubel gelegen, wobei auf die Pflanzenproduktion 52 vH und auf die tierische 43 vH entfielen[93]. In allen Jahren erbrachte die Pflanzenproduktion mehr als die Hälfte der Gesamteinnahmen, wobei jedoch der Anteil der Viehwirtschaft steigt.

Wie oben gesagt, vermitteln die allgemeinen Angaben über die Einkünfte der Kolchose nur wenige Durchschnittsgrößen, doch ist das Einkommensgefälle zwischen den einzelnen Kolchosen ganz beträchtlich, so daß im sowjetischen Sprachgebrauch von fortschrittlichen, mittleren (durchschnittlichen) und rückständigen Kolchosen die Rede ist. Leider gibt es keine amtliche Aufgliederung der Kolchose nach diesen Gruppen. Natürlich befinden sich die Kolchose in den fruchtbaren und klimatisch begünstigten Gebieten in einer besseren finanziellen Lage als die Betriebe mit schlechtem Boden. Auch die technische Ausrüstung jedes einzelnen Kolchos und die Zahl der Fachkräfte sind von großer Bedeutung. Die Kolchose, die technische Pflanzen kultivieren, vor allem die Baumwoll- und Flachsbetriebe, sowie Kolchose mit gut funktionierenden Viehfarmen gelten als wohlhabend.

Was die Besteuerung der Kolchose betrifft, so war ab 1. Jan. 1959 eine Bestimmung in Kraft, der zufolge die Steuern vom Bruttoeinkommen aus-

---

[93] Nar. Chos. SSSR w 1965 g., S. 414.

Die Einnahmen der Kolchose

	1940	1950	1953	1958	1964	1965	1966	1967
Einnahmen in Mrd. Rbl								
Gesamteinnahmen darunter:	2,07	3,42	4,96	13,20	17,9	19,9	23,1	24,9
Pflanzliche Produktion	1,14	2,39	2,92	7,64	10,9	10,4	–	–
Ablieferung und Verkauf an Staat u. Genossensch.	0,69	1,81	2,24	6,67	9,8	–	–	–
Verkauf auf dem Kolchosmarkt	0,45	0,58	0,68	0,97	1,1	–	–	–
Tierische Produktion	0,51	0,68	1,70	4,78	6,0	8,6	–	–
Ablieferung und Verkauf an Staat u. Genossensch.	0,22	0,34	1,00	4,18	5,5	–	–	–
Verkauf auf dem Kolchosmarkt	0,28	0,33	0,68	0,58	0,5	–	–	–
Sonstige Einnahmen	0,01	0,01	0,02	0,02	–	–	–	–
Nebenbetriebe und Sonstiges	0,42	0,11	0,34	0,78	1,0	0,9	–	–
Im Durchschnitt Einnahmen je Kolchos (in 1000 Rbl)	9,0	28,0	54,0	195,0	476,0	550,0	633,0	688,0
Einnahmen je Kolchoshof (in Rbl)	110,7	166,8	251,8	701,5	1130,0	1293,0	1518,0	1646,0
Anteile in vH								
Gesamteinnahmen darunter	100,0	100,0	100,0	100,0	100,0	100,0	–	–
Pflanzliche Produktion	54,9	69,8	58,9	57,9	60,9	52,3	–	–
Ablieferung und Verkauf an Staat u. Genossensch.	33,4	52,9	45,2	50,9	54,7	–	–	–
Verkauf auf dem Kolchosmarkt	21,5	16,9	13,7	7,3	6,1	–	–	–
Tierische Produktion	24,4	19,9	34,1	36,2	33,5	43,2	–	–
Ablieferung und Verkauf an Staat u. Genossensch.	10,7	10,0	20,0	31,6	30,7	–	–	–
Verkauf auf dem Kolchosmarkt	13,7	9,7	13,8	4,4	2,8	–	–	–
Sonstige Einnahmen		0,2	0,3	0,2	–	–	–	–
Nebenbetriebe und Sonstiges	20,7	10,3	7,0	5,9	5,6	–	–	–

Quellen: Nar. Chos w 1965 god, S. 414; SSSR w zyfrach w 1967 god, S. 91–93.

gingen, so daß manche Kolchose zur Zahlung von Steuern gezwungen waren, auch wenn die Ausgaben nicht durch Einnahmen gedeckt waren. Aufgrund der Verordnung vom 10. April 1965[94] werden ab 1. Januar 1966 nur die Reingewinne der Kolchose mit einem Satz von 12 vH besteuert, und zwar nach vorherigem Abzug der zugelassenen Gewinne, die 15 vH der Bruttoeinnahmen nicht überschreiten, so daß die steuerliche Belastung der Kolchose vermindert wurde.

Die Ausgaben der Kolchose setzten sich, abgesehen von Produktions- und Gemeinkosten aus Steuern, Versicherungsprämien, Rückzahlungen von Darlehen, Abzweigungen für den Rentenfonds und kulturelle Zwecke usw. zusammen. Außerdem muß jeder Kolchos einen Teil seiner Agrarproduktion für Staatsgut und Viehfutter (für den laufenden Bedarf und als Reserve) zurückstellen.

Über die Ausgaben der Kolchose gibt es keine allgemeinen Angaben und die vorhandenen Daten über einzelne Betriebe besitzen für die Gesamtheit der Kolchose keinen Aussagewert.

Die Finanzlage vieler Kolchose ist unbefriedigend, ihre Verschuldung sehr groß. Die Regierung ist gezwungen, durch häufige Schulden- und Steuererlasse diese Schuldenlast immer wieder zu mildern.

5.1.4 *Die Entlohnung der Kolchosmitglieder*

Das gesamte Einkommen eines Kolchos wurde bis vor kurzem nach Abzug aller Ausgaben und Abgaben durch die Gesamtzahl der geleisteten Arbeitsnormen, genannt Tagewerke (trudodni), dividiert, so daß jedes Kolchosmitglied für die von ihm erarbeiteten Tagewerke Geld und ein zusätzliches Naturaleinkommen erhielt. Dieses System machte in den defizitären oder wirtschaftlich schwachen Kolchosen irgendwelche ins Gewicht fallenden Entlohnungen der Kolchosmitglieder unmöglich. Nur die im festen Lohnverhältnis stehenden Fachkräfte waren nicht benachteiligt; sie bildeten eine dünne Oberschicht in den Kolchose. In der letzten Zeit wurde die Bezahlung der Kolchosmitglieder auf eine festere Basis gestellt: viele Kolchosmitglieder bekommen monatlich oder vierteljährlich Vorschüsse in Höhe von 60 bis 80 vH der erwarteten Vergütung ihrer Leistung. Auch wenn die Einkünfte der Kolchose geringer ausfallen als vermutet, dürfen die Kolchosmitglieder die Vorschüsse behalten. Dieses Verfahren wenden bereits 90 vH aller Kolchose an. Manche Kolchose sind dazu übergegangen, ihren Mitgliedern eine feste Barzahlung, aber keine Naturalien zu gewähren. Die „trudodni" werden dabei nicht berücksichtigt, sondern nur die fachmännische Eignung und allgemeine Leistungsfähigkeit[95].

---

[94] Ekonomika Selsk. Chos. Nr. 12/1965, S. 43 f.
[95] Kommunist Nr. 15/1967, S. 20; Ekonomitscheskije Nauki Nr. 5/1967, S. 50.

Ein Regierungserlaß vom 18. Mai 1966[96] empfiehlt den Kolchosen, ab 1. Juli 1966 ihren Mitgliedern denselben garantierten Lohn zu zahlen, den die Sowchosarbeiter für die gleiche Arbeit erhalten. Der Erlaß schreibt auch vor, daß Naturalien unter die Kolchosmitglieder verteilt werden sollen, sobald die geplante Produktion erreicht ist. Die Staatsbank ist verpflichtet, den Kolchosen, die nicht genügend Mittel für eine garantierte Entlohnung der Kolchosmitglieder besitzen, in der Zeit zwischen 1966 und 1970 Kredite mit fünf Jahren Laufzeit zur Verfügung zu stellen. Der entsprechende Kreditwunsch der Kolchosleitung bedarf jedoch der Befürwortung der örtlichen Behörden. Für die Deputate soll ein besonderer Naturalienfonds gebildet werden.

Das neue Musterstatut von 1969 (Artikel 28 und 30) schreibt eine garantierte monatliche Barzahlung vor.

Über die durchschnittliche monatliche Entlohnung gehen die Ansichten auseinander[97]. Es ist bekannt, daß wirtschaftlich schwache Kolchose seit 1964 das Recht haben, 40 bis 45 vH ihrer Bruttoeinnahmen auf ein Sonderkonto der Staatsbank einzuzahlen, um die Kolchosmitglieder zu entlohnen[98]. Über den Lohnanteil der Kolchosmitglieder sagt auch ein Schema für Kolchoseinnahmen aus, von denen 40 vH für die Entlohnung der Kolchosmitglieder abgezweigt sind[99]. Aufgrund amtlicher Angaben[100] betrug im Jahr 1968 das gesamte Einkommen der Kolchosmitglieder (d. h. Barentlohnung und Naturalien) 14,3 Mrd. Rubel. Da im Jahr 1968 durchschnittlich 18 Mill. Mitglieder in den Kolchosen beschäftigt waren[101], entfielen auf jedes Mitglied 794 Rubel jährlich oder rd. 66 Rubel monatlich.

Außer dem Lohn hat jeder Kolchosbauer Einnahmen aus seiner Nebenwirtschaft, die amtlich mit rd. einem Drittel des Lohnes angenommen wird[102]. Unter Berücksichtigung von 15,3 Mill. Nebenwirtschaften (entsprechend den 15,3 Mill. Kolchoshöfen) errechnet sich ein zusätzlicher Betrag in Höhe von 3,8 Mrd. Rubel. Daher kann das Gesamteinkommen der Kolchosmitglieder im Jahr 1968 auf 14,3 Mrd. + 3,8 Mrd. = 18,1 Mrd. Rubel geschätzt werden. Dementsprechend verdiente jedes Kolchosmitglied im Durchschnitt etwa 1006 Rubel jährlich oder 84 Rubel[103] monatlich. Das ist rd. 9 vH weniger als der Lohn eines Beschäftigten im staatlichen landwirtschaftlichen Betrieb (Sowchos).

Insgesamt sind die Gesamteinkünfte der Sowchosbeschäftigten noch höher, weil sie ebenfalls Nebenwirtschaften besitzen, auch wenn deren Umfang geringer ist als bei den Kolchosbauern. Während die Sowchosbe-

---

[96] Prawda, vom 18. 5. 1966.
[97] Der amtliche Rubelkurs beträgt 4,44 DM. Die Kaufkraft entspricht jedoch ca. 3,00 DM. Vgl. Statistisches Bundesamt. Preise, Löhne, Wirtschaftsrechnungen, Reihe 10, Wiesbaden 1967.
[98] Ekonomika Selsk. Chos. Nr. 4/1965, S. 62.
[99] Ebenda S. 64.

schäftigten feste Löhne erhalten, reichen die garantierten Minimallöhne der Kolchosmitglieder zur Existenzsicherung selten aus. Außerdem ist das Lohngefälle zwischen den ökonomisch starken und schwachen Kolchosen so groß, daß die geschätzten Durchschnittseinkünfte nur von begrenzter Aussagekraft sein können. Auch innerhalb einzelner Kolchose gibt es starke Lohndifferenzierungen. Sie führten zur Entstehung verschiedener Bauernschichten, die an die Lage vor der Kollektivierung erinnern.

Die seit April 1966 gültige Besteuerung der Netto- statt der Bruttoeinkommen der Kolchose schuf zwar günstigere Voraussetzungen für eine erhöhte Entlohnung der Kolchosmitglieder, doch wurde gleichzeitig die Besteuerung jedes „überdurchschnittlichen" Verdienstes der Kolchosmitglieder eingeführt[104]. Die Steuer muß zuerst bezahlt werden. Auf diese Weise wird verhindert, daß Kolchosmitglieder ein höheres Einkommen erzielen können als Sowchosbeschäftigte.

Seit dem 1. Januar 1965 steht allen Kolchosmitgliedern das Recht auf Invaliden-, Hinterbliebenen- und Altersrente zu. Die letztere wird seit 1. Jan. 1968 beim Erreichen des 60. Lebensjahres (Männer) oder 55 (Frauen) nach mindestens 25jähriger Arbeit in einem Kolchos (an Frauen bereits nach 20 Arbeitsjahren) gewährt. Die Höhe der Altersrente wird nach dem Arbeitseinkommen berechnet und schwankt zwischen 12 und 102 Rubel monatlich. Die Durchschnittsrenten sind vorläufig sehr niedrig und betrugen Anfang 1965 nur 18 Rubel monatlich[105]. Die höheren Renten erhalten vorläufig fast ausnahmslos nur Kolchosleiter und höhere Kolchosangestellte. Immerhin bedeutet die Einführung der Renten eine finanzielle Unterstützung der alten Bauern, die insbesondere dann ins Gewicht fällt, wenn beide Ehepartner rentenberechtigt sind. Anfang 1965 gab es in den Kolchosen rd. 8 Mill. Rentner.

5.2 Der Sowchos

5.2.1 *Organisation*

Der Sowchos (Abkürzung der russischen Bezeichnung „Sowjetskoje chosjajstwo" — Sowjetwirtschaft) ist ein Staatsgut, das den Staatsbetrieb „sozialistischen Typs" darstellt und oftmals als staatliche Fabrik

---

[100] Nar. Chos. 1968, S. 423.
[101] Ebenda. Manche westlichen Experten veranschlagen die Zahl der Kolchosmitglieder viel höher. Siehe Ph. *Grossmann*. In: „Soviet Studies". Januar 1968, S. 401 ff.
[102] Wopr. Ekonomiki Nr. 5/1967, S. 45.
[103] SSSR w zyfrach w 1967 god, S. 120.
[104] Prawda, 11. 4. 1966.
[105] Wochenbericht des DIW Nr. 7/1965.

für Getreide, Milch, Fleisch, Wolle, Baumwolle usw. bezeichnet wird[106]. Die Aufgaben eines Sowchos sind bereits in der Verordnung vom 14. Februar 1919 über die sozialistische Organisation der Landwirtschaft enthalten[107]. Danach sollten die Sowchose für eine größtmögliche Steigerung der landwirtschaftlichen Produktivität sorgen, die Bedingungen für den vollständigen Übergang zur kommunistischen Landwirtschaft schaffen und als „kultur-agronomische Zentren" wirken.

Ein Sowchos verfügt über fest bezahlte Angestellte und Arbeiter, arbeitet nach einem von den übergeordneten Behörden genehmigten Plan und liefert fast die gesamte Produktion zu amtlich festgesetzten Preisen an den Staat ab. Theoretisch soll sich ein Sowchos vom Grundsatz der Rentabilität leiten lassen. Für die Übererfüllung des Plansolls stehen den Sowchosbeschäftigten Sonderprämien und andere Vergünstigungen zu.

Neben den Sowchosen bestehen noch andere staatliche landwirtschaftliche Betriebe, die verschiedenen Ministerien, Industriewerken, wissenschaftlichen Instituten usw. gehören, doch umfassen die Sowchose mehr als 90 vH der verstaatlichten Ackerfläche, so daß im folgenden nur von ihnen die Rede sein wird.

Die Geschichte der Sowchose ist so alt wie die bolschewistische Revolution. Die ersten Sowchose entstanden kurz nach dem Umsturz von 1917, als ein Beschluß der Sowjetregierung die Übernahme mancher Großgüter direkt durch den Staat bestimmte. Es waren oftmals Güter, die von den Bauern benachbarter Dörfer zwar geplündert worden waren, aber infolge großer Entfernungen nicht bewirtschaftet werden konnten. Auf solche Weise entstanden rd. 3100 Sowchose mit ca. 1,6 Mill. ha Land, doch lagen diese Betriebe in der Mehrheit jahrelang so gut wie still, weil es an Fachleuten, Arbeitskräften, landwirtschaftlichen Geräten, Saatgut usw. fehlte.

Später wurden weitere brachliegende Großgüter verstaatlicht, so daß es im Jahre 1921: 5900 Sowchose mit rd. 3,4 Mill. ha gab, die auch weiterhin eine sehr bescheidene Existenz führten und lediglich mit Hilfe erheblicher staatlicher Subventionen arbeiten konnten. Ihr Bestehen war vor allem von propagandistischer Bedeutung, weil es sich um die ersten sozialistischen landwirtschaftlichen Großbetriebe handelte.

In der NEP-Periode, als die Parole der „wirtschaftlichen Rechnungsführung" proklamiert wurde, wandelte die Sowjetregierung diejenigen Sowchose, die mit besonders großen Verlusten produzierten, in Kolchose um, so daß die Zahl der Staatsgüter bis zum Jahre 1928 auf 1400 mit 1,7 Mill. ha zurückfiel.

---

[106] Bolsch. Sow. Enzykl. Moskau 1956, Bd. 39, S. 541.
[107] Ekonomika Selsk. Chos. Nr. 5/1967, S. 2.

Die Entwicklung der Sowchose
Ende des Jahres

	1940	1950	1953	1959	1960	1961	1962	1963	1964	1965	1966	1967	1968
Anzahl der Sowchose	4 159	4 988	4 857	6 496	7 375	8 281	8 570	9 176	10 078	11 681	12 189	12 783	13 398
Beschäftigung (Jahresdurchschnitt in 1000)	1 373	1 665	1 844	4 177	5 482	6 571	6 893	7 109	7 268	7 350	7 516	7 430	7 459
dar.: Produktionsarbeiter	1 186	1 509	1 708	3 952	5 198	6 218	6 504	6 702	6 847	6 882	6 996	6 871	6 861
Traktoren und Maschinen (1000 Stück)													
Traktorenbestand in natürlicher Einheit	74	74	90	316	403	515	554	602	639	681	683	701	726
umgerechnet auf 15 PS	100	130	165	596	951	974	1 049	1 131	1 209	1 325	1 390	1 464	1 564
Getreidemähdrescher	27	33	42	179	206	243	256	252	254	265	265	265	271
LKW (einschl. Kesselwagen)	21	33	40	165	238	286	299	314	324	335	347	351	355
Anbaufläche (1000 ha)													
Insgesamt	11 559	12 894	15 155	53 894	67 208	80 258	86 678	89 724	87 301	89 062	88 487	88 553	89 179
davon: Getreide	7 681	7 537	7 832	35 949	44 022	54 678	59 625	58 472	59 711	59 643	58 522	57 025	57 254
Industriepflanzen	330	331	369	1 425	2 016	2 698	2 958	3 156	3 221	3 391	3 394	3 397	3 384
Kartoffeln, Gemüse, Melonen und Kürbisse	278	271	323	1 054	1 584	1 677	1 696	1 707	1 848	1 925	1 800	1 782	1 774
Futterpflanzen	3 263	4 739	6 631	15 466	19 586	21 205	22 399	26 389	22 521	24 103	24 771	26 349	26 767
Viehbestände (1000 Stück)													
Rinder	2 462	2 802	3 404	10 485	14 437	19 134	20 973	21 615	22 186	24 501	25 243	25 789	25 815
dar.: Kühe	952	848	1 128	3 557	5 084	6 645	7 446	7 937	8 268	9 135	9 044	9 273	9 592
Schweine	1 910	2 494	3 502	9 827	12 655	15 620	16 771	7 595	11 537	12 535	12 786	11 726	11 613
Schafe	5 841	7 544	10 056	29 135	31 392	38 431	40 952	44 568	43 939	46 207	49 267	51 384	52 763
Ziegen	67	89	68	209	188	232	216	208	225	224	225	263	315

Quellen: Nar. Chos. 1956–1968: Strana Sowjetow ..., S. 117; SSSR w zyfrach w 1967 god, S. 92.

Während der Kollektivierungsphase nahm die Anzahl der Sowchose wieder stark zu, weil die Regierung viele ausgesprochen kollektivfeindliche Dörfer statt zu Kolchosen sofort zu Sowchosen machte, um auf solche Weise diese Betriebe der direkten staatlichen Befehlsgewalt zu unterstellen. Im Jahre 1940 gab es 4160 Sowchose mit 11,6 Mill. ha Anbaufläche.

Einen erneuten starken Aufschwung verzeichneten die Sowchose seit 1954, als riesige Neulandgebiete in Sibirien und Kasachstan unter den Pflug genommen wurden. Dort errichtete die Regierung keine Kolchose, sondern nur Sowchose und verstaatlichte sogar die bereits bestehenden Kolchose, denn dieses Experiment im Neuland sollte nur mit Hilfe staatlich geleiteter und finanzierter Betriebe gewagt werden. Da die neuen Sowchose größtenteils in semiariden und salzhaltigen, von Erosion und Dürre heimgesuchten Gebieten mit unzureichenden Niederschlägen liegen, bedeuten Mißernten eine schwere finanzielle Belastung für den Staat. Auch der Umstand, daß die Regierung trotz der schlechten Erfahrungen der Vergangenheit wiederum riesige Sowchose gegründet hat, wirkte sich ungünstig auf die Effizienz dieser Betriebe aus, was auch später offiziell zugegeben wurde[108].

Auf die anfangs günstigen Ernten im Neuland folgten bald mittelmäßige, niedrige, ja ausgesprochen schlechte Ergebnisse, so daß die meisten Sowchose sich als unrentabel erwiesen. Immerhin gelang es dort, wenn auch unter hohen Kosten, zusätzlich große Mengen Getreide zu gewinnen. Es ist wahrscheinlich, daß diese Resultate mit viel geringeren Kosten durch Meliorationen und Technisierung der Gebiete im europäischen Teil der Sowjetunion zu erreichen wären, doch spielten bei der Neulandaktion andere wichtige Momente mit. Zu nennen wären u. a. die aus militärischen Erwägungen notwendige Siedlungspolitik im asiatischen Teil der Sowjetunion sowie innenpolitische Gründe im Kampf Chruschtschews um die Macht. Nach der Absetzung Chruschtschews (1964) wurden bei der Neulandaktion begangene Fehler in der Sowjetpresse kritisiert[109]. Von 1965 an wurden die gröbsten Mängel beseitigt, doch ist die ökonomische Bedeutung der Urbarmachung semiarider und verkehrsarmer Ferngebiete noch immer umstritten.

Im Gegensatz zu den Kolchosen besitzen die Sowchose nicht nur bessere technische Mittel, sondern auch qualifiziertere Arbeitskräfte. Dies entspricht der jahrzehntelangen sowjetischen Agrarpolitik, die mit allen Mitteln den Sowchos als eine „höhere Form des Volkseigentums" förderte. Viele Sowchose, insbesondere in der Nähe von Großstädten, spezialisieren sich auf bestimmte Feldfrüchte; manche betreiben nur

---

[108] Ekonomika Selsk. Chos. Nr. 8/1966, S. 109.
[109] Ekonomika Selsk. Chos. Nr. 5/1968, S. 51.

Durchschnittsgröße der Sowchose

Jahr	Beschäftigte	Ackerfläche (in 1000 ha)	Viehbestand (in Stück)				Traktoren umgerechnet auf 15 PS (in Stück)
			Rinder		Schweine	Schafe u. Ziegen	
			gesamt	dar.: Kühe			
1928	134	0,8	97	32	31	403	2
1934	434	2,4	648	284	344	1305	23
1940	330	2,8	592	229	459	1420	24
1945	281	1,7	389	118	138	1135	15
1950	334	2,6	562	170	500	1530	26
1958	639	8,7	1370	472	1355	4401	90
1960	745	9,0	1957	689	1715	4280	103
1964	721	8,6	2201	803	1144	4378	121
1965	663	7,6	2098	782	1073	3975	114
1966	651	7,3	2071	742	1049	4060	114
1967	618	6,9	2019	726	918	4040	115
1968	623	6,7	1927	687	865	3962	116

Quelle: Strana Sowjetow sa 50 let. Moskau 1967, S. 117. Nar. Chos. 1968.

Gemüseanbau und Viehzucht. Wenn die Klima- und Bodenverhältnisse günstig sind, erreichen die Sowchose ziemlich hohe Erträge. Für die letzten Jahre gibt es jedoch so gut wie keine allgemein gültigen Daten über die Hektarerträge der Sowchosproduktion, sondern nur Angaben über mehr oder weniger erfolgreiche Sowchose, die als Musterbetriebe beispielgebend wirken sollen. Diese Erträge liegen in der Regel weit über dem allgemeinen Niveau in der Sowjetunion, das für Getreide 1964 bis 1967 durchschnittlich 11,6 dz/ha betrug. Andererseits gibt es Sowchose mit ausgesprochen niedrigen Hektarerträgen[110]. Im Jahre 1966 erzeugten alle Sowchose 43 vH der landwirtschaftlichen Bruttoproduktion (darunter ca. 50 vH der tierischen Produktion)[111], wobei der größte Teil der Sowchoserzeugung dem Markte zugute kam, nämlich 57 vH des Getreides, 90 vH der Milch- und 91 vH der Fleisch- und Eiererzeugung. Wolle, Baumwolle, Zuckerrüben und sonstige technische Kulturen werden so gut wie ganz dem Staat abgeliefert[112].

Dank besserer Ausstattung mit Fachleuten und Maschinen sowie höherer Entlohnung der Beschäftigten ist der Arbeitsaufwand in den Sowchosen je Produktionseinheit geringer als in den Kolchosen. Dies gilt vor allem für die Erzeugung von Getreide und Gemüse. In der Viehwirtschaft ist die Gewichtszunahme der Tiere durch Aufzucht und Mast in den Sowchosen ebenfalls günstiger als in den Kolchosen. Auch bei Milch

---
[110] Kommunist Nr. 9/1966, S. 14 ff.
[111] Ekonomika Selsk. Chos. Nr. 5/1968, S. 30.
[112] Ekonomitsch. Osnowy.., a. a. O., S. 30.

und Wolle sind die direkten Aufwendungen der Kolchose in Arbeitstagen je Beschäftigten größer als die der Sowchose.

Was die Elektrifizierung der Sowchose betrifft, so wurde sie dank der amtlichen Unterstützung viel stärker gefördert als bei den Kolchosen. Im Jahre 1958 verbrauchten bereits 95 vH aller Sowchose Strom für Produktionszwecke gegen 49 vH aller Kolchose. Später ging auch die Elektrifizierung der Kolchose schnell vonstatten, so daß im Jahre 1968 die entsprechenden Zahlen 99 und 98 ausmachten.

Nach 1963 verlangsamte sich die Ausdehnung der Sowchose. Dieser Prozeß verstärkte sich nach Chruschtschews Entlassung im Herbst 1964. Die viel vorsichtigeren neuen Parteiführer hörten vorläufig auf, den Sowchos als einen idealen Betrieb herauszustellen und wollten — schon aus finanziellen Gründen — keine neuen subventionsbedürftigen Staatsbetriebe[113].

5.2.2. Finanzen der Sowchose und Entlohnung der Sowchosbeschäftigten

Über die Finanzen der Sowchose gibt es in den sowjetischen Veröffentlichungen noch viel weniger Daten als über die Kolchosfinanzen. Die in der letzten Zeit publizierten wenigen Angaben vermitteln jedoch eine allgemeine Vorstellung über die finanzielle Lage der Sowchose.

Eigene Mittel und staatliche Subventionen der Sowchose
in Mrd. Rubel

Zeit	Selbstkosten der an den Staat verkauften Produktion	Der Erlös der Sowchose	In vH zu Selbstkosten	Zuschüsse aus den Budgetmitteln
1958—1964	36,6	33,7	92,1	26,3
1965	8,3	9,2	110,5	3,7
1965—1966	18,1	21,4	118,5	7,0
1958—1966	54,7	55,2	100,9	33,3

Quelle: Auszug aus Woprossy Ekonomiki, Nr. 5/1968, S. 50.

Aus der Tabelle geht hervor, daß in den Jahren 1958 bis 1964 nicht einmal die Selbstkosten der Sowchose gedeckt werden konnten. Dagegen machten die staatlichen Subventionen 26,3 Mrd. Rubel aus, ein Hinweis darauf, daß offensichtlich Abschreibungen überhaupt nicht zu den Selbst-

---

[113] Sowjetskaja Rossija, 16. 7. 1967.

kosten gerechnet werden. Trotz der Verbesserung in den Jahren 1965 bis 1966 wurde im Gesamtergebnis für den Zeitraum von 1958 bis 1966 nur die Deckung der Selbstkosten erreicht, während die Gesamtzuschüsse des Staates mehr als 33 Mrd. Rubel betrugen. Nach amtlichen Angaben[114] führten die Sowchose im Jahre 1965 aus ihren Gewinnen 420 Mill. Rubel an den Etat ab. Aus der Tabelle ist jedoch zu erkennen, daß die Sowchose im gleichen Jahr staatliche Zuschüsse in Höhe von 3,7 Mrd. Rubel erhielten.

Über die Finanzen von Sowchose vor 1958 sind überhaupt keine Gesamtausgaben verfügbar; sie bildeten bekanntlich eine Last für das sowjetische Budget.

Die ungünstige Wirtschaftslage vieler Sowchosen und die damit verbundene Notwendigkeit, sie mit Subventionen am Leben zu erhalten, verstärkten in der letzten Zeit die Bestrebungen, die Sowchose, wie es amtlich heißt, auf „volle Wirtschaftsrechnung" umzustellen, mit anderen Worten, sie dem Rentabilitätsprinzip zu unterwerfen. Die Finanzierung aus dem Staatshaushalt soll allmählich aufhören und durch Selbstfinanzierung ersetzt werden. Statt ihre Gewinne an den Staat abzuführen, sollen die Sowchosleitungen über einen großen Teil der Erlöse selbst verfügen, vor allem um Investitionen vornehmen zu können.

Die bisherigen Versuche, die Sowchose ohne staatliche Zuschüsse arbeiten zu lassen, endeten mit Mißerfolg. Schon das Vorhandensein eines riesigen Verwaltungsapparats und die äußerst schwerfällige bürokratische Geschäftsführung belasten sowohl die Finanzen als auch die laufende Arbeit außerordentlich. Die Sowchose könnten nur dann auf eine gesunde finanzielle Basis gestellt werden, wenn sie aus ihrer Produktion einen Gewinn erzielten, so daß staatliche Subventionen überflüssig wären. Die Voraussetzung dafür wären Aufkaufpreise, die weit über den gegenwärtigen liegen müßten. Diese Maßnahme würde fast automatisch auch die Aufkaufpreise für Kolchosprodukte in die Höhe treiben. Dadurch würde die Regierung gezwungen sein, die Abgabepreise des staatlichen und genossenschaftlichen Einzelhandels stark anzuheben, wenn sie nicht auf die großen Gewinne verzichten will, was unter jetzigen Verhältnissen kaum anzunehmen ist.

Die Verbesserung der Sowchosfinanzen hängt auch von anderen Momenten ab, wie von der Senkung der Produktionskosten, der Vereinfachung der Verwaltungspraktiken, der Verstärkung materieller Anreize für die Belegschaften usw. Die Angst vor der allzugroßen Selbständigkeit der Sowchosleitungen und die bürokratische Behandlung des gesamten Sowchosproblems bilden noch sehr starke Hemmnisse, so daß große Fortschritte ohne radikale Reformen zur Zeit unmöglich sind.

---

[114] Ekonomika Selsk. Chos. Nr. 12/1965, S. 58.

Arbeitsaufwand in der Landwirtschaft für die wichtigsten Produkte
Direkte Aufwendungen in Arbeitstagen je Beschäftigten

	Kolchose				Sowchose			
	1960	1962	1964	1965	1960	1962	1964	1965
Pflanzenwirtschaft Arbeitsaufwand je dz								
Getreide (ohne Mais)	0,86	0,70	0,60	0,62	0,26	0,26	0,22	0,32
Rohbaumwolle	6,80	6,90	6,00	5,60	6,10	6,10	4,90	4,40
Zuckerrüben	0,38	0,40	0,30	0,34	0,40	0,40	0,34	0,38
Kartoffeln	0,80	0,92	0,64	0,75	0,70	0,84	0,59	0,56
Gemüse	2,13	2,14	1,81	1,97	1,21	1,21	1,04	1,05
Viehwirtschaft Arbeitsaufwand je dz[1])								
Rinder	14,70	14,30	13,60	11,10	8,20	8,50	8,40	7,60
Schweine	16,60	14,50	13,80	9,30	7,10	7,00	5,60	4,60
Schafe	11,30	10,20	10,30	8,90	6,60	6,80	6,90	6,30
Milch	2,60	2,70	2,70	2,20	1,80	1,80	1,70	1,50
Wolle	52,50	47,20	48,10	41,90	30,00	34,60	31,10	29,10

[1]) Gewichtszunahme (Aufzucht und Mast).

Quellen: Nar. Chos. w 1964 god, S. 416; Nar. Chos. w 1965 god, S. 432.

Wie bereits erwähnt, ist die Entlohnung der Sowchosbeschäftigten höher als die der Kolchosmitglieder. Sie erhalten feste Löhne und werden bei der Übererfüllung der Produktionspläne besonders prämiert. Sie haben Anspruch auf bezahlten Urlaub (aber nicht in der Erntezeit) und auf eine normale Rente wie städtische Arbeiter. Jedoch ist die durchschnittliche Entlohnung der Sowchosarbeiter bis heute niedriger als die Bezahlung der Arbeiter in den Städten. Im Jahre 1967 betrug der Durchschnittslohn eines Sowchosarbeiters 82 vH des durchschnittlichen Lohnes aller Arbeiter und Angestellten der gesamten Sowjetwirtschaft und 77 vH der Industriearbeiter[115].

Aufgrund des Regierungsbeschlusses vom 26. Sept. 1967[116] ist der Mindestlohn der Arbeiter und Angestellten in allen verstaatlichten Wirtschaftszweigen (also auch in den Sowchosen) auf 60 Rubel (steuerfrei) festgesetzt. Der Mindesturlaub beträgt 15 Arbeitstage (statt zuvor 12). Die Besteuerung der Löhne zwischen 61 und 80 Rubel wurde um 25 vH gekürzt.

Vorläufig sind die Ausgaben der Sowchose für die Löhne und Gehälter sehr hoch. Sie machen mehr als 60 vH der Gesamtausgaben aus[117], während in den Kolchosen dieser Posten schätzungsweise rd. 40 vH beträgt.

---

[115] SSSR w zyfrach w 1967 god, S. 120.
[116] Ekonomitsch. Gaseta Nr. 39/1967.
[117] Ekonomitsch. Osnowy ..., a. a. O., S. 37.

Abgesehen von festen Löhnen erhalten die Sowchosbeschäftigten verschiedene Zuschläge und Prämien für erhöhte Produktion bzw. für die Übererfüllung des Plansolls. Besonders begünstigt sind die Kraftfahrer und Mechaniker. Das Prämiensystem kommt auch dem leitenden Personal der Sowchose zugute: die Prämien erreichen mitunter sechs Monatsgehälter im Jahr[118].

Um die Sowchosarbeiter auch außerhalb der Erntesaison zu beschätigen (es handelt sich um die Arbeiter in der Pflanzenwirtschaft) und gleichzeitig eine gewisse Unabhängigkeit in der eigenen Versorgung zu erreichen, errichteten die Sowchose in den letzten Jahren ähnlich wie die Kolchose eine wachsende Zahl von Nebenbetrieben, die die gewonnenen Agrarprodukte verarbeiten sowie Baumaterialien und verschiedene für den eigenen Bedarf benötigten Erzeugnisse produzieren. Im Jahre 1965 gab es in allen Sowchosen der Sowjetunion 38 000 solcher Nebenbetriebe, in denen jedoch nur 5 vH der Gesamtzahl der Sowchosbeschäftigten arbeiteten. Nur ein Zehntel dieser Produktion kam auf den Markt[119].

5.3 Die Hoflandwirtschaften und Kolchosmärkte

5.3.1 *Hoflandwirtschaften*

Laut Kolchosstatut darf jeder Kolchoshof für seinen eigenen Bedarf eine Hoflandwirtschaft (amtliche Bezeichnung: Nebenwirtschaft) behalten. Im Durchschnitt beträgt der Umfang der Hoflandwirtschaft rd. 0,3 ha je Hof. Hinzu kommt eine beschränkte Anzahl von Tieren, darunter eine Kuh, zwei Mutterschweine und Geflügel. In manchen Regionen darf man statt einer Kuh ein Paar Schafe oder Ziegen halten. Besitz von Pferden ist verboten, da sie als Produktionsmittel gelten.

Die Erhaltung des Privateigentums im geringen Umfang war ein Zugeständnis der Sowjetregierung, das sich deutlich von der rigoros durchgeführten Kollektivierung der individuellen Bauernwirtschaften abhob und auch den sozialistischen Grundsätzen entgegenstand. Aber die Regierung hatte einsehen müssen, daß ohne diese Konzession Millionen Bauern damals nicht imstande gewesen wären, auch nur ein äußerst bescheidenes Leben zu fristen, denn die ersten Jahre der Kollektivierung hatten in weiten Teilen des Landes zu einer Hungersnot geführt. In der Stalinzeit waren die Hoflandwirtschaften für die meisten Bauern die einzige Möglichkeit, um sich irgendwie über Wasser zu halten.

Rund drei Viertel aller in der Sowjetunion vorhandenen Hoflandwirtschaften gehören den Kolchosbauern; sie erzeugen etwa zwei Drittel der

---
[118] Ekonomika Selsk. Chos. Nr. 5/1968, S. 39.
[119] Ekonomika Selsk. Chos. Nr. 2/1967, S. 98 ff.

landwirtschaftlichen Privatproduktion[120]. Im Gegensatz zu den Hoflandwirtschaften der Kolchosbauern, die einen Teil des Kolchoshofes bilden und unverkäuflich sind, stellen die viel kleineren Eigenwirtschaften der Angestellten und Arbeiter in den Städten und Sowchosen einen persönlichen, also verkäuflichen Besitz dar. Die Eigenwirtschaften umfassen über ein Fünftel aller Hoflandwirtschaften.

Auch nach Stalins Tod, als sich die Lage der Kolchosmitglieder durch mehrere Erhöhungen der staatlichen Aufkaufpreise gebessert hatte, spielten die Hoflandwirtschaften eine bedeutende Rolle. Die Regierungspolitik gegenüber den Hoflandwirtschaften wechselte je nach der Ernährungslage des Landes und der politischen Einstellung der Parteiführung. Bei guten Ernten wurden die Hoflandwirtschaften oftmals zu Pflichtablieferungen herangezogen oder hoch besteuert, bei Mißernten oder aus politischen Erwägungen machte die Regierung diese Maßnahmen rückgängig, um die Selbstversorgung der Bauern zu verbessern. Die grundsätzliche Einstellung der Regierung gegenüber den Hoflandwirtschaften war jedoch niemals freundlich und Konzessionen werden auch jetzt nur eingeräumt, wenn die Verhältnisse es nicht anders gestatten. Bis heute ist die Hoflandwirtschaft in den Augen der Sowjetführer ein Überbleibsel der Privatwirtschaft, das das „kapitalistische" Denken der Bauern fördert und sie vom kollektivistischen Ideal entfernt.

Infolge verschiedener restriktiver Maßnahmen geht die Hoflandfläche der Kolchosmitglieder etwas zurück; sie umfaßte im Jahre 1968 rd. 5 vH der Kolchosfläche. Das Hofland wird heute zu drei Vierteln mit Kartoffeln und Gemüse, der Rest mit Obstbäumen, Beerensträuchern, Getreide und Futtermitteln bebaut. Am gesamten Kartoffel- und Gemüseanbau der Sowjetunion ist das Hofland mit 48 vH der Anbaufläche beteiligt, während sein Anteil bei anderen Kulturen (Getreide, Futtermittel und technische Pflanzen) weniger als jeweils 1 vH ausmacht. Trotz aller Anstrengungen der Kolchose und Sowchose, die Produktion von Kartoffeln und Gemüse zu steigern, ist die Erzeugung der Nebenwirtschaften auf diesem Gebiete immer noch unentbehrlich.

Noch wichtiger als die pflanzliche Wirtschaft in den Hoflandwirtschaften ist die Viehhaltung. Am 1. Januar 1969 befanden sich in Privatbesitz 29 vH der Rinder, darunter 41 vH Kühe, 26 vH der Schweine und 21 vH der Schafe und 82 vH der Ziegen (siehe Tabelle auf S. 76). Davon entfielen rund drei Viertel auf den Besitz der Kolchosbauern. Die zwischen 1958 und 1964 einsetzende Abnahme des privaten Viehbestandes der Kolchosmitglieder war die Folge der hoflandfeindlichen Politik Chruschtschews, die nach seiner Absetzung durch die Maßnahmen des Zentralkomitees (im März

---

[120] K. E. *Wedekind*: „Privatproduzenten in der sowjetischen Landwirtschaft." Köln 1967, Kap. III/2.

1965 und später) wieder aufgegeben wurde. Manche Beschränkungen in der Futtermittelversorgung fielen fort und die private Tierhaltung erfuhr sogar eine Förderung: jeder Bauernhof durfte einen Kredit in Höhe von 300 Rubel aufnehmen, um eine Kuh zu kaufen.

Nach sowjetischen Quellen erbrachte der private Sektor der Landwirtschaft im Jahre 1963: 24 vH der gesamten pflanzlichen und 46 vH der tierischen Produktion[121].

73 vH der Eier, 60 vH der Kartoffeln, 42 vH der Milch, 42 vH des Fleisches und 39 vH des Gemüses wurde von Hoflandwirtschaften erzeugt[122].

Außerdem entfielen auf die Nebenwirtschaften etwa zwei Drittel der Ernte von Beeren und Früchten und ein Viertel der Weintraubenernte[123]. Es ist nicht anzunehmen, daß sich in den darauffolgenden Jahren der Anteil des privaten Sektors an der Agrarproduktion wesentlich geändert hat.

Die Sowjetregierung ist sich dessen bewußt, daß der Arbeitseinsatz in der Hoflandwirtschaft (dort arbeiten nicht nur alte Leute und Kinder, sondern auch die Kolchosmitglieder in ihrer Freizeit) die Arbeitsleistung in der sogenannten „gesellschaftlichen Produktion", d. h. in den Kolchosen mindert. Das ist in erster Linie eine Folge der sowjetischen Agrarpreispolitik: Die staatlichen Aufkaufpreise für die Ablieferungen der Kolchose gestatten auch trotz der mehrfachen Erhöhungen seit 1953 keine ausreichende Entlohnung der Kolchosmitglieder, die immer noch schlechter bezahlt sind als die Sowchosarbeiter oder gar die städtischen Arbeiter. So wird für den Kolchosbauern die Arbeit in seiner Nebenwirtschaft lohnender als ein intensiverer oder zusätzlicher Arbeitseinsatz im Kolchos. Er kann die selbsterzeugte Produktion, soweit sie den Eigenbedarf übersteigt, zu günstigen Preisen auf dem Kolchosmarkt verkaufen. Daß der Bauer in seiner Nebenwirtschaft nach eigenem Ermessen schalten und walten und über die Früchte verfügen darf, bestärkt ihn in dem Wunsch, dieses Stück Land besonders sorgfältig zu pflegen[124].

5.3.2 *Kolchosmärkte*

Auf den Kolchosmärkten, die sich hauptsächlich in den Städten befinden, darf jedes Kolchosmitglied — wie übrigens jeder andere Besitzer einer Hoflandwirtschaft — die Eigenproduktion bzw. die nicht verbrauchten

---

[121] Wopr. Ekonomiki Nr. 4/1965, S. 27.
[122] Nar. Chos. 1964, S. 252.
[123] Wopr. Ekonomiki Nr. 4/1965.
[124] Zwar fördert diese Form des Besitzes nach Auffassung der Sowjetführer die kleinkapitalistischen Instinkte, doch sieht sich die Regierung gezwungen, die Existenz der Hoflandwirtschaften zur Zeit noch hinzunehmen. Vgl. Wochenbericht des DIW Nr. 17/1966.

Deputate frei verkaufen. Die Preise auf den Kolchosmärkten richten sich nach Angebot und Nachfrage, weichen also von dem in der Sowjetunion geübten Prinzip staatlicher Preissetzung und Kontrolle ab.

Die Existenz der Kolchosmärkte war in der sowjetischen Agrarverfassung ursprünglich nicht vorgesehen gewesen; da aber der Kampf gegen den Schwarzen Markt sich als völlig wirkungslos erwiesen hatte, legalisierte die Regierung mit dem Erlaß vom 1. Jan. 1935 die Kolchosmärkte und gestattete nicht nur den Bauern, sondern auch den Kolchosen selbst, Überschüsse zu freien Preisen auf diesen Märkten zu verkaufen. Auf solche Weise bekam die Regierung die Möglichkeit, wenigstens einen Teil des Schwarzen Marktes zu kontrollieren und sich eine gewisse Vorstellung von dem Umfang der nicht erfaßten Marktwarenproduktion zu machen.

Viehbestand in der UdSSR
Stand am Jahresanfang

	1958	1960	1964	1966	1967	1968
Gesamtbestand (Mill. Stück)						
Rindvieh	66,8	74,2	85,4	93,4	97,1	97,1
darunter Kühe	31,4	33,9	38,3	40,1	41,2	41,6
Schweine	44,3	53,4	40,9	59,6	58,0	50,8
Schafe	120,2	136,1	133,9	129,8	141,0	143,9
Ziegen	9,9	7,9	5,6	5,5		
davon in Privatbesitz (Mill. Stück)						
Rindvieh	29,2	25,0	24,1	27,9	29,3	28,4
darunter Kühe	17,8	17,1	16,0	16,6	17,1	17,1
Schweine	14,7	13,8	13,2	18,2	16,5	13,6
Schafe	25,7	28,8	26,5	27,6	33,3	33,5
Ziegen	8,3	6,4	4,6	4,7		
Privater Viehbestand (in vH)						
Rindvieh	43,7	33,7	28,2	29,9	30,2	29,2
darunter Kühe	56,6	50,4	41,8	41,4	41,5	41,1
Schweine	33,2	25,8	32,3	30,5	28,4	26,8
Schafe	21,4	21,2	19,8	21,3	23,6	23,3
Ziegen	69,7	81,0	82,1	85,5		

Quellen: Nar. Chos. w 1965 god; Prawda, 29. 1. 1967 und 25. 1. 1968.

Mit Hilfe von Einschränkungen sowie durch den weiteren Ausbau von Staats- und Genossenschaftsläden (die letzteren stehen ebenfalls unter Staatskontrolle) gelang es der Regierung nach 1950, insbesondere in der Chruschtschew-Ära, die Umsätze der Kolchosmärkte erheblich zu reduzieren.

Während im Jahre 1950 der Anteil des Kolchosmarkthandels am gesamten sowjetischen Einzelhandel 12 vH betrug, hatte er sich bis zum Jahre 1963 auf 3,8 vH verringert. Im Jahre 1964 stieg er geringfügig an. Eine Belebung trat erst wieder nach der Entlassung Chruschtschews

(1964) und nach der Märzsitzung des ZK der Partei im Jahre 1965 ein. Die Beschlüsse des ZK hoben die Besteuerung der privaten Tierhalter auf, erleichterten den Verkauf von Viehfutter an Private und liberalisierten in gewissem Grad den Absatz der Lebensmittel auf den Märkten. Dies alles führte zu einer Belebung des Kolchosmarkthandels und zu Preissenkungen, die 10 vH und mehr ausmachten[125]. Im Jahre 1965 betrug der Anteil des Kolchosmarkthandels 3,4 vH des gesamten Einzelhandels[126]. Ein gewisser Teil der Käufe entzieht sich jedoch der Registrierung, weil er auf dem Weg zum Markt oder auf andere Art und Weise getätigt wird.

Die Zahl der Kolchosmärkte betrug im März 1966: 7260, davon entfielen über 5000 auf Städte. Rund 4000 Märkte sind täglich, die übrigen ein- bis dreimal wöchentlich im Betrieb. Im Jahre 1957 gab es rd. 8000 Märkte, jedoch verschwanden nur die völlig ungeeigneten oder schlecht besuchten Märkte. Die meisten Märkte sind primitiv eingerichtet und ohne jede Bequemlichkeit für Verkäufer und Kunden. Nur 68 Märkte sind überdacht und 36 vH besitzen eine feste Decke. Im Winter oder beim Schlammwetter im Frühjahr und Herbst ist der Besuch von Kolchosmärkten mit großen Schwierigkeiten verbunden.

Die sowjetischen amtlichen Stellen klagen darüber, daß der Kolchosmarkt viele Bauern von der Arbeit im Kolchos ablenkt. Allein in der Ukraine gingen deshalb den Kolchosen im Jahre 1965 80 Mill. Arbeitstage verloren.[127].

Durch die Kolchosmärkte haben die meisten Städter in der Sowjetunion die Möglichkeit, einen Teil der Konsumartikel zu freien Preisen zu kaufen. Das mit Lebensmittelgeschäften besonders gut versehene Moskau hat immerhin 29 Kolchosmärkte, was als ein Beweis dafür gelten kann, daß der staatliche und genossenschaftliche Einzelhandel nicht einmal in der Hauptstadt die Bevölkerung ausreichend versorgen kann und die Hilfe des Privathandels in Anspruch nehmen muß.

5.4 Die Volkskommunen

5.4.1 *Allgemeines*

Renmin Gongshe heißt in wörtlicher Übersetzung: das Volk betreibt uneigennützig eine gemeinschaftliche (genossenschaftliche) Unternehmung. Die Bedeutung des Wortes Kommune für China geht zurück auf den (erfolglosen) kommunistischen Aufstand in Kanton im Jahre 1925. Die Namensgebung erfolgte angeblich von Mao Tse-tung persönlich. Im Hochsommer 1958 unterhielt er sich in der Provinz Honan mit Bauern

---
[125] Sowjetskaja Torgowla, Nr. 10/1966, S. 19 f.
[126] Westnik Statistiki, Nr. 1/1966.
[127] Westnik Statistiki, Nr. 1/1967, S. 3 ff.

über die Vorteile größerer Genossenschaften, und als man einen passenden Namen suchte, schlug Mao den Ausdruck Volkskommune vor[128].

Ursprünglich sollte die Form der sozialistischen Genossenschaft für längere Zeit die Grundorganisation auf dem Lande sein[129]. Aber im September 1957 forderten das ZK und der Staatsrat in einer Direktive die Ausdehnung der Bewässerung und mehr Projekte zur Flutkontrolle. In verschiedenen Konferenzen und Massenversammlungen wurden die Kader[130] und die übrigen Bauern mit den geplanten Programmen vertraut gemacht. Allein in der Provinz Honan arbeiteten dann 10 Mill. Bauern in den drei Wintermonaten an einigen tausend kleineren Bewässerungs- und Flutkontrollanlagen. Da die Hochwasser hauptsächlich in dünn besiedelten Berggegenden ihren Anfang nehmen, war es notwendig, daß sich mehrere LPGs auf xiang-Ebene zusammenschlossen. Während die Mehrzahl der Männer noch auf den Wasserbaustellen arbeiteten, mußten die Frauen Vorbereitungen für die Frühjahrsbestellung übernehmen. Um dies zu ermöglichen, wurden Kindergärten, Krippen und Gemeinschaftsküchen, zunächst zeitlich befristet, eingerichtet. Über ähnliche Zusammenschlüsse und entsprechende Organisationsformen wurden im Mai 1958 aus Szechuan und Shantung berichtet[131]. Im April hatte das ZK in einer geheimgehaltenen Direktive den Zusammenschluß der LPGs zu größeren Einheiten gefordert. Mitte August erschien in der Volkszeitung ein Bericht über die (im April gegründete) Volkskommune „Wei-xing" (Sputnik), die auf verschiedenen Versuchsfeldern überdurchschnittliche Ertragssteigerungen erzielt hatte, die nun dieser neuen Organisationsform und den vorausgegangenen Massenkampagnen zugeschrieben wurden[132]. In der Folgezeit tauchten in der chinesischen Presse täglich ähnliche Meldungen mit Rekordergebnissen auf, und schließlich veröffentlichte das Politbüro am 29. August einen Beschluß, in dem zur Bildung von Volkskommunen im ganzen Land aufgerufen wurde[133]. Obwohl die Resolution eher zu einem vorsichtigen und langsamen Vorgehen riet, bei dem die ursprüngliche Organisation der Produktion und Verwaltung unverändert bleiben sollte, verlief diese Bewegung dann doch sehr viel rascher. Allerdings ist es zweifelhaft, ob tatsächlich zum Jahresende 24 000 Kommunen nach dem Schema der Mustersatzungen zusammengefaßt waren[134]. Auch be-

---

[128] A. L. *Strong*: „China's Communes — and Six Years After." Peking 1965, S. 23.

[129] Vgl. Mao's Rede über die genossenschaftliche Umgestaltung der Landwirtschaft, l. c.

[130] Kader, (chines. gan bu) ist ein „Aktivist", zumeist ein Funktionär einer staatlichen, genossenschaftlichen o. ä. Organisation. Er kann, muß aber nicht Angehöriger der Partei oder des Jugendverbandes sein.

[131] Renmin Ribao, Peking, vom 9. 5. 1958 und in den folgenden Nummern.

[132] Renmin Ribao, Peking, vom 15. 9. 1958.

[133] Renmin Ribao, Peking, vom 10. 9. 1958.

[134] Nach den Meldungen ab Mitte November dürfte es sich vielmehr um einen Planansatz gehandelt haben; vgl. Renmin Ribao, Peking, vom 17. 11. 1958.

standen große Unterschiede in bezug auf Größe und Organisationsform, so daß im folgenden nur das allgemeine Bild der Volkskommunen geschildert werden kann.

Der Wortlaut der Mustersatzungen[135] und der Resolutionen über die Volkskommune lassen diese als ein aus der marxistisch-leninistischen Theorie entsprungenes Gesellschaftselement erscheinen. Jedoch gibt es auch sehr viele Analogien und direkte Vorbilder aus der chinesischen Geschichte. Die Kommune wird definiert als eine „gesellschaftliche Grundeinheit, in der sich die arbeitende Bevölkerung unter der Führung der KPCh und der Volksregierung freiwillig zusammenschließt und die in ihrem Bereich alle Aufgaben der industriellen und landwirtschaftlichen Produktion, der Verteilung, der Arbeiten auf den Gebieten der Kultur und Erziehung sowie die politischen Angelegenheiten wahrnimmt" (Artikel 1 der Mustersatzung). Die Volkskommune soll das sozialistische System festigen und die Voraussetzungen für den allmählichen Übergang zum Kommunismus schaffen. Der Unterschied zwischen Stadt und Land sowie körperlicher und geistiger Arbeit soll beseitigt werden. Mit dem Steigen des Sozialprodukts und einem wachsenden Bewußtsein der Bevölkerung soll die Voraussetzung geschaffen werden für den Übergang vom sozialistischen Prinzip „Jeder nach seinen Fähigkeiten; jedem nach seinen Leistungen" zum kommunistischen Prinzip „Jeder nach seinen Fähigkeiten; jedem nach seinen Bedürfnissen" (Artikel 2). Durch die sozialen Einrichtungen der Volkskommunen sollen die Frauen von der Hausarbeit befreit und in den Arbeitsprozeß eingegliedert werden (Artikel 17). Als Hauptaufgabe wird die Steigerung der Produktion genannt, wobei ein umfangreicher Katalog von agrartechnischen Maßnahmen auf eine Intensivierung der Bodenbearbeitung hinweist. Besonderes Gewicht wird auf die Mechanisierung und Elektrifizierung der Landwirtschaft gelegt, die stärker gefördert werden soll. Neu sind die Forderungen nach einer starken Ausdehnung der gewerblichen Produktion sowie des Ausbaus der ländlichen Infrastruktur, d. h. des Baus von Straßen und anderen Verkehrswegen, eines Fernsprechnetzes, von Lagerhäusern u. ä. (Artikel 6). Die örtlichen Handelsorgane sowie die Filialen der Volksbank werden in die Volkskommune integriert. Weitere wesentliche Aufgabe ist die Erziehung und Ausbildung ihrer Mitglieder (Artikel 9). Zu Verteidigungszwecken soll eine Miliz gebildet werden (Artikel 10). Diese programmatische Aufzählung der Aufgaben, die hier nicht vollständig wiedergegeben ist, und die in der Folgezeit in unterschiedlichem Ausmaß verwirklicht wurden, deutet an, daß nach diesen Forderungen die Aufgabenstellung für die Kommunen viel weitreichender in wirtschaftlicher und gesellschaftlicher Hinsicht ist als bei den Kollektivbetrieben der Sowjetunion.

---

[135] Vgl. „People's Communes in China". Peking 1958, S. 61 ff., Satzung der Volkskommune *Wei-xing* (Sputnik).

5.4.2 *Organisation*

Die Volkskommunen entstanden durch Zusammenlegung der früheren landwirtschaftlichen Produktionsgenossenschaften und mit diesen wurde auch deren innere Gliederung übernommen. In Artikel 3 der ZK-Resolution hieß es, mit der Umwandlung in Kommunen habe es keine Eile. Aus dem Umfang der Mustersatzungen und verschiedenen Hinweisen aus der Presse[136] kann man entnehmen, daß die Bestimmungen für die früheren LPGs zumindest teilweise und für eine Übergangszeit noch in Kraft sind. Überhaupt gewinnt man den Eindruck, daß bei der hastigen Einführung der Kommunen die institutionellen Probleme zugunsten der Ingangsetzung der Bewegung des „Großen Sprunges" vernachlässigt wurden.

Allerdings muß dabei berücksichtigt werden, daß die Volkskommunen selbst auch als die organisatorische Voraussetzung einer neuen Bewegung der „permanenten Revolution" konzipiert waren, die ihren Höhepunkt in der Kulturrevolution erfuhr und u. a. auch besonders gegen die Bürokratisierung in allen Bereichen der chinesischen Gesellschaft gerichtet war.

Die Kommunen wurden mit der früheren xiang-(Gemeinde-)Verwaltung und teilweise der xian-(Kreis-)Verwaltung verschmolzen. Die leitenden Funktionäre und das Verwaltungskomitee waren vielfach identisch mit den untersten Organen der ehemaligen staatlichen Verwaltung.

Oberstes Organ der Kommuneverwaltung ist die Kommuneversammlung, die sich aus den Delegierten der Produktionsbrigaden zusammensetzt, unter denen alle Schichten des Volkes (nach Berufen, Alter und Geschlecht sowie ihrer Klassenzugehörigkeit) vertreten sein sollen. Die Wahlperiode beträgt zwei Jahre, die Delegierten werden von der Mitgliederversammlung auf der Ebene der Produktionsbrigaden gewählt. Entsprechend erfolgt die Wahl der Delegierten der Arbeitsgruppen. Die Hauptaufgabe der Kommuneversammlung besteht in der Wahl des Verwaltungskomitees und des Kontrollausschusses der Kommune, der Genehmigung des Jahresabschlusses und der Aufstellung der Produktionsplanungen. Das Verwaltungskomitee, für zwei Jahre gewählt, besteht aus dem Kommunedirektor, seinen Stellvertretern und den Mitgliedern, es ernennt einen ständigen Ausschuß, der die Routinearbeiten verrichtet. Ebenfalls ernannt und von der Versammlung bestätigt werden die Leiter der einzelnen Ausschüsse, die zusammen mit dem ständigen Ausschuß alle laufenden politischen und wirtschaftlichen Fragen von Kommunebedeutung leiten und überwachen. Sie sind verantwortlich für die Durchführung und Einhaltung der staatlichen Pläne und Verträge. Der Kontrollausschuß, von der Kommuneversammlung gewählt, bedarf der Bestätigung und untersteht den übergeordneten Kontrollorganen. Alle Stufen der Kom-

---

[136] Vgl. Renmin Ribao, Peking, vom 3. 10. 1958.

muneorganisation sind nach diesem Schema gegliedert, auf allen Stufen gibt es einen Ausschuß der KPCh[137].

Während der Kulturrevolution wurde das Verwaltungskomitee (die Kommune-Verwaltung) durch das Revolutionskomitee ersetzt. In diesem haben die örtlichen Militär- (d. h. zumeist Miliz-)befehlshaber, die fachlichen Kader, sowie Parteifunktionäre in einer „Dreier-Allianz" die kollektive Leitung übernommen. Zugleich wurde im Rahmen einer Verwaltungsreform das Organisationsschema stark vereinfacht, die Entscheidungsbefugnisse weiter dezentralisiert; und in den einzelnen Gliederungen der Kommunen trat an die Stelle des ursprünglich von den Staatsorganen übernommenen Ressortsystems das (in der Partei erprobte) Ausschußsystem mit weniger differenzierten Funktionen der einzelnen Mitglieder. Größere Beachtung wird seither der Teilnahme der Massen an der Entscheidungsfindung gewidmet. Die Einflußnahme der Dorfbewohner, vor allem auch der Jugend und der weiblichen Mitglieder, bei wirtschaftlichen und politischen Entscheidungen, scheint größer zu sein als in den Landwirtschaftsbetrieben der Sowjetunion.

Während in den ersten Monaten des Bestehens der Kommunen (vom Herbst 1958 bis zum Sommer 1959) die Produktionsbrigade (Shengchan-liandui) Grundeinheit der Rechnungsführung war, ist ihre Bedeutung in zunehmendem Ausmaß seit 1960 zugunsten der Produktionsgruppe (Shengchan-dui) zurückgegangen. Seit dieser Zeit wurden die Entscheidungsbefugnisse weiter dezentralisiert, Grundeinheit der Rechnungsführung und der Arbeitsorganisation, d. h. landwirtschaftlicher Betrieb in organisatorischer Hinsicht, ist die Produktionsgruppe. Sie poolt alle Gewinne und Verluste ihres Arbeitsgebiets, verwaltet die landwirtschaftlichen, gewerblichen und sozialen Betriebe und Einrichtungen und führt in Zusammenarbeit mit dem Verwaltungskomitee der Kommune und der Brigade die Planung durch. Sie ist zugleich die Grundeinheit der Arbeitsorganisation und umfaßt im Durchschnitt 50 Haushalte mit ca. 100 bis 120 Arbeitskräften. Sie verwaltet nach ihrem Finanzplan eigene Kindergärten und Krippen, Kantinen und Grundschulen.

Von Jahreszeiten und Arbeitskräftebedarf abhängend werden in wechselnder Größe und Einteilung Arbeitsgruppen *Zuoye-dui* oder auch *Xiao-dui* (kleine Gruppe) gebildet, die spezielle Arbeitsaufgaben auf den Feldern oder in den Werkstätten ausführen.

In einigen Gegenden, vor allem in Nordchina, gibt es Volkskommunen auf xian-Ebene; außerdem gibt es dauernde oder zeitweilige Kommune-Vereinigungen (xianlian gongshe) zur Durchführung umfangreicher Was-

---

[137] Organisationsprinzip ist der „demokratische Zentralismus", der ideologisch mit der besonderen Form der Herrschaft des Proletariats begründet wird, wonach u. a. die unbedingte Verbindlichkeit der Beschlüsse höherer Organe anzuerkennen ist.

Schaubild 2

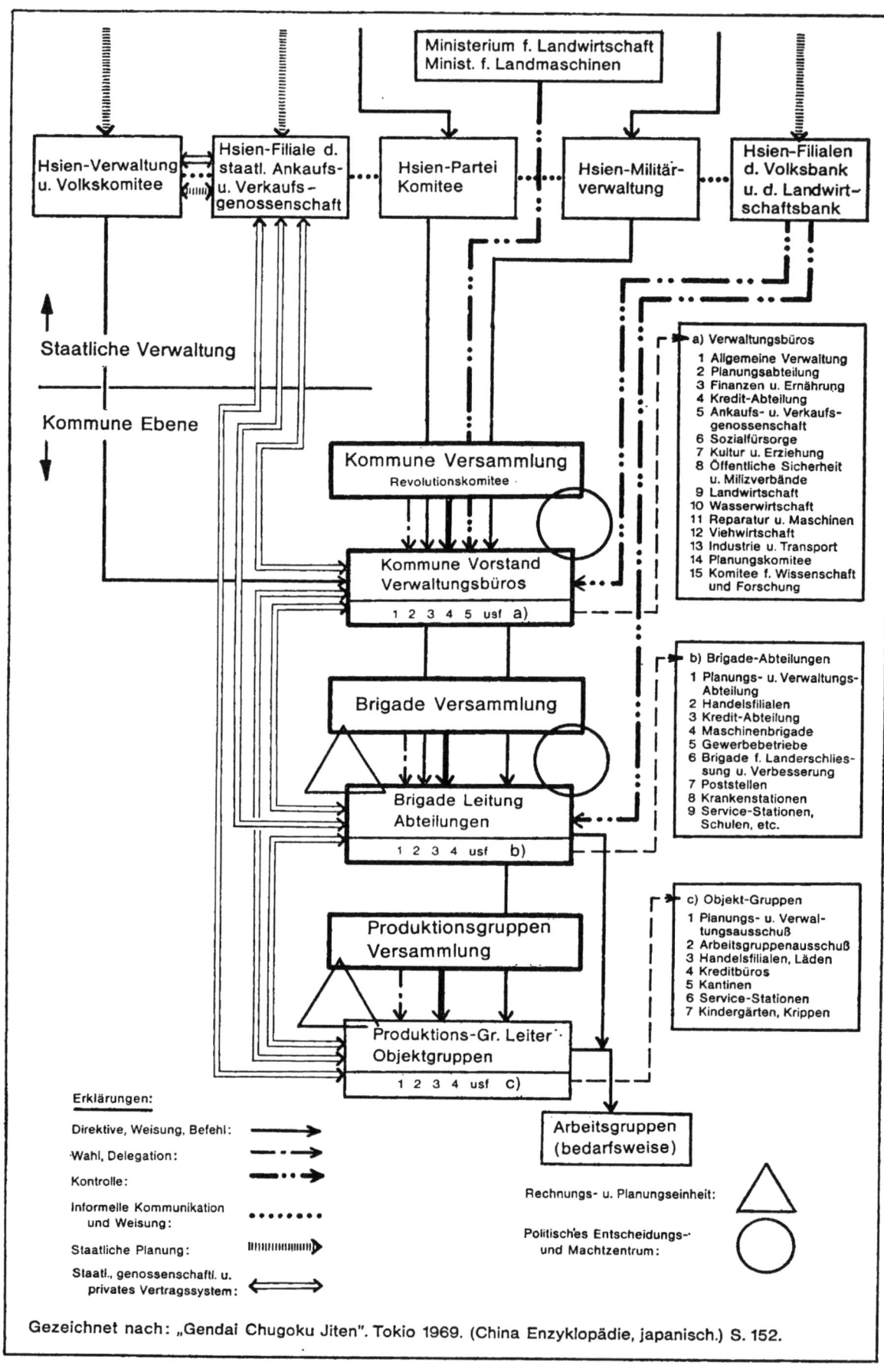

Gezeichnet nach: „Gendai Chugoku Jiten". Tokio 1969. (China Enzyklopädie, japanisch.) S. 152.

serbauprojekte oder sonstiger Infrastrukturmaßnahmen, wenn die Bereitstellung von Arbeitskräften, Baumaterial u. ä. sowie die Unterbringung und Ernährung der Arbeitermassen für einzelne Kommunen zu aufwendig wären[138].

Die Bildung der Volkskommunen erfolgte nach und im Zusammenhang mit der Dezentralisierung der Wirtschaftsverwaltungen im Herbst 1957 bis Anfang 1958 und steht nicht im Widerspruch zu diesen Maßnahmen. Denn während wichtige Funktionen bei den Arbeitsgruppen und Arbeitsbrigaden, den ehemaligen landwirtschaftlichen Produktionsgenossenschaften verblieben, wurden durch die Zusammenfassung wirtschaftlicher (Genossenschafts- und Handels-)Verwaltung und staatlicher (Gemeinde-)Verwaltung eine Einsparung an genügend ausgebildeten und erfahrenen Kadern angestrebt, die für die umfangreichen gewerblichen, militärischen und Bildungsprogramme benötigt wurden. Es wurden wirtschafts- und verwaltungsmäßige Einheiten angestrebt, die innerhalb des staatlichen Gesamtplans eine autonome, weitgehend aus eigener Initiative und eigenen Mitteln gespeiste, selbständige Entwicklung in wirtschaftlicher, sozialer und kultureller Hinsicht vorantreiben sollten[139].

Die fast vollständig ausbleibende Unterstützung des Staates, d. h. viel zu geringe Lieferungen aus anderen Sektoren, sowie eine Überbesetzung qualifizierter Kader in der Kommuneleitung und ein empfindlicher Mangel ausgebildeter Arbeitskräfte an den Produktionsorten, führten in den ersten Jahren des Bestehens der Kommune zu einer weitgehenden Desorganisation des Arbeitseinsatzes. Die chinesischen Behörden haben sich daher in den folgenden Jahren besonders bemüht, durch die Systeme des lao-dong und xia-fang[140] höhere Kader in die Grundeinheiten zu schicken, und außerdem jüngere Fachkräfte heranzubilden[141].

Nach Artikel 3 der Kommune-Verfassungen wird jeder Bürger mit 16 Jahren Vollmitglied der Kommune mit allen Rechten und Pflichten. Obwohl die Verfassungen von der Freiwilligkeit des Beitritts sprechen, wurden innerhalb weniger Monate alle in den ländlichen Gebieten lebenden Bauern in die Volkskommunen übergeführt. Über einen Austritt gibt es keine Bestimmungen. Während innerhalb der Kommune die Mobilität

---

[138] Renmin Ribao, Peking, vom 19. 9. 1958.
[139] Vgl. M. C. *Yang*: „Taitou, A Chinese Village", 2nd ed. New York 1964, Kapitel Conclusions.
[140] *lao-dong* bedeutet regelmäßige körperliche Arbeit für Kader oder Intellektuelle im gleichen Betrieb, Genossenschaft etc.; *xia-fang* die gelegentliche Verschickung dieses Personenkreises in andere Gebiete, zumeist ärmere, ländliche Gegenden.
[141] Integraler Bestandteil der Kommunen ist die militärische Organisation der Volksmiliz. Neben den Aufgaben der lokalen Verteidigung liegt die Funktion der Miliz vor allem in der Arbeitsorganisation der einzelnen Verwaltungsgliederungen der Kommune.

sehr groß ist, benötigt das Mitglied für das Verlassen (zeitweilig oder ständig) eine Genehmigung, die einer verschärften Meldepflicht vergleichbar und Voraussetzung zum Bezug von Karten der rationierten Grundnahrungsmittel ist. Trotzdem sind illegale Abwanderungen in die Städte oder die ungeplante Rückwanderung in Krisenzeiten stets sehr groß gewesen.

Sofern sich das Kommunemitglied nicht in einer qualifizierten Ausbildung befindet, unterliegt es der Arbeitspflicht, die 8 Stunden je Arbeitstag beträgt, und in der Erntesaison 12 Stunden nicht überschreiten soll[142]. Jedes Mitglied hat Anspruch auf 2 arbeitsfreie Tage im Monat, Frauen auf Verlangen auf weitere Tage; ein Urlaub wird nur im Krankheitsfall gewährt[143]. Die Freizeit wird eingeschränkt durch Versammlungen der Kommuneorgane, politische Schulungsabende und durch die Kurse der Freizeitschulen. Mangelnde Arbeitsdisziplin wird durch einen Katalog von Strafen geahndet, dazu gehört auch ein Abzug von der Entlohnung. Wichtigstes Mittel zur Erzwingung der Arbeitsdisziplin ist die „kollektive Erziehung" auf den Versammlungen durch Kritik und Selbstkritik. Die Entlohnung erfolgt nach Arbeitspunkten, die für volle Arbeitstage gutgeschrieben werden. Normen, die etwas unterhalb der durchschnittlichen Arbeitsleistung für eine spezifizierte Tätigkeit, z. B. Pflügen mit einem Ochsengespann in mou pro Tag, festgelegt sind, bestimmen die Höhe der geforderten Leistung[144], für die dann zehn Arbeitspunkte angerechnet werden. Die Lohndifferenzierung ist nicht sehr groß, für die Ch'a-yashan-Kommune in der Provinz Honan wurden, wie für die Industriearbeiter, acht verschiedene Lohnstufen angegeben. Sie beginnen mit 2,03 yuan pro Monat in der ersten Stufe und steigen über 2,54; 3,30; 3,80; 4,67; 5,07; 6,09 auf 7,16 yuan im Monat[145]. Die Lohnstufen 1 bis 2 waren für die (10 %) Alten und Schwachen vorgesehen, die meist in besonderen Werkstätten leichtere Arbeiten zu verrichten hatten. 60 % der Mitglieder erhielten Löhne der Stufen 3 bis 5, der Rest — Verwaltungspersonal, qualifizierte Arbeiter in den gewerblichen Betrieben, Traktorfahrer, Mechaniker und Agronomen — erhielten entsprechend höhere Löhne. Als monatliche Norm gelten 28 volle Arbeitstage. Eine bestimmte Anzahl von Tagen, zunächst 14 und später 7, werden für die in der Form von „Freier Verpflegung" und sonstiger sozialer Dienste oder in direkter Lieferung von Naturalien als „Freie Versorgung" angerechnet, erst dann werden Arbeitspunkte für den Lohnanteil gutgeschrieben. Abrechnungen und Vorauszahlungen erfolgen monatlich, die Feststellung des Ertrages der Brigade und die Endabrechnung jeweils nach dem Verkauf der Hauptfrüchte, also ein- bis

---

[142] Vgl. ZK-Resolution. Renmin Ribao, Peking, vom 4. 9. 1958 und 10. 9. 1958.
[143] Vgl. Art. 7 der Mustersatzung.
[144] Diese Leistungsnorm gilt für das jeweilige Planungskollektiv, d. h. in der Regel die Arbeitsgruppe.
[145] Da Gong Bao, Peking, vom 18. 6. 1959.

dreimal im Jahr[146]. Da die Arbeitsgruppen die Arbeitsleistung für ihre Mitglieder errechneten und die Brigaden die Verteilung des Ertrages bei Errechnung einer gemeinsamen Lohnhöhe vornahmen, mußten von Arbeitsgruppe zu Arbeitsgruppe und von Brigade zu Brigade Ausgleichszahlungen geleistet werden, um in den Kommunen das Einkommen anzugleichen[147].

Eine der wichtigsten Änderungen der letzten Jahre war die Ertrags- und Lohnberechnung auf der Ebene der Produktionsgruppen, wodurch wenigstens innerhalb der verhältnismäßig kleinen Produktionsgruppe der Ertrag der Leistung entsprechend verteilt wird. Die individuelle Anstrengung findet keine ausreichende Berücksichtigung; andererseits sind die Einkommensunterschiede innerhalb der Kommune vergrößert worden, weshalb es fraglich ist, ob die jetzige Regelung länger bestehen bleibt[148].

Bei der Lohnberechnung seit der Mitte der sechziger Jahre trat neben die Analyse der Arbeit und die Einschätzung der individuellen Anstrengung vor allem das „gesellschaftliche Verhalten", das vom gesamten Kollektiv diskutiert wird. Gleichzeitig wurden alle Prämienbestandteile des Lohns als „kapitalistische Abweichungen" verdammt und abgeschafft.

Als besonderes Merkmal der Kommune und Fortschritt auf dem Wege zum Kommunismus wurden gefeiert das „Freie Angebot" an allen möglichen Dienstleistungen von der Geburtshilfe über die freie Verpflegung bis zur kostenlosen Beerdigung[149]. Heute ist das System freier Versorgung wieder stark eingeschränkt, doch bestehen gerade hier sehr große Unterschiede zwischen reicheren und ärmeren Kommunen. Kommunen, die neben freier Verpflegung noch viele Dienstleistungen anbieten, sind aber in der Minderheit. Der Trend in den letzten Jahren ging dahin, den Anteil der freien Versorgung auf die freie Verpflegung, die freie Krankenpflege, die freie Versorgung der Mutter bei der Geburt des ersten und zweiten Kindes, die Unterbringung alleinstehender älterer Mitglieder, sowie die freie Bestattung zu beschränken[150]. Entsprechend erhöhte sich der Lohnanteil des Einkommens. Während im ersten Jahr der Kommunebewegung häufig nur ca. 30 vH als Lohn und 70 vH für die freie Versorgung angerechnet wurden, veränderte sich dieses Verhältnis in den meisten Kommunen schon 1959 auf 50 : 50, und heute werden fast überall 70 vH und mehr des errechneten Konsumanteils des Ertrages der Produktions-

---

[146] Entsprechend den drei Hauptanbaugebieten.
[147] Vgl. Art. 6 der Mustersatzung.
[148] Diese Regelung war bis zum Sommer 1968 in Kraft, wobei die Anstrengungen der Planer dahin gehen, das Einkommen der Gruppen auf dem der ärmeren Produktionsgruppen zu egalisieren und die „reicheren" Gruppen zu verstärkten Leistungen bei der Kapitalakkumulation heranzuziehen. Vgl. z. B. Renmin Ribao, Peking, vom 27. 5. 1966.
[149] Renmin Ribao, Peking, vom 18. 6. 1958.
[150] Renmin Ribao, Peking, vom 20. 10. 1961.

gruppen als Geld-Lohn ausgeschüttet[151]. Während damit über die Besserung der Reallohnverhältnisse noch nichts gesagt ist, entspricht der gesunkene Anteil der freien Versorgung nur zu einem Teil dem kommunistischen Prinzip „Jedem nach seinen Bedürfnissen". Dieser Anteil ist größer als ein entsprechender Anteil bei der Entlohnung in der Sowjetunion. Es muß auch angemerkt werden, daß für die Höhe dieser Versorgung nicht die individuelle Einschätzung, sondern letztlich die Entscheidung der Kommunefunktionäre maßgeblich war. Vielmehr wurde die individuelle Konsumtion auf einem sehr niedrigen Niveau weitgehend egalisiert. Bemerkenswert ist, daß lediglich bei diesem freien Versorgungsanteil ein Ausgleich für die Kopfzahl der Familie gewährt wurde. Die Landarbeiter sollten auf diese Weise den Unterschied der sozialistischen und „kapitalistischen" Lohnbestandteile zu spüren bekommen. Wesentliche Neuerung gegenüber den landwirtschaftlichen Genossenschaften ist neben dieser freien „Versorgung" vor allem die persönliche Verrechnung der Arbeitspunkte, die nicht mehr dem Familienkollektiv gutgeschrieben, sondern an den einzelnen Arbeiter ausgezahlt werden. Neben verstärkten kollektiven Zügen zeigt dieses System daher auch einen stärkeren individuellen Leistungsanreiz, als dies in den landwirtschaftlichen Genossenschaften der Fall war.

5.4.3 *Eigentumsformen*

Bei der Gründung der Kommunen haben die landwirtschaftlichen Genossenschaften ihr genossenschaftliches Eigentum übertragen. In den Kommunen wird daher zwischen Kommune- und Volkseigentum (Staatseigentum), Kollektiv- und Privateigentum unterschieden. Das wichtigste Eigentum in den Kommunen ist das Kollektiveigentum, das auf den Ebenen der Produktionsbrigaden und der Produktionsgruppen konzentriert ist und das Ackerland, Waldbesitz, Vorratslager, Fischteiche, landwirtschaftliche Maschinen, kleine gewerbliche Betriebe, Handelsgesellschaften sowie auf der Ebene der Produktionsgruppen allein die Kantinen mit deren Küchengärten und Versorgungsbetrieben sowie die Sozialen Einrichtungen umfaßt. In staatlichem Eigentum sind die größeren, im staatlichen Plan erfaßten Industriebetriebe, die größeren, mit staatlicher Hilfe beschafften Maschinen, Straßen, Gleisanschlüsse und größere Bewässerungsanlagen sowie Gebäude, die von den Kommunen errichtet wurden. Das Privateigentum an Wohnhäusern, privaten Küchengärten, kleineren Obstbäumen, kleineren Geräten und der privaten Haustierzucht ist gering.

Die Unterscheidung von Staats- und Kollektiveigentum ist nicht nur formal. Bei staatlichen Betrieben ist der Leiter ein staatlich ernannter Funktionär; meist ein „Kandidat" der örtlichen Parteiorganisation. Die

---

[151] Guang Ming Ribao, Peking, vom 15. 8. 1965.

Die Stadien der Kollektivierung in der chinesischen Landwirtschaft

Zeitraum	Organisationsform	Art der Unternehmungen	Durchschnittl. Anzahl von Haushalten und durchschnittl. Landbesitz	Form des Eigentums	Einkommen der Bauern oder Mitglieder
vor 1950	Einzelwirtschaft	individuelle Landwirtschaft, geringe gegenseitige Hilfe nur im Klan, Hauswirtschaft	∅-Landbesitz im Norden 0,31 ha, im Süden 0,087 ha je Kopf	reines Privateigentum der Familie	Haushaltseinkommen der Familie nach kollektiver Leistung auf eigenem Boden
1950–1955	Vereinigung der Gegenseitigen Hilfe	saisonale und später längerfristige Nachbarschaftshilfe für die Landwirtschaft	wechselnd, 6–15 Haushalte, ∅-Landbesitz keine Angaben	Privateigentum der Familie, gemeinsame Nutzung von Zugvieh und landw. Gerät	Haushaltseinkommen aus der Produktion auf eigenem Boden
1952–1956	Landwirtschaftliche Produktionsgenossenschaft	landwirtschaftliche Produktion, wenig Nebengewerbe, Vieh- u. Forstwirtschaft, wenig Wasserbau	schwankend von 10 bis 50 Haushalten, ∅-Landbesitz 37,5 ha	privates u. genossenschaftliches Eigentum, gemeinsames Eigentum an Boden, Großvieh u. Gerät, daneben privates Hofland.	Haushaltseinkommen aus der Verzinsung der Genossenschaftsanteile und Verrechnung der Arbeitsleistung (Lohnanteil)
1953–1958	Fortgeschrittene Landwirtschaftliche Produktionsgenossenschaft (Sozialistische Genossenschaft)	landwirtschaftliche Produktion, größeres Nebengewerbe, kleinere agrotechnische Projekte	100–160 Haushalte, Unterteilung in Arbeitsgruppen zu je 10 Haushalte, ∅-Landbesitz 153 ha (Mitte 1958)	kollektives (genossenschaftl.) Eigentum an Boden, Großvieh u. Gerät, nur geringes privates Eigentum an Küchengärten, Kleinvieh u. Obstbäumen beim Haus	Einkommen des Haushalts aus dem gemeinsamen Arbeitseinsatz, keine oder nur geringfügige Verrechnung der Genossenschaftsanteile
1958–1959	Volkskommune	landwirtschaftliche Produktion, Vieh- u. Forstwirtschaft, Fischerei, Nebengewerbe, lokale Industrie, große agrotechnische Projekte, Verschmelzung mit staatlicher Verwaltung, Handel, Transport, soziale u. medizinische Versorgung, Ausbildung, Verteidigung (Miliz), u. a.	mehr als 5000 Haushalte, Unterteilung in Brigaden u. Arbeitsgruppen, Arbeitsgruppen zu etwa 15 Haushalten, ∅-Landbesitz der Kommune 4565 ha (Mitte 1959)	geringes staatliches Eigentum an höheren Schulen, Werkstätten, Fabriken u. ä., kollektives Eigentum an Bewässerungseinrichtungen, Versuchsbetrieben, landw. Maschinen u. ä., Brigade-Eigentum am Boden, Vieh, landw. Geräten, kollektives Produktionsgruppen-Eigentum an Zugvieh u. Geräten, Ställen, Scheunen, Kinderkrippen u. ä., geringfügiges privates Eigentum an Küchengärten, Obstbäumen, Kleinvieh	Individuelles Arbeitseinkommen der Kommunemitglieder, 50 bis 75 vH des Einkommens als freie Versorgung mit Nahrung, Kleidung etc., der Rest als Arbeitslohn direkt an die Mitglieder verrechnet nach der Arbeitsleistung, Kompensation für Kinder und Arbeitsunfähige, Rechnungseinheit ist die Kommune
nach 1959	Revidierte Volkskommune	wie oben, aber stärkere Betonung der Landwirtschaft, stärkere Erschließung von Grenzböden in den Kommunen, verstärkte Intensivierung durch mehr Bewässerung, Mechanisierung, Anwendung von Handelsdünger usf.	über 1600 Haushalte, mit ∅ 9 bis 10 Brigaden u. ∅ 7 Arbeitsgruppen je Brigade in jeder Kommune, etwa 170 Haushalte je Brigade und 24 je Arbeitsgruppe, ∅-Landbesitz je Kommune etwa 1380 ha, je Brigade etwa 145 ha, je Arbeitsgruppe etwa 20 ha	wie oben, etwas größeres privates Eigentum als in den Jahren 1958/59 und bessere Verfügungsmöglichkeiten, keine weitere Ausdehnung des staatlichen Eigentums in den Kommunen	Individuelles Arbeitseinkommen der Kommunemitglieder, freie Versorgung stark eingeschränkt auf etwa 25 vH des Einkommens, der Rest als Geldeinkommen nach der Arbeitsleistung, Kompensation wie oben, Rechnungseinheit wird zunächst die Brigade und ab Anfang 1961 die Produktionsgruppe

Mitwirkung der Arbeiter bei der Verwaltung der Betriebe ist begrenzt[152], die Entlohnung erfolgt nach dem vom Staat verkündeten Tarif. Arbeiter in staatlichen Betrieben erhalten zusätzlich einige Vergünstigungen, evtl. einige Tage Urlaub; die Arbeit erfolgt im Wochenturnus. Sie sind an der von der Gewerkschaft verwalteten Alters- und Krankenversicherung beteiligt[153]. Liegt das Risiko hier beim Staat, so wird es im Falle des Kollektiveigentums von den Mitgliedern des Kollektivs getragen. Sie wählen aus ihrer Mitte — zumeist gleichfalls ein Mitglied oder einen Vertrauensmann der Partei — einen Leiter, und sie werden aus dem Ertrag des Kollektivs entlohnt. Zwar hat der Staat die Möglichkeit, durch Manipulierung der An- und Verkaufspreise die Höhe der Einkommen zu beeinflussen, jedoch ist der Ertrag in erster Linie von der Witterung und der Arbeitsleistung des Kollektivs — der Produktionsgruppen — abhängig. Im Laufe der Zeit wird mit zusätzlicher Kapitalbildung das Kommuneeigentum zunehmen. Der angestrebte Zeitpunkt des vollständigen Übergangs des kollektiven Eigentums in Staatseigentum wird teils unterschiedlich teils umschrieben erwähnt und für die Zeit nach dem dritten Fünfjahrplan oder um 1975 angenommen[154].

Teilweise haben die Kommunen auch Eigentum an Wohnhäusern der Mitglieder, d. h. an unproduktiven Anlagen. Das ist überall dort der Fall, wo anstelle baufälliger Hütten neue — meist zweistöckige — Reihenhäuser gebaut wurden. Die Bewohner dieser Häuser zahlen, wie überall in staatlichen Wohnungen in China, durchschnittlich 5 vH ihres Jahreseinkommens als Miete.

5.4.4 *Handel und Finanzen der Kommunen*

Der ländliche Handel war in China bis in das letzte Jahrzehnt hinein äußerst schwach entwickelt. Die große Zahl der Handelsunternehmen, noch 1955 „viele Millionen" privater Händler[155], ist typisch für unterentwickelte Länder, das Umsatzergebnis der einzelnen Handelseinheit war stets sehr gering. Nach FEI kamen nur zwischen 5 und 35 vH der Gesamternte auf den Markt, wobei „weder Verkäufer noch Käufer einen Überblick über die Preise und die Angebots-Nachfrageposition hatten"[156]. Der größte Teil des Angebots an landwirtschaftlichen Produkten kam aus den

---

[152] Vgl. hierzu C. *Hoffmann*: „Workincentive Practices and Policies in the People's Republic of China 1953—1965." New York 1967.

[153] Hinzu tritt das „freiere" Leben in den Städten, die bessere kulturelle Betreuung und die größere soziale Mobilität. Jedoch sind auch die Lebenshaltungskosten in den Städten höher.

[154] Vgl. z. B. die Wuhan Resolution des ZK, vom Dezember 1958. Renmin Ribao, Peking, vom 12. 12. 1958.

[155] *Hsueh Mu-chiao, Su, Lin:* „The Socialist Transformation...", l. c. S. 138 ff.

[156] *Fei Hsiao-tung:* „Peasant Life in China." London 1939, S. 240.

Erträgen der Naturalpacht, was zu einem stoßartigen Angebot zu den Zeiten der Haupternte mit entsprechend starken Preisschwankungen führte. Die Nachfrage in den Städten hatte wegen der schlechten Verkehrsverbindungen nur geringen Einfluß auf die entfernteren ländlichen Handelsplätze. Die Reaktion der Produzenten auf tatsächlich auftretende Preisänderungen war daher nur sehr gering, die Bedarfssituation des „subsistence"-Haushalts bestimmte den Anbauplan. Um die Versorgung der rasch wachsenden Städte zu gewährleisten, den Verpflichtungen aus dem Außenhandel nachkommen zu können und die Rohstoffe für die Leichtindustrie bereitzustellen, mußte der Staat an einer raschen Vergrößerung des Marktanteils interessiert sein. Voraussetzung hierfür waren ein gut funktionierendes Markt- oder Ankaufs- und Verteilungssystem sowie der Ausbau des Verkehrsnetzes.

Zur Zeit der Gründung der Volkskommunen war die Vergesellschaftung des Handels in der Form staatlicher und genossenschaftlicher Handelsorganisationen für den Groß- und Einzelhandel abgeschlossen.

Für die Waren der I. Kategorie, des „geplanten Ankaufs", besteht heute wie bei industriellen Erzeugnissen eine Ablieferungspflicht, die seit 1953 durch ein Vertrags- und Quotensystem mit den staatlichen Handelsorganen geregelt wird. Zur I. Kategorie gehören Getreide, Baumwolle, einige Futtergetreide und landwirtschaftliche Rohstoffe für die Leichtindustrie sowie Ölfrüchte. Entsprechend gibt es seit dieser Zeit eine Rationierung für Grundnahrungsmittel und Speiseöl[157].

Waren der II. Kategorie, des „einheitlichen Ankaufs", darunter Zucker, Tabak, lebende Schweine, Wolle, Seidenkokons, Häute und Felle werden nach einem Vertragssystem von den Handelsgenossenschaften an den staatlichen Handel verkauft.

Lediglich die Waren der III. Kategorie, wie Frischnahrungsmittel, Eier, Gemüse, Gegenstände des täglichen Bedarfs wie Sandalen, und Hüte aus Stroh, können „frei" verkauft werden.

Ende 1957 waren die staatlichen Handelsorgane, bis dahin straff zentralisiert, den örtlichen Behörden bis auf die xiang-Ebene unterstellt und im Herbst 1958 mit den Handelsabteilungen der Kommunen verschmolzen worden. Allerdings behielten die Handelsabteilungen oder Handelsgenossenschaften auch innerhalb der Kommunen eine gewisse Selbständigkeit[158]. Zur gleichen Zeit war der Katalog der Waren der I. Kategorie von 417 auf 132 Positionen verkleinert worden, entsprechend vergrößerte sich der Katalog der Waren des einheitlichen Ankaufs[159].

---

[157] Renmin Ribao, Peking, vom 10. 11. 1953.
[158] So findet man auch im Sommer 1968 noch beide Bezeichnungen in der Presse, d. h. Handelsabteilung und Handelsgenossenschaft.
[159] Renmin Ribao, Peking, vom 5. 10. 1958.

Die neuen Handelsabteilungen der Kommunen haben eine doppelte Funktion. Sie sind, mit ihren Filialen in den Brigaden und Produktionsgruppen, Organe der Kommune für den Ankauf und die Verteilung von Waren und zugleich auch unterste Ebene der staatlichen Handelsorgane. Sie sollen ihr Personal und ihr Vermögen auf die Kommune übertragen, in bezug auf die Preispolitik, die Pflichtablieferungen der Kategorie I und das Umlaufvermögen der Kontrolle der übergeordneten staatlichen Stellen unterstehen und gemeinsam mit der Kommuneverwaltung für die Erfüllung des finanziellen Plans und eine bestimmte Höhe des Profits verantwortlich sein[160]. Daneben sollen sie die ständig oder periodisch stattfindenden „freien" Märkte überwachen.

Grundsätzlich wird auch in der chinesischen Planwirtschaft ein längerfristig stabiles Preisniveau angestrebt. Bei der Preisbildung sollen die Selbstkosten (in erster Linie Arbeitskosten) die Preise der Substitutionsgüter und die Marktentfernungen der Produktionsstandorte Berücksichtigung finden. In einzelnen Fällen war daher eine elastische Anpassung durchaus möglich. Soweit es sich ziffernmäßig belegen läßt, sind die Groß- und Einzelhandelspreise für landwirtschaftliche Güter nur langsam angestiegen[161]. Um die landwirtschaftliche Produktion zu fördern, sind seit 1956 die Ankaufspreise der I. und II. Kategorie erhöht worden, während mit rasch steigender Arbeitsproduktivität und sinkenden Selbstkosten die Preise für industrielle Güter laufend herabgesetzt wurden[162]. Langfristig wurde seit 1956 eine Begünstigung der Landwirtschaft durch diese Preisgestaltung angestrebt. Eine weitere Preisaufbesserung für die Waren dieser beiden Kategorien erfolgte nach Besserung der wirtschaftlichen Lage im Jahre 1963 bei gleichzeitiger Lockerung der Rationierung[163]. Die Preis- (und Steuer-)Anpassungen sollten infolge der sich rasch verändernden Struktur in Zeiträumen von drei bis fünf Jahren erfolgen; dies geschah 1952, 1957 und in gewissem Ausmaß 1963. Die langdauernde Konstanz der Preisgestaltung, wie sie aus der Sowjetunion bekannt ist, hat es in China nicht gegeben. Auch hat es über die „Preisschere" zwischen Landwirtschaft und Industrie niemals eine derartig starke Benachteiligung der Landwirtschaft gegeben[164].

Im Laufe der Kommunalisierung, vor allem im ersten Jahr, kam es auf dem Lande zu einer erheblichen Umschichtung in der Nachfragestruktur. Gewisse Waren, wie z. B. Küchengeräte, wurden nur noch wenig nach-

---

[160] Vgl. Art. 15.
[161] Vgl. „Ten Great Years", l. c. S. 170/172.
[162] Die Ankündigung erfolgte schon auf dem 8. Parteitag der KPCh im Referat von *Chen Yün.* Vgl. „Eighth National Congress...", l. c. Vol. II.
[163] Da Gong Bao, Peking, vom 27. 9. 1964.
[164] Vgl. S. *Ishikawa:* „National Income and Capital Formation in Mainland China." Tokio 1965, S. 10 ff.

gefragt, andere Güter, wie Thermosflaschen, Uhren aller Art, wurden dringender benötigt. Der Lebensmittelhandel fiel dort, wo ganze Produktionsgruppen und Brigaden in den Kantinen aßen, praktisch ganz fort. Andererseits wurden viele Konsumartikel nachgefragt, die früher von den Bauern selbst hergestellt worden waren. Es dauerte einige Zeit, bis sich die Handelsorgane dieser Umschichtung in der Nachfragestruktur angepaßt hatten; andererseits hatten die Kommunearbeiter nun mehr Freizeit, so daß ein Teil der häuslichen Selbstversorgung wiederauflebte.

Die Schwierigkeiten bei der Verteilung und Mangel an qualifiziertem Personal haben die Integration der staatlichen Handelsorgane in die Kommuneorganisation in einigen Gebieten sehr lange hinausgezögert. Bis heute gibt es Berichte über ein Nebeneinander von kommunalen Handelsorganisationen und Filialen staatlicher Handelsorgane[165].

Weitere Aufgabe der Handelsabteilungen ist die Verrechnung der Leistungen innerhalb der Kommune und die Abführung der Steuern. Aus diesem Grunde ist ihnen die Buchhaltungsabteilung zumeist direkt angegliedert.

Der Gründung der Kommunen war im Juni 1958 eine Steuerreform vorausgegangen[166]. Sie brachte eine Vereinheitlichung der Landwirtschaftssteuer und der Nebensteuern, einfachere Erhebungsrichtlinien und eine Senkung auf 15,5 bis 25 vH des „normalen Ertrages" bei proportionalem Tarif[167]. Die Steuer wird zu über 90 vH in Naturalien eingezogen.

Steuerpflichtig sind nun aber nicht mehr die Familien, sondern die landwirtschaftlichen Genossenschaften und anschließend die Brigaden der Volkskommunen. Die Steuer wird, nach vorheriger Schätzung, nach der Ernte an die Verwaltung des hsien abgeführt. Im Falle von Ernteschäden, durch Dürren oder Überschwemmungen, wird ein Nachlaß gewährt. Die durchschnittliche Steuerbelastung der gesamten Landwirtschaft einschließlich landwirtschaftlicher Nebensteuern betrug 1950 = 12,3 vH; 1953 = 13,2 vH; 1955 = 11,7 vH und 10 vH im Jahre 1958. Seither ist die Steuer weiter ermäßigt worden[168].

Die tatsächliche Belastung der Landwirtschaft ist aber nur abzuschätzen, wenn man neben der Landwirtschaftssteuer auch die übrigen Belastungen, wie z. B. Kriegs- und Anbauanleihen berücksichtigt sowie die Preisdifferenz zwischen den (zwangsweise und frei) an den Staat verkauften (und evtl. in Form von Saatgut zurückgekauften) landwirtschaft-

---

[165] Vgl. „Ten Great Years", l. c.
[166] Vgl. G. N. *Ecklund*: „Financing the Chinese Government Budget Mainland China, 1950—1959." Chicago 1966, S. 43 ff.
[167] Ebenda.
[168] Renmin Ribao, Peking, vom 15. 9. 1962.

lichen Produkten und den nachgefragten Gütern des täglichen Bedarfs und Produktionsgütern aus dem industriellen Sektor. Neuere Untersuchungen zu diesem Thema[169] bestätigen die schon oben getroffene Feststellung einer zunehmenden Begünstigung des landwirtschaftlichen Sektors.

Die Bedeutung der Landwirtschaftssteuer innerhalb des Gesamtertrags geht aus folgender Übersicht der Ch'a-ya-shan Kommune in der Provinz Honan hervor: Der Gesamtertrag der 26 Produktionsbrigaden (ohne die industriellen und Handelsabteilungen der Kommune) betrug im Jahre 1959 11,209 Mill. yuan, der reine landwirtschaftliche Ertrag 10,200 Mill. yuan (oder 91 vH), der Rest entfiel auf den Ertrag industrieller Unternehmungen, des Transportwesens und sonstiger Nebengewerbe der Produktionsbrigaden. Nach Abzug von 2,353 Mill. yuan (21 vH) Kosten für Produktionsmittel, Kapitalverzinsung usf. und einer Zuweisung von 2,018 Mill. yuan (18 vH) an den Reservefonds und 0,336 Mill. yuan an den Wohlfahrtfonds der Kommune wurden 0,785 Mill. yuan (7 vH) landwirtschaftliche Steuer gezahlt. Dem Konsumtionsfonds wurden 5,717 Mill. yuan zugewiesen, das ergibt ein durchschnittliches Einkommen von 130,27 yuan pro Vollarbeitskraft oder etwas über 600 yuan pro Familie[170].

Dieses Einkommen differierte aber zwischen den einzelnen Arbeitsbrigaden sehr stark, es schwankte in dieser Kommune zwischen 220,4 und 82,0 yuan je Arbeiter. Entsprechend mußten von der Kommune Ausgleichszahlungen geleistet werden, was durch eine Variation der Abgabesätze (zwischen 15 und 21 vH) an den Reserve- und Wohlfahrtfonds der Kommune geschah. In dieser Verrechnung ist kein Anteil für die Rücklage an den Getreidefonds angegeben. Er beträgt in anderen Kommunen durchschnittlich 7 vH des Gesamteinkommens und wird zur Akkumulation gerechnet[171].

Da bei der Angabe des Anteils der Konsumtion (im obigen Beispiel 51 vH) auf die Wuhan-Resolution des ZK Bezug genommen wird, kann man dieses Beispiel als typisch für die Zeit ab Mitte 1959 ansehen. Ob derartige Ergebnisse in den folgenden Jahren überall erwirtschaftet werden konnten, ist hingegen fraglich. Der Trend dürfte in den Jahren bis 1966 jedoch auf eine Steigerung der Konsumquote gezielt haben. In den ersten Tagen der Kommune war der individuelle Konsum auf den Satz von 23,8 vH in der Kommune „Sputnik" und auf 17 vH in einer anderen Musterkommune in der Provinz Hopei herabgedrückt worden[172].

---

[169] Vgl. A. M. *Tang:* „Policies and Performance in Agriculture", S. 45 ff. In: A. *Eckstein*, W. *Galenson*, *Ta-chung Liu*: „Economic Trends in Communist China." Chicago 1968.
[170] Da Gong Bao, Peking, vom 15. 6. 1959.
[171] Renmin Ribao, Peking, vom 3. 8. 1962.
[172] Da Gong Bao, Peking, vom 15. 6. 1959.

Seither ist die Verrechnung zwischen den Produktionsgruppen und den Brigaden und Kommunen insofern komplizierter geworden, als die Ausgleichszahlungen jetzt auch zwischen den einzelnen Arbeitsgruppen getätigt werden müssen. Neuere Untersuchungen deuten auf geringere Beiträge zur Kapitalakkumulation und eine größere Konsumrate hin, die jetzt durchschnittlich über 60 vH zu liegen scheint[173]. Das Durchschnittseinkommen der Kommunearbeiter liegt aber weiterhin zwischen 35,— und 50,— yuan und hat sich damit nominell seit den Tagen der Kommunegründung nicht erhöht[174]. Allerdings sind in diesen Zahlen nur die Einkommen aus der kollektiven Arbeit enthalten; die Verdienstmöglichkeiten aus den privaten Nebenwirtschaften sind jedoch seit dieser Zeit wieder besser geworden. Die Aufbesserungsmöglichkeit des Familieneinkommens durch derartige Zusatzeinkünfte gleicht bis zu einem gewissen Grad den Rückstand der ländlichen Einkommen gegenüber den städtischen Industriearbeiterlöhnen aus[175].

5.4.5 Planung in der Landwirtschaft

Eine für die Landwirtschaft günstige Witterung läßt sich nicht vorausplanen. Insofern ist die Landwirtschaft zwangsläufig ein „ungeplanter" Bereich der chinesischen Volkswirtschaft. Die Erfassung der Getreide- und Rohstofflieferungen an die staatlichen Handelsorgane und Betriebe, die Außenhandelsorgane etc. erfolgt in China, wie in anderen zentral geplanten Ländern, in der Form von Verträgen, die zwischen den Kommunen und den xian-Behörden, zwischen einzelnen Kommunen sowie innerhalb der Kommunen zwischen den Produktionsgruppen und Brigaden abgeschlossen werden.

Die direkte Planung betrifft seit der Dezentralisierungsmaßnahme von 1957/58 nur die kommuneeigene Industrie, soweit sie von den staatlichen Plänen erfaßt ist und nicht ausschließlich für den örtlichen Bedarf arbeitet. Außerdem sind in den staatlichen Plänen nur wenige Produkte der Kategorie I genannt.

Für diese Waren gilt der vom Staatsrat zu genehmigende Plan als bindende Verpflichtung, während die anschließend abzuschließenden Verträge mehr formalen Charakter haben.

Für die Güter der Kategorien II und III stellen die einzelnen Verwaltungsebenen der Kommune in Zusammenarbeit mit deren Planabteilung

---

[173] H. *Marchisio*: „Les Systèmes de Rénumération dans les Communes Populaires". S. 69 ff. In: C. *Bettelheim*, J. *Charrière*, H. *Marchisio*: „La construction du socialisme en Chine". Paris 1965.
[174] Ebenda, S. 83.
[175] 60,— bis 90,— yuan, vgl. Ch. Hoffmann: „Work Incentive Practices and Policies in the People's Republic of China, 1953—1965." New York 1967. S. 115 ff.

eigene Pläne nach Richtlinien der Provinz- und xian-Verwaltungen auf. Nach den Kennziffern dieser Pläne schließt die Handelsabteilung der Kommune im Namen der einzelnen Gliederungen für alle Güterkategorien Lieferverträge mit anderen Kommunen oder den staatlichen Handelsorganen des xian ab[176]. Die spezifizierten Verträge enthalten in Menge und Qualität und Terminen festgelegte Liefer- und Abnahmegarantien, sie beinhalten teilweise auch die Lieferung von Vorprodukten oder Rohmaterial sowie Vorauszahlungen für die Produktionskosten[177]. Andererseits sind Strafen für nicht vertragliche Lieferung vorgesehen.

Die Zusammenfassung der Handelsorgane auf der Ebene der Kommune begünstigte die Rationalisierung der staatlichen Handelsorganisation. Der Staat hatte für die Erfassung der landwirtschaftlichen Produkte nicht mehr 740 000 landwirtschaftliche Genossenschaften, sondern nur noch rund 75 000 Handelsabteilungen der Kommunen zum Partner. Der Überblick, die Kontrolle des Staates über die landwirtschaftlichen Produzenten, und in erster Linie die Möglichkeit des Zugriffs auf den Marktbeitrag und den Akkumulationsfonds wurden durch die Kommunisierung erleichtert.

Die Planerstellung beginnt in der Produktionsgruppe als der untersten Einheit, die an der Planung innerhalb der von der Kommune verkündeten Ziele teilnimmt. Die Verträge werden nach Massenversammlungen auf allen Kommuneebenen abgeschlossen, die jedoch mehr deklamatorischen Wert haben. Zweck dieser Versammlungen ist es, den Arbeitseifer der Bauern anzufeuern und genügend hohe Planziele, der die Mehrheit der Landarbeiter „zugestimmt" haben, vertraglich festzulegen. Die vertraglich vereinbarten Mengen sollten so geartet sein, daß eine Erfüllung unter normalen Bedingungen (dem normalen Durchschnitt der letzten Erntejahre entsprechend) gewährleistet und ein genügend großer „Anreiz" zur Übererfüllung gegeben ist. Durch die Teilnahme an den Versammlungen zum Vertragsabschluß soll außerdem das „sozialistische Bewußtsein" der Kommunemitglieder gehoben und erreicht werden, daß sie die kollektiven Ziele der Produktionseinheit als eigenes, konkretes individuelles Ziel betrachten. Neben den Produktionsplänen stellen die Planungsabteilungen und Ausschüsse der Kommuneebenen zusätzliche Finanzpläne, Arbeitseinsatzpläne und spezielle Investitionspläne für die Verwendung des Reservefonds auf[178]. Die Formulierung neuer Pläne erfolgt monatlich und jährlich.

---

[176] Da Gong Bao, Peking, vom 21. 8. 1959.

[177] Diese Abnahmegarantie und die Vorauszahlungen werden häufig in der Presse als Errungenschaft der Kommunen genannt, obwohl diese Art der Verträge auch schon vorher bestanden. Die vorherige Preisfixierung und andere Vorausleistungen geben den Planern der Produktionseinheiten allerdings eine größere Sicherheit beim Übergang zu größeren industriellen Vorleistungen.

[178] Da Gong Bao, Peking, vom 11. 12. 1960 (über die finanzielle Arbeit der Finanz-Abteilungen).

5.4.6 Modernisierung der Landwirtschaft

Im ersten Fünfjahrplan (1953–1957) war die Aufmerksamkeit der chinesischen Wirtschaftsplaner auf die Industrie, besonders die Schwerindustrie sowie auf die „sozialistische Umgestaltung" der Landwirtschaft gerichtet, konzentrierte sich also auf die Organisationsform. Die soziale Transformation wurde zwar immer mit der notwendigen technischen Umwandlung der Landwirtschaft begründet, der einer Neuorganisation vorauszugehen habe. Die Modernisierung der Landwirtschaft erfolgte nur sehr zögernd und langsam.

Zwar gelang es, die Produktion der wichtigsten Agrarerzeugnisse – für asiatische Verhältnisse sehr rasch – zu steigern und bald Vorkriegsergebnisse zu erreichen. Diese Ergebnisse sind jedoch in den ersten drei Jahren mehr durch extensive Arbeitsweise und die nach langen Jahren des Bürgerkrieges einsetzende Wiedererholung erzielt worden, später dann fast ausschließlich durch zusätzlichen Einsatz des Faktors Arbeitskraft. Die zunehmende Intensivierung wurde von einer unbefriedigenden Entwicklung der Arbeitsproduktivität begleitet.

In dieser Zeit lebte die wirtschaftliche Diskussion über die Modernisierung der Landwirtschaft im Zusammenhang mit der Rede von Mao Tsetung „Über die Vergenossenschaftlichung der Landwirtschaft" Mitte 1955 und den Diskussionen des VIII. Parteitags der KPCh erneut auf, als deren Ergebnis das „Programm für die Entwicklung der Landwirtschaft in der Volksrepublik China 1956–1967" vom ZK der KPCh veröffentlicht wurde[179]. Dieses Programm wurde dann über zwei Jahre in den verschiedensten Partei- und Fachgremien diskutiert, mehrfach geändert und in einer revidierten Fassung vom Herbst 1958 und einigen Ergänzungen im Frühjahr 1960 vom Nationalen Volkskongreß angenommen[180].

Zwar steht auch in diesem Programm der Ausbau und die Festigung der Kollektivwirtschaft an erster Stelle – was bei den organisatorischen Schwierigkeiten, die bis heute in den Kommunen bestehen, auch nicht verwunderlich ist. Den Kern dieses langfristigen Programms aber bildet Punkt 4, in dem ein Katalog von Maßnahmen für eine Steigerung der landwirtschaftlichen Produktion aufgeführt wird, der im einzelnen umfaßt: Wasserbau, Düngerverwendung, Verwendung besseren Geräts, Verwendung besseren Saatguts, Ausdehnung der Gebiete mit mehrfachen jährlichen Ernten, verstärkte Ausdehnung der Reisanbauflächen, allgemeine Verbesserung der Anbaumethoden, Verbesserung der Böden, Verhinderung der Bodenerosion, Schutz und Aufzucht von Zug- und Haustieren,

---

[179] National Programme for Agricultural Development 1956–1967. Revised ed. Peking 1960. Vgl. die Einleitung von *Tan Chen-lin*, S. 30 ff.
[180] Infolge der Krise der damaligen Zeit erfolgte die Annahme ohne besondere Publizität.

Bekämpfung von Pflanzenkrankheiten sowie weiter betriebene Neulandgewinnung.

Die einzelnen Punkte wurden dann durch Angabe konkreter Ziele präzisiert, z. B. Steigerung der Produktion von Handelsdünger auf 5 bis 7 Mill. t im Jahre 1962 und 15 Mill. t im Jahre 1967; Verdoppelung der Erträge je *mou*[181] entsprechend den drei natürlichen Anbaugebieten von Nord-, Mittel- und Südchina von 1956—1967. Andere konkrete Planziele, besonders über die Gesamterzeugung bestimmter Produkte, enthält der langfristige Plan nicht; diese Angaben sind in den Angaben für den II. Fünfjahrplan zu finden[182].

Neu an diesem Programm war die Rangordnung der oben zitierten Ziele, deren einzelne Maßnahmen ja zum Teil seit Jahren mit Erfolg praktiziert worden waren und nichts wesentlich Neues darstellten: Bewässerung, Düngung und sorgfältige Pflanzung stehen im Vordergrund, d. h. Steigerung der Erträge je Flächeneinheit, dagegen die Ausdehnung der landwirtschaftlichen Nutzfläche an letzter Stelle. Und stärker als vorher sollen moderne Erkenntnisse der Agrarökonomie angewandt werden. Im Jahr des „Großen Sprunges" wurde dieser — für den praktischen Gebrauch in den Dörfern zu umfangreiche — Katalog zur „*8-Punkte-Charta der Landwirtschaft*" zusammengefaßt[183].

Viele der geplanten oder jetzt intensiver durchgeführten Maßnahmen waren für die chinesische Landwirtschaft richtig und notwendig. Doch war die Annahme, daß sich die einzelnen ertragsteigernden Maßnahmen potenzieren und enorme Produktionssteigerungen zulassen würden, falsch. Denn viele der einzelnen Maßnahmen mußten ohne die Ergänzung durch andere Methoden wirkungslos bleiben, so konnte z. B. eine vermehrte Düngung nur bei vermehrter und kontinuierlicher Bewässerung — und entsprechend vermehrter und verbesserter Pflanzenpflege — Produktionssteigerungen zur Folge haben. Der Erfolg des Programms hing damit wesentlich davon ab, in welchem Umfang zusätzliche Arbeitskraft sowie Kapital (Lieferungen aus dem industriellen Sektor) zur Verfügung gestellt werden konnten.

Die Bereitstellung von Kapital für die Landwirtschaft war in den Jahren des I. und II. Fünfjahrplans zu gering und teilweise ungeeignet[184].

---

[181] Eine völlig irreale Forderung; man vgl. den Abschnitt „Pflanzliche Produktion." (1 mou = 0,15 ha).

[182] Vgl. den Bericht von *Chou En-lai* vor dem Volkskongreß, JMJP, 23. 4. 1958. Dieser Plan ist mehrfach korrigiert, seine Ergebnisse nie vollständig veröffentlicht worden. Angaben über den III. Fünfjahrplan gibt es bisher nicht.

[183] Die 8-fache Form erinnert an die „ba-gua", achtfachen Zauberformeln, die viele Sitten und Gebräuche im traditionellen Dorf bestimmten. Für denjenigen, der nicht der modernen Agrarökonomie vertraute, waren die Maßnahmen durch die Einkleidung in diese bekannte Form häufig akzeptabler.

[184] Ein gutes Beispiel hierfür ist die Einführung des Karrenpfluges, die zunächst

Zwar wurde die Investitionsquote sehr stark bis auf 25 vH gesteigert, von 13,8 Mrd. yuan 1957 auf 31,7 Mrd. yuan 1959, und der Anteil der Landwirtschaft stieg von 7,6 vH auf 9,9 vH. Bei der damaligen Investitionsstruktur flossen von diesem Anteil jedoch ein erheblicher Betrag in die der Landwirtschaft zugerechneten Bereiche Aufforstung, Wasserbau und Meliorationen[185]. Der kurzfristig und im engeren Sinne ertragsteigernde Anteil dieser Investitionen war sehr gering; oder wirkte sich, wie erwähnt, zum Teil sogar ertragsmindernd aus.

Deshalb sollte das traditionelle Anbausystem in erster Linie durch vermehrte Intensivierung rasch verändert werden; d. h. durch vermehrten und noch intensiveren Einsatz des Faktors menschliche Arbeitskraft. Untersuchungen von chinesischer Seite aus der Mitte der fünfziger Jahre deuten darauf hin, daß in dieser Zeit mit einer großen saisonalen und „versteckten" Arbeitslosigkeit auch auf dem Lande gerechnet wurde[186]. Tatsächlich waren aber in dem traditionellen Anbausystem anscheinend keine ertragsteigernden Reserven mehr vorhanden, um mit traditionellen Methoden die Produktion zu erhöhen, nachdem alle Bodenreserven nahezu erschöpft waren. Die annähernde Konstanz der Erträge in den letzten 150 Jahren vor der kommunistischen Machtübernahme deutet darauf hin[187]. Der Aufwand an zusätzlicher Arbeitskraft zur Erzielung zusätzlicher

---

zu einem Mißerfolg in den meisten Gebieten Chinas, vor allem südlich des Yangtse, wurde. Tieferes Pflügen und andere Maßnahmen zur Bodenverbesserung waren schon lange als wichtiger Beitrag zu einer modernen, intensiveren Landtechnik erkannt worden. (Z. B. W. *Wilmanns:* „Die Landwirtschaft", l. c. S. 34). Die alten, primitiven Holzpflüge mit tierischer oder sogar menschlicher Traktion hatte man in den letzten Jahrzehnten mit Metallscharen ausgerüstet. Zu Anfang der fünfziger Jahre wurden in den nördlichen Provinzen mit sowjetischer Hilfe Karrenpflüge eingeführt, zu deren Traktion schwere sowjetische Raupenschlepper dienten. In den teilweise überstauten Feldern der südlichen Provinzen stieß die Einführung des Karrenpfluges in den Jahren 1956/57 jedoch auf den Widerstand der Bauern. Eine Schleppertraktion war damals nicht möglich (leichtere, watende Radschlepper wurden noch entwickelt), und das Pflügen mit einem nun erforderlichen Doppelgespann war in China ungewohnt. Zwar ist durch tieferes Pflügen und schnelleres Arbeiten eine Steigerung der Arbeits- und Flächenproduktivität möglich, jedoch wirkten sich jetzt der stagnierende Bestand an Zugvieh und die nur langsam anlaufende Traktorenproduktion sehr hemmend aus. Die neuen Geräte wurden teilweise nicht eingesetzt, häufig sank die Arbeitsleistung. So wurde festgestellt, daß bis zum Ende des Jahres 1957 nur etwa 12 vH (ca. 13 Mill. ha) nach modernen Methoden bestellt wurden. (Da Gong Bao, Peking, vom 16. 6. 1958).

[185] „Ten Great Years", l. c. S. 55 u. 59.
[186] Viele dieser Untersuchungen leiteten ihre Ergebnisse jedoch vor allem von der damals zu beobachtenden großen Landflucht ab. So wurde festgestellt, daß zwischen 1950 und 1957 über 21 Mill. Menschen in die Städte abwanderten. Vgl. K. C. *Chao:* „Agrarian Policy of the Chinese Communist Party." London 1960, S. 276/77.
[187] D. H. *Perkins:* „Agricultural Development in China 1368–1968." Chicago 1969, S. 13 ff.

Erträge auf Grenzböden wurde ständig größer, d. h. die Grenzproduktivität der Arbeit verminderte sich rasch.

Außerdem wurde aber im Rahmen des „Großen Sprunges" in großem Maßstab eine Umlagerung landwirtschaftlicher Arbeitskräfte auf nichtlandwirtschaftliche Tätigkeiten vorgenommen: In den Zeiten zwischen der landwirtschaftlichen Hauptsaison, zum Teil aber auch ständig, wurden die Landarbeiter in industriellen Kleinbetrieben eingesetzt, z. B. in Eisen- und Zementfabriken, Düngemittelbetrieben, Dorfschmieden u. ä., aber auch für Wasserbauprojekte und zum Ausbau der Infrastruktur[188]. Die Strategie dieser Politik wurde mit dem Slogan „Gehen auf zwei Beinen" umschrieben. Für die Landwirtschaft bedeutete das, daß neben den traditionellen Methoden auch moderne Methoden und Technologien entwickelt werden mußten, und das auch im Bereich der Landwirtschaft, weitgehend aus „eigener Kraft", handwerkliche und industrielle Kleinbetriebe errichtet werden mußten, mit sowohl moderner als auch traditioneller (heimischer) Technologie. Diese Politik sollte eine simultane Entwicklung von Landwirtschaft und Industrie, von Groß- und Kleinbetrieben gewährleisten[189].

Tatsächlich wurden jedoch vor allem der Landwirtschaft neue Lasten aufgebürdet. Der zusätzliche Bedarf an Arbeitskräften sowohl aus den landwirtschaftlichen und nichtlandwirtschaftlichen Programmen überstieg bei dem derzeitigen Stand der Arbeitsproduktivität das freie Potential, das infolge saisonaler Arbeitslosigkeit und Unterbeschäftigung — aber auch durch Rückführung arbeitsloser Städter —, zunächst gegeben sein mochte[190]. Außerdem erbrachten nicht alle zusätzlichen Arbeitseinsätze einen Nettobeitrag zum Nationalprodukt, da neben den — sicher sehr geringen — Aufwendungen für Ernährung und Unterkunft auch die sozialen Folgekosten eingerechnet werden müssen. Schließlich ist die zum Teil überlange Reifezeit der durch Massenarbeit erstellten Kapitalprojekte zu beachten. Regionale und sektorale Fehlentscheidungen bei der Zuweisung der Investitionsmittel waren bei diesem Stand der Entwicklung keine Seltenheit.

Den organisatorischen Rahmen für den massenhaften Arbeitseinsatz sollten die Volkskommunen mit ihren Arbeitsbrigaden und Arbeitsgruppen, sowie mit ihren sozialen Einrichtungen bilden; sie sind die administrative Ergänzung zu dem Programm einer landwirtschaftlichen Modernisierung, wie sie in dem Programm der „Generallinie der Partei"[191] als

---

[188] Eine ausführliche Schilderung dieser nicht-landwirtschaftlichen Aktivitäten gibt M. *Biehl*: „Die Volkskommune im ‚Großen Sprung' und danach." Hamburg 1965.

[189] Eine Darstellung dieser Strategie aus chinesischer Sicht ist zu finden in: *Hsueh Mu-chiao, Su, Lin*: „The Socialist Transformation...", l. c. S. 238 ff.

[190] Vgl. L. A. *Orleans*: „Problems of Manpower Absorption in Rural China." In: The China Quarterly, No. 7 (1961), S. 57 f.

[191] Siehe oben, Abschnitt 4.2.4, S. 52 ff.

auch dem 12-Jahres-Landwirtschaftsprogramm konzipiert war. Die Möglichkeit eines arbeitsteiligen, rationellen Arbeitseinsatzes unter gleichzeitiger rationellerer Verwendung der sonstigen Ressourcen in den verschiedenen Organisationsformen ist unzweifehaft ein wesentlicher Vorteil des Kommuneexperimentes.

Neben den erwähnten Planungsfehlern in der Zeit des „Großen Sprunges", aber auch infolge eines ineffizienten Verteilungs- und Anreizsystems, sowie durch Mängel im Management, geriet die Landwirtschaft im Jahre 1959 in eine schwere Krise. Diese Schwierigkeiten wurden sicherlich verstärkt durch eine Folge von sehr schlechten Erntejahren — bedingt durch sehr ungünstige Witterung in drei aufeinanderfolgenden Jahren[192] — sowie die Einstellung der sowjetischen Hilfeleistungen im Sommer 1960 und die daran anschließenden Umstellungsschwierigkeiten.

Der eigentliche Anlaß für die Krise der chinesischen Landwirtschaft zwischen 1959 und 1963 — die sich sehr rasch auf die gesamte Wirtschaftstätigkeit auswirkte, dürfte jedoch in der übereilten und häufig mit mangelnder Sachkenntnis durchgeführten Veränderung des Gleichgewichts des traditionellen Anbausystems liegen[193]. Die Änderung des Anbausystems durch Einführung neuer, nur regional erprobter Anbaumethoden, unzureichend selektierten und akklimatisierten Saatgutes usf., bei Vernachlässigung örtlicher Bedingungen und traditioneller Verhaltensweisen, *vor allem aber* die völlig unzureichende Kapitalausstattung bei der raschen Veränderung dieses traditionellen Gleichgewichtes, sind die *ökonomischen* Ursachen für die Krisenjahre der chinesischen Landwirtschaft[194].

Es dauerte einige Zeit, bis diese Ursachen von der chinesischen Führung erkannt und korrigiert wurden[195]. Seit dem Beginn der sechziger Jahre wurde die Struktur der Industrie soweit geändert, daß sie verstärkt

---

[192] Über den Einfluß der Witterung auf die asiatische Landwirtschaft siehe S. *Ishikawa:* „Agricultural Crisis in China". In: „Japan Quarterly", Vol. 14, No. 4 (1961), S. 403.

[193] S. *Ishikawa:* „Factors Affecting China's Agriculture in the Coming Decade." Conference Paper, Seattle, Wash. 1967 (Manuskript).

[194] In chinesischen Veröffentlichungen werden zumeist nur die auf S. 52 angeführten Gründe für die wirtschaftlichen Schwierigkeiten der Jahre 1959/61, d. h. das Scheitern des „Großen Sprunges", genannt. Um so mehr muß auf diese eingeplanten ökonomischen Ursachen hingewiesen werden, da gegenwärtig in der Diskussion über die „Grüne Revolution" in den Entwicklungsländern sehr häufig der Eindruck erweckt wird, als sei durch wenige agrartechnische Neuerungen und die Einführung neuer Sorten (z. B. des „Wunder"-Reis IR-8) das traditionelle Agrarsystem rasch zu verändern. Vgl. L. R. *Brown:* „The Agricultural Revolution in Asia." Foreign Affairs, Vol. 46, No. 4, Juli 1968.

[195] Die gleichzeitige Entwicklung von Industrie und Landwirtschaft ist ein wichtiges Gesetz der sozialistischen Wirtschaft unseres Landes. Leitartikel. „Hongqi", No. 22, vom 16. 11. 1960, oder *Liao Lu-yen:* „The Whole Party and the Whole People Go In for Agriculture in a Big Way". Peking, 1960.

der Landwirtschaft dienen kann. Seither gibt es einen wachsenden Strom von Kapitalgütern und anderen industriellen Erzeugnissen in die landwirtschaftlichen Betriebe der Kommunen[196], wie vor allem Handelsdünger, Pumpen, Elektromotore und sonstige Antriebe, sowie Traktoren, Mähdrescher und andere Ausrüstungen. Außerdem wird seit einigen Jahren die Anwendung verbesserten Saatgutes verstärkt gefördert[197]. Damit dürften die technologischen Voraussetzungen für eine *allmähliche* Veränderung des Anbausystems und eine weitere Steigerung der Hektarerträge gegeben sein[198].

5.5 Die Staatsgüter in China

Im Gegensatz zu den Sowchosen der Sowjetunion haben die Staatsgüter in China eine geringere Bedeutung für die landwirtschaftliche Produktion. Im Jahre 1965 bewirtschafteten diese Betriebe mit rd. 3 Mill. Beschäftigten etwa 4,2 Mill. ha, d. h. knapp 4 vH der Ackerfläche. In der Mitte der 60er Jahre erzielten die Staatsgüter auf dieser Fläche etwas über 1 vH des gesamten landwirtschaftlichen Ergebnisses[199].

In China bestehen staatliche Landwirtschaftsbetriebe sehr unterschiedlicher Ordnung und Größenordnung. Die Mehrzahl und zugleich wichtigste Gruppe dieser Staatsgüter, definiert als Träger des „Eigentums des ganzen Volkes", entspricht in ihrer Organisation am weitesten den sowjetischen Sowchosen. Sie unterstehen seit 1956 der direkten Leitung des Ministeriums für „Staatsgüter und Neulandgewinnung"[200].

Daneben gibt es staatliche Betriebe unter der Leitung der Provinz- und hsien-Verwaltungen, während alle sonstigen Betriebe unterhalb der Kreisebene der kollektiven Landwirtschaft zugerechnet werden. Diese etwa 2000 kleinen Betriebe der örtlichen Behörden dienen hauptsächlich als Versuchs-, Saatzucht-, Ausbildungs- und Demonstrationsbetriebe,

---

[196] Diese Veränderungen betrafen nicht nur die Produktionsstruktur der Industrie, d. h. die Begünstigung z. B. der Landmaschinen- und Düngemittelindustrien, sondern auch die Umverteilung der der Landwirtschaft zugeteilten Investitionsmittel von den wasserbautechnischen Großprojekten des Nordens zu direkt und kurzfristig ertragsteigernden Investitionsprojekten, vor allem in den südlichen Reisbauzonen. Zitiert bei D. H. *Perkins*: „Agricultural Development in China, 1368–1968." Chicago 1969, S. 69; s. a.: *Liang Hsi u-feng*: „Die technische Umwandlung von Chinas Landwirtschaft, Schwerpunkte, Fortschritte und Prioritäten." In „Jingji Yanjiu", No. 9, 17. 9. 1963.

[197] *Tai Sung-en*: „Höhere Erträge durch richtige Anwendung besseren Saatgutes". In „Hongqi", No. 1, vom 23. 1. 1963.

[198] Über die Fortschritte auf diesem Gebiet vgl. die Berichte über die Untersuchungen über die Chiang-Xin-Kommune, Kiangsu; und über den Kreis Lin-li, Hunan, in Renmin Ribao, Peking, vom 2. 12. und 15. 12. 1969.

[199] Renmin Ribao, Peking, vom 14. 3. 1964 und vom 19. 9. 1964. Siehe unten.

[200] Bis zu diesem Zeitpunkt unter der Leitung des Landwirtschaftsministeriums.

deren Aufgabe vor allem in der Entwicklung neuer agrarökonomischer und technischer Methoden, der Auswahl neuen Saatgutes, und deren Anpassung an örtliche Bedingungen besteht. Die Verbreitung dieser Methoden unter den umliegenden Kommunen erfolgt durch Propagandatrupps oder durch Besuche der Kommunearbeiter auf den Demonstrationsfeldern dieser Betriebe[201]. Daneben existieren besondere landwirtschaftliche Betriebe zur ausschließlichen Versorgung bestimmter Fabriken der Leichtindustrie, z. B. der Konservenindustrie. Im Rahmen der nach 1960 weit propagierten „Selbstversorgung" und der „Verbindung von geistiger und körperlicher Arbeit" haben sich größere Schulen, Universitäten und andere öffentliche Institutionen ebenfalls landwirtschaftliche Betriebe angegliedert. Schließlich gibt es eine Anzahl von Staatsgütern unter der Aufsicht des „Innenministeriums" und des „Ministeriums für öffentliche Sicherheit"[202], der „Kommission für die Überseechinesen"[203], sowie die staatlichen Betriebe unter der Aufsicht des „Forstministeriums"[204].

Eine Aufgabe der großen Staatsgüter (unter der Verwaltung der erstgenannten zentralen Ministerien) ist die Erschließung neuen Ackerlandes. Sie liegen in den Randgebieten des chinesischen Kulturlandes, vor allem in den Provinzen des Nordens, des Nordwestens und der Provinz Yünnan. Dort sollen noch größere Ödlandreserven vorhanden sein, die mitunter auf 50 bis 100 Mill. ha geschätzt werden[205]. Diese Gebiete sind zugleich strategisch wichtige, jedoch dünn besiedelte Grenzräume, zumeist Siedlungsgebiete nicht-chinesischer Minderheiten. Die zweite Aufgabe der

---

[201] Technische Forschung muß mit Demonstration koordiniert werden. Renmin Ribao, Peking, Leitartikel, vom 19. 1. 1964.

[202] Dem Innenministerium unterstehen die Güter, die von demobilisierten Soldaten bewirtschaftet werden; dem Ministerium für Öffentliche Sicherheit die Gefangenenlager, in denen das Prinzip der „Erziehung durch Arbeit" durchgeführt wird.

[203] Diese besonderen Staatsgüter für Überseechinesen, die in den letzten 15 Jahren hauptsächlich aus Malaya, Indonesien und Indien nach China kamen, gewähren diesen „Heimkehrern" einen etwas höheren Lebensstandard und gestatten ihnen eine minimale Selbstverwaltung. In diesen hauptsächlich in den Provinzen Fukien, Kwangsi, Kweichou, Yünnan und Kwangtung gelegenen Staatsgütern werden häufig die gleichen Produkte angebaut wie auf den Plantagen ihrer früheren Gastländer: Tee, Seidenkokons, Gummi, Kaffee und Südfrüchte. In letzter Zeit wird auch in diesen Betrieben die Selbstversorgung angestrebt.

[204] Große staatliche Baumschulen gibt es in allen Provinzen. Vgl. hierzu S. D. *Richardson*: „Forestry in Communist China." Baltimore 1966, S. 67 ff.

[205] Vgl. F. *Ho*: „The Land Problems of China." In: „The Annals of the American Academy of Political and Social Science", Vol. 276, Juli 1961. — Die Neulandgewinnung in diesen Gebieten ist fast immer nur mit großem Kapitalaufwand und in einem sehr langfristigen Programm möglich. 1957 wurden die durchschnittlichen Kosten der Landurbarmachung auf 1.500 y/ha geschätzt, d. i. etwa 2560 DM/ha. Renmin Ribao, Peking, vom 24. 7. 1957, zitiert bei A. *Donnithorne*: „China's Economic System", London 1967, S. 109.

Staatsgüter ist daher die wirtschaftliche Versorgung einer militärischen (und politischen) Grenzsicherung. In einigen Gegenden unterstehen diese Güter direkt der Kontrolle des Militärs[206]; und immer wieder gibt es Aktionen, in denen Jugendliche aufs Land in diese Grenzgebiete transportiert werden[207].

Je etwa die Hälfte dieser zur Zeit über 2000 großen Staatsgüter sind Ackerbau- oder Weidebetriebe. Neben den Plantagen der Überseechinesen gibt es noch andere Spezialbetriebe, z. B. zur Versorgung der Großstädte mit Frischgemüse und -fleisch.

Ab 1957 hat sich nicht nur die Zahl der Staatsgüter stark erhöht, auch ihre durchschnittliche Ackerfläche wurde ständig ausgedehnt. Der Anteil an der Gesamtanbaufläche ist infolge häufig marginaler Böden und oft ungünstiger klimatischer Verhältnisse (z. B. keine Mehrfachernten), geringer als der genannte Anteil an der Ackerfläche. Allerdings wird dieser Nachteil durch größere Betriebe (durchschnittlich mehr als 2000 ha), zumeist auch größere Felder und höheren Mechanisierungsgrad ausgeglichen. Im Jahre 1964 wurden rund ⅓ aller Traktoren und über die Hälfte aller mechanischen (modernen) Landmaschinen in diesen Gütern eingesetzt[208]. Bei sehr viel geringerem Arbeitskräftebesatz liegt die Arbeitsproduktivität etwa dreimal höher als in der kollektiven Landwirtschaft, für Getreide allein wird sie um das vier- bis zehnfache höher angegeben[209]. Auch der Marktanteil ist aus den genannten Gründen in den Staatsgütern um 100 bis 150 Prozent größer als im kollektiven Bereich der Landwirtschaft[210].

Über die Finanzen der Staatsgüter ist kaum etwas bekanntgeworden. Doch dürfte der finanzielle Status, wie auch bei den Kommunen, sehr unterschiedlich sein, den örtlichen Bedingungen und den angebauten Hauptprodukten entsprechend. Die Produktionskosten lagen zunächst,

---

[206] Z. B. die Staatsgüter des Aufbau- und Produktionskorps der (Volksbefreiungs-)Armee in Sinkiang.

[207] „Auf dem flachen Lande gibt es genug Raum für studierte junge Leute, dort können Sie ihre Talente entfalten." Renmin Ribao, Peking und Jingji Yanjiu, Peking, vom 26. 6. 1969.

[208] *Shang Shih-lung* und *Ma Ching-p'o*: „15 Jahre landwirtschaftliche Mechanisierung in den Staatsgütern" (aus: Landmaschinentechnik, No. 11, vom 13. 11. 1964, in: SCMM No. 451).

[209] Renmin Ribao, Peking und Jingji Yanjiu, Peking, vom 13. 3. 1959 und 19. 9. 1964, sowie *Ting Lu-shu*: „Rationalisierung in Staatsgütern", No. 12, vom 17. 12. 1963.

[210] Im kollektiven Sektor wurden für 1959 ein nationaler Mittelwert von 22 bis 29 vH angegeben, der tatsächliche Netto-Marktbeitrag dürfte nicht viel über 20 vH gelegen haben. Renmin Ribao, Peking, vom 26. 8. 1960. Vgl. auch A. *Donnithorne*: „State-Procurement of Agricultural Produce in China." In: „Soviet Studies", Vol. 19, No. 1 und 2.

wegen fast doppelt so hoher Lohnzahlungen wie in der Kollektivwirtschaft, aber auch infolge hoher Abschreibungssätze, Reparatur- und Erschließungskosten häufig über denen der landwirtschaftlichen Genossenschaften. 1957 arbeitete jedes dritte Staatsgut mit Verlust, 1965 sollte dies nur noch für die Minderheit zutreffen[211]. Der finanzielle Erfolg wird gemindert durch die Tatsache, daß eine qualifizierte Belegschaft höhere Löhne beansprucht, die Möglichkeiten zu einem Nebenerwerb aber sehr viel geringer sind als in den Kollektivwirtschaften.

Die Organisation der Staatsgüter ist ähnlich der der Kommunen, mit den drei Ebenen Staatsgutleitung, Zweigbrigaden und Produktionsgruppen. Basiseinheit der Planung und Verwaltung ist die Produktionsgruppe, Rechnungseinheit bislang jedoch zumeist das Staatsgut. Während nach 1950 eine feste Entlohnung (mit zusätzlichen Prämien) entsprechend und in Parität mit den Arbeiterlöhnen gezahlt wurde, erfolgte nach 1958 eine Angleichung an die Lohnkalkulation der Kollektivbetriebe[212]. In den letzten Jahren wurde die Organisation der Staatsgüter immer weiter an die der Kommunen angeglichen: der vollmechanisierte Staatsbetrieb sowjetischer Prägung, wie er in den Jahren nach 1950 im ganzen Lande propagiert wurde, ist — zumindest in der heutigen Zeit — nicht mehr das Vorbild für die chinesische Landwirtschaft. Leitbild ist vielmehr die sich weitgehend „selbst helfende" und selbst modernisierende (kollektive) Brigade Tachai[213].

Änlich wie in der Sowjetunion sind die staatlichen Landwirtschaftsbetriebe teilweise eine schwere Belastung für das Budget, denn der Staat gibt außer den Zuschüssen für Kapitalinvestitionen und einem etwaigen Verlustausgleich noch Betriebsmittelkredite. Andererseits sind die Staatsbetriebe von der staatlichen Planung voll erfaßt, d. h. der Staat kann innerhalb dieses Rahmens viel flexibler reagieren. Auch dürfte der Zugriff des Staates auf die Produktion leichter zu realisieren sein. Und die erwähnten ökonomischen Nachteile mögen, im Rahmen der oben erwähnten Größenordnung, durch die langfristige politische und strategische Bedeutung aufgewogen werden.

5.6 Das private Hofland und die Freien Märkte

Angaben über die privaten Nebenwirtschaften in den Kommunen sind schwer zu erhalten, da dieser Eigentums- und Erwerbszweig aus ideologischen Gründen nur selten in der Presse erwähnt wird.

---

[211] Renmin Ribao, Peking, vom 9. 1. 1965.
[212] Die Abrechnung erfolgt nach Arbeitspunkten und nach dem erwirtschafteten Ergebnis, die Lohnskala entspricht der der Kommunen. Die Prämien wurden gestrichen. Es gibt privates Hofland, aber keine Möglichkeit eines Verkaufs auf „freien" Märkten.
[213] Vgl.: The Red Sun Lights the Road Forward for Tachai. Peking 1969.

Während der Genossenschaftsbewegung der Jahre 1956/57 durften die Bauern bei der Übertragung ihres Landeigentums eine bestimmte Fläche für private Nutzung zurückbehalten, die nicht als Genossenschaftseinlage bewertet und zur gemeinsamen Abrechnung mit herangezogen wurde. Dazu gehörten die „Küchengärten" in unmittelbarer Umgebung der Wohnhäuser mit Obstbäumen, Ställe für Haustiere und das Geflügel, kleinere private Brunnen, kleine Gärten an Feldrainen und Berghängen und ähnliche geringfügige Betriebseinrichtungen für die landwirtschaftliche Nutzung. In dieser Zeit sollen rund 5 vH der Ackerfläche privat genutzt worden sein[214]. Aus den ersten Monaten der Kommunisierung wurde berichtet, daß alles Land kollektiviert worden sei, doch wurde schon im folgenden Jahr wieder deutlich gebremst und den Bauern ein größerer Anteil am Ackerland zugestanden[215]. Vor allem in jenen Kommunen, in denen das System der Freien Versorgung besonders stark ausgebaut war und die Familien ständig in den Kantinen der Kommunen ihre Mahlzeiten einnahmen, wurde das private Hofland von den Kantinen der Produktionsbrigaden für kollektive Zwecke beansprucht. Aus den folgenden Jahren liegen nur sehr widersprüchliche Angaben über den Umfang der privaten Nebenwirtschaften vor, die Größe der privaten Nutzung des Ackerlandes schwankt danach zwischen 3 und 10 vH der Ackerfläche[216].

Die Differenzen erklären sich aus den örtlichen Gegebenheiten und den Änderungen der Landwirtschaftspolitik. Während in den Krisenjahren (1959 bis 1962) die Tendenz bestand, den Umfang des privaten Hoflandes auszuweiten, wird seit 1966, im Zusammenhang mit der Kulturrevolution, verstärkt gegen die Existenz des privaten Eigentums in der Landwirtschaft polemisiert. Obwohl der private Erwerb als „kapitalistisch" oder „revisionistisch" angeprangert wird, gibt es bisher keine Anzeichen dafür, daß der Anteil des privaten Hoflandes in den letzten beiden Jahren wesentlich eingeschränkt worden ist[217]. Immerhin ist auch wiederholt erklärt worden, daß es sich bei diesem privaten Eigentum um eine Übergangsform handelt[218].

Entscheidender als die administrativ veränderten Größenordnungen des privaten Hoflandes waren und sind die sonstigen Bestimmungen, die die Bearbeitung und Verwertung des privaten Erwerbszweiges regeln; hier greift die jeweilige Landwirtschaftspolitik viel stärker ein. Dies betrifft z. B. die Arbeitszeit, die den Landarbeitern zur Bewirtschaftung

---

[214] Da Gong Bao, Peking, vom 9. 6. 1956.
[215] Vgl.: Die Wuhan-Resolution des ZK, l. c.
[216] Vgl. K. R. *Walker*: „Planning in Chinese Agriculture, Socialisation and the Private Sector, 1956—1962." London 1965, S. 25.
[217] So ist z. B. die private Viehhaltung ausdrücklich bestätigt worden. Vgl. Renmin Ribao, Peking, vom 20. 8. 1968.
[218] Renmin Ribao, Peking, vom 27. 3. 1963.

ihrer Parzellen gewährt wird, die Möglichkeit, gutes Jungvieh zu günstigen Preisen für private Aufzucht zu erwerben, oder den Umfang, in dem Nebenprodukte der privaten Wirtschaft von den Kollektivbetrieben beansprucht werden. Ein sehr wichtiges Produkt in dieser Hinsicht ist der Schweinedung, der auch heute noch eine wesentliche Quelle für die Düngerwirtschaft in China darstellt[219]. Wie aus der Sowjetunion gibt es auch für China Hinweise, daß der Arbeitseinsatz auf dem privaten Hofland sehr viel intensiver erfolgt als auf den kollektiven Feldern, und daß die Bauern ebenfalls bestrebt sind, ihre privaten Äcker möglichst gut zu düngen, ausreichend zu bewässern usw. Da sich etwa 70 bis 80 vH des Schweinebestandes in privatem Besitz befinden, hat die Verwendung des Schweinedungs[220] große Auswirkungen auch auf die Kollektivwirtschaft. Den größten Einfluß übte jedoch die Preissetzung der Aufkaufpreise auf den „freien" Märkten aus.

Nach einer amtlichen Richtlinie soll das Einkommen aus den Erträgen des häuslichen Nebengewerbes einer Familie 20 vH des Gesamteinkommens nicht übersteigen[221]. Angaben über das Einkommen aus dieser privaten Tätigkeit gibt es selten, zumal auch die Definition nicht eindeutig ist, ob einmal nur „verkaufte" Produkte gewertet werden, oder der Eigenverbrauch mit eingerechnet wird. In den während der 50er Jahre veröffentlichten Statistiken differieren die Einkommen aus diesem Erwerbszweig sehr stark nach den verschiedenen Provinzen, aber auch innerhalb einzelner Dörfer. Die Angaben schwanken hier zwischen 11 und 70 vH, wobei die stärksten Differenzen zwischen den Mittelbauern und den armen Bauern auftreten[222]. Man gewinnt den Eindruck, daß diese Angaben übertrieben wurden, um die bestehende – und sich wieder neu bildende Klassendifferenzierung zu unterstreichen, wenngleich die Unterschiede infolge der örtlichen Gegebenheiten der primitiven Landbautechnik sicher noch sehr groß sind. Wenn auch das Einkommen aus den privaten Nebenwirtschaften insgesamt $^1/_5$ des Gesamteinkommens nicht sehr häufig übersteigen dürfte und daher eine geringere Rolle als in der Sowjetunion spielte, so trägt es doch zu einer Besserung des Lebensstandards bei, sorgt für eine regelmäßige Aufbesserung der *Geld*einkommen, und gewährt eine besser ausgeglichene Verpflegung, als sie die Gemeinschaftsküche der Kantinen anbieten kann. Daneben dürfte der psychologische Faktor einer gewissen „Sicherheit" gegenüber dem ungewissen

---

[219] So wird teilweise mehr als 50 vH der Anbaufläche mit Schweinedung gedüngt. Heute wird angestrebt 1 Schwein je Kopf und mou: „Fördert aktiv die kollektive Schweinehaltung, ermuntert weiterhin die Mitglieder zur (privaten) Schweinemast." Vgl. Anmerkung 217.
[220] Xinhua Banyuekan, Peking, Nr. 15, 1958.
[221] Renmin Ribao, Peking, vom 22. 10. 1959.
[222] Xinhua Banyuekan, Peking, Nr. 11, 1957.

Ergebnis aus der Kollektivwirtschaft besonders in den Jahren der Krise wichtig gewesen sein, der sich stimulierend auch auf die Arbeitsproduktivität auswirken kann. Aus den genannten Gründen dürfte die private Nebenwirtschaft in dem bescheidenen Umfang der letzten Jahre beibehalten werden.

Die Landarbeiter der Kommunen haben die Möglichkeit, die Produkte ihrer privaten Nebentätigkeit auf dem Markt zu verkaufen. Diese „freien" Märkte werden in einzelnen Dörfern an bestimmten Marktplätzen sowie in den Städten regelmäßig abgehalten. Auf diesen Märkten, die unter staatlicher Aufsicht stehen, sind Zwischenhändler ausgeschlossen, der Verkauf erfolgt vom Produzenten an den Konsumenten oder auch an eine Aufkaufsorganisation. Als Produzenten treten einzelne Landarbeiter oder auch Kollektive, d. h. Volkskommunen, Brigaden oder Produktionsgruppen auf. Das Angebot ist beschränkt auf selbsterzeugte Waren der Kategorien II und III, für die keine Ablieferungspflicht besteht oder für die vorher keine vertraglichen Lieferverpflichtungen eingegangen wurden. Die Preise auf diesen Märkten sollen sich nach Angebot und Nachfrage innerhalb einer vom Staat festgesetzten Bandbreite bilden, wobei sich diese Richtpreise nach den Aufkaufs- oder Verkaufspreisen der Kategorie I und II sowie entsprechenden Substitutionsgütern orientieren sollen[223]. Während der Zeit des Mangels in den Hungerjahren 1959 bis 1962 kam es bei diesen Warengruppen zum Teil zu erheblichen Preissteigerungen, die einen Teil der überschüssigen Kaufkraft aus den städtischen Gemeinden in die Landbezirke übertragen sollte[223a]. Auf diese Weise wurde eventuell ein Teil der Einkommensverluste der Bauern bei den Hauptfrüchten (Reis, Weizen, Baumwolle, Ölsaaten) ausgeglichen.

Der in Grenzen freie Austausch auf dem Markt wird also für einen Teil der Güter überall dort zugelassen, wo die Planung zu umfangreich, schwerfällig, oder mit zu hohen Kosten verbunden wäre; vor allem aber dort, wo eine Planung kaum möglich ist, wie z. B. bei schnell verderblichen Gütern, wie Gemüse.

Der freie Markt wirkt bei den Kollektivmitgliedern als zusätzlicher Arbeitsanreiz, wesentlich ist jedoch vor allem der erwähnte Preisausgleich. Denn da die Kollektivbetriebe der Landwirtschaft das finanzielle Risiko selbst tragen, kann eine falsche Preispolitik bei den Gütern der Kategorie I und II zu hohen Einkommensverlusten und entsprechend zu politischer Unruhe führen.

---

[223] Da Gong Bao, Peking, vom 16. 10. 1959.
[223a] Renmin Ribao, Peking, vom 7. 5. 1963.

5.7 Vergleich beider Agrarverfassungen

Die Entscheidung zur Kollektivierung ist in der Sowjetunion und in der Volksrepublik China mit der gleichen ideologischen Begründung erfolgt, in beiden Ländern waren jedoch vor allem ökonomische und politische Argumente bestimmend für den Zeitpunkt, die Art der Durchführung und der Organisation. Während in der Sowjetunion die Struktur des Kolchos über mehr als 30 Jahre unverändert blieb, — und auch in jüngster Zeit nur unwesentlich geändert wurde —, erfuhr die kollektive Organisationsform der chinesischen Landwirtschaft mehrere, schnell aufeinander folgende Umwandlungen, die auch heute noch nicht gänzlich abgeschlossen zu sein scheinen. Während der Kolchos schon mehr den Charakter einer traditionellen Institution hat, ist die günstigste Kommuneorganisation anscheinend noch nicht gefunden.

Mit durchschnittlich 1622 Bauernhaushalten waren die Volkskommunen im Jahr 1964 fast viermal größer als die durchschnittliche Kolchose (mit 418 Höfen), ihre Anbauflächen erreichten jedoch nur etwa 48 vH einer sowjetischen Kollektivwirtschaft. Der viel höhere Arbeitskräftebesatz in der chinesischen Landwirtschaft erzwang — wie schon in der Vergangenheit — eine ausgeprägtere Arbeitsorganisation und stärkere Gliederung der Kommune. Die Brigaden als Zentren der wirtschaftlichen Aktivität der Kommune sind mit durchschnittlich 171 Haushalten kleiner als ein Kolchos, und die Arbeitsgruppen, die eigentlichen landwirtschaftlichen „Betriebe", sind mit etwa 24 Haushalten und 20,6 ha Ackerfläche überschaubare ökonomische Einheiten. Alle diese Gliederungen sind zugleich Rechnungseinheiten mit beschränkter Autonomie im Hinblick auf die Produktionsplanung und Finanzierung, sie schließen selbständig Verträge und verteilen ihre Erträge, wobei die Entscheidungen zumeist in Vollversammlungen diskutiert werden sollen. Das gilt vor allem auch für die Wahl der Kommune-Kader. Die Möglichkeit einer Einflußnahme auf die wirtschaftlichen und politischen Entscheidungen in den Gliederungen eines Betriebes, z. B. auf die Bestimmung des kollektiven und individuellen Einkommens, sind in der sowjetischen Landwirtschaft offensichtlich geringer. Psychologisch wichtig, vor allem im Hinblick auf den Arbeitsanreiz, ist die Überlassung von Boden, Arbeitsgeräten, Maschinen und sonstigen Produktionsmitteln einschließlich der finanziellen Fonds, für eine *längere* (mehrjährige) Zeit an kleine, überschaubare und zum Teil unabhängig wirtschaftende Gliederungen der Kommunen. Daß diese Fragen auch in der sowjetischen Landwirtschaft erkannt sind, beweisen die langjährigen und bisher erfolglosen Diskussionen über die *chosras-tschet* (wirtschaftliche Rechnungsführung) und *sweno* (Kleingruppen innerhalb der Kolchosbrigaden). Erscheinungen bürokratischer Trägheit hat es aber im Management beider Organisationsformen gegeben.

Kolchos wie Kommune sind in das System staatlicher Planung und des Aufkaufs zu festgesetzten Preisen eingebettet. In beiden Ländern erfolgt die Planung jetzt durch das Management der Produktionseinheiten in Absprache mit den übergeordneten Behörden, die eine strenge wirtschaftliche Kontrolle durch die festgelegte Form der Verträge (Kontrakte über vereinbarte Preise und Mengen) zwischen den staatlichen Aufkaufsbeziehungsweise Handelsgenossenschaften und den Kollektivbetrieben ausüben. Im Kolchos besteht das Bestreben, möglichst niedrige Sollziffern auszuhandeln, um den Mehrertrag auf dem „freien" Kolchosmarkt zu höherem Preis absetzen zu können, d. h. den kollektiven Gewinn (und den als Residualgröße sich ergebenden individuellen Gewinn) zu maximieren. Für die Produktionseinheiten der Kommune besteht diese Möglichkeit nur in sehr begrenztem Umfang für die Erzeugnisse der Kategorie III. Während dieses doppelte Erzeugerpreisniveau in der Sowjetunion sehr große Unterschiede zeigt, sind die Differenzen zwischen den staatlich reglementierten Aufkaufspreisen und den schwankenden „Richtpreisen" der „freien Landmärkte" in China sehr viel geringer. Andererseits hat man hier versucht, durch häufigere Anpassung der Preisrelationen zwischen einzelnen Erzeugnissen und den drei Warenkategorien nicht nur den Umfang der Produktion, sondern auch das Produktionssortiment zu beeinflussen, d. h. den Agrarpreisen eine stärkere Lenkungsfunktion einzuräumen. Die in beiden Ländern zuungunsten der Landwirtschaft zunächst weit geöffnete „Preisschere" (zwischen landwirtschaftlichen Erzeugerpreisen und industriellen Güterpreisen) wurde in den letzten Jahren durch Anhebung der Agrarpreise, beziehungsweise Senkung der Preise industrieller Güter etwas geschlossen und damit die finanzielle Situation der Kollektivbetriebe verbessert.

In der Sowjetunion und China besteht die Tendenz, die Lockerung der ökonomischen Kontrolle (z. B. in bezug auf die Planung) durch andere Mechanismen oder politische Kontrollen zu ersetzen. Die Kolchosbetriebe werden in ihrer Struktur mehr den Sowchosbetrieben angenähert, u. a. durch den garantierten Mindestlohn und die staatliche Altersversicherung der Kolchosbauern. In China hingegen liegt die Betonung weiterhin auf dem Prinzip der Selbsthilfe, auf dem Kollektiv der Produktionseinheiten. Sie beschließen in öffentlicher Selbsteinschätzung die Lohnhöhe und Abstufung, in Notfällen ist ein Rückgriff auf den Reservefond möglich. Für die Versorgung alter und arbeitsunfähiger Mitglieder ist der Sozialfond der Kommune zuständig. Dafür ist in China das Netz der Parteikontrolle über die weitverzweigten Parteizellen sehr viel enger als in der Sowjetunion. Außerdem ist in den Kommunen die staatliche und frühere genossenschaftliche Verwaltung weitgehend verschmolzen. Die Filialen der staatlichen Banken und der Handelsorgane werden kollektiv verwaltet, in ihren Kommunefilialen sind sowohl staatliche als auch genossenschaftliche Fonds vereint. In den Leitungsgremien der Kommune arbeiten staatliches Personal der ehemaligen *xiang*-Verwaltungen mit den Kadern der ehemaligen Genossenschaften zusammen.

Im Kolchos wie auch in der Kommune wird kollektiv produziert, die Hauswirtschaft, der Konsum und das private Hofland sind in der Sowjetunion völlig individuell. Die Bestrebungen in China, diese Bereiche dort einzuschränken oder gleichfalls zu kollektivieren, sind auf den Widerstand der Bauern gestoßen und haben bisher kein großes Ausmaß erreicht.

In der Sowjetunion wurde unter „Modernisierung des Dorfes" jahrzehntelang in erster Linie die rasche Mechanisierung der Ackerarbeit verstanden; sie erfolgte parallel mit der Kollektivierung und wurde von außen (über die MTS) in den Kolchos übertragen. In technischer Hinsicht, und zumindest für die Ackerwirtschaft, kann das *Entwicklungsziel* einer schnellen technischen Transformierung des sowjetischen Dorfes als realisiert gelten. In China hingegen steht die Mechanisierung erst ganz am Anfang, sie folgt mit größerer zeitlicher Verzögerung der institutionell abgeschlossenen Kollektivierung. Modernisierung und technische Transformierung soll hier unter weitestgehender *Selbsthilfe* der Produktionseinheiten erfolgen, nur unter geringer Beteiligung des Staates. Die industriellen Unternehmungen, die selbsterstellten Kapitalbauten der Kommunen, die Bildungsprogramme, auch die durch die „Militarisierung" bedingte Veränderung der Arbeitsorganisation sollen in den chinesischen Dörfern einen Bewußtseinswandel fördern helfen und für dieses Land eine schnellere Erreichung des *Entwicklungsziels* bewirken, als dies mit der noch schwach entwickelten Industrie sonst möglich wäre. Dieser Prozeß eines „social engineering" der Bauern ist in China weitaus stärker wirksam als in der Sowjetunion, und anscheinend auch mit größerem Erfolg.

Über die Verwirklichung des *Extraktionsziels* in beiden Ländern, d. h. die Kapitalbildung für die Indriealisierung durch Lieferung von Rohstoffen und finanziellen Mitteln für die Schwerindustrie, sowie die Versorgung der Städte, sollen im nächsten Kapitel einige Hinweise gegeben werden.

6. Vergleich von Produktionsstruktur und -leistung

6.1 Bevölkerung und Beschäftigung

Ungefähre Angaben über die russische Bevölkerung gibt es erst aus dem 18. Jahrhundert, der Zeit Peters des Großen. Damals beschränkte sich das Herrschaftsgebiet des Zaren auf das europäische Rußland, den größeren Teil der Ukraine und Teile Nordwestsibiriens; die Bevölkerung wurde zu dieser Zeit auf rund 14 Mill. geschätzt, im Jahre 1796 auf 29 Mill. Einwohner. Erst 1897 fand in Rußland eine Volkszählung nach westlichem Vorbild statt, die eine Bevölkerung in den damaligen Grenzen von 129 Mill. ergab. Durch Gebietsverluste, vor allem aber durch Verluste während des ersten Weltkrieges, die Nachkriegswirren, den Bürgerkrieg und die anschließenden Hungersnöte ging die Bevölkerung um mehr als 10 Mill. zurück. In den 20er Jahren verlief dann die Bevölkerungsentwicklung ungefähr parallel zur wirtschaftlichen Erholung seit der Einführung der NEP im Jahre 1921, und die natürliche Zuwachsrate stieg aufgrund eines raschen Rückgangs der Sterblichkeit erheblich an. Dieses Ergebnis war in erster Linie der allgemeinen Besserung der Lebensverhältnisse, der verbesserten ärztlichen Versorgung wie auch einem besseren Arbeitsschutz zu danken. In der Zeit des ersten Fünfjahrplans kehrte sich dieser Trend dann jedoch um: während die Bevölkerung von 1926 bis 1933 um 12,7 vH zugenommen hatte, wuchs sie bis 1939 nur noch um 3,0 vH auf 170,6 Mill. (nach dem alten Gebietsstand). Untersuchungen von westlicher Seite[224] haben ein Bevölkerungsdefizit für diese Zeit in Höhe von 4,8 bis 5,5 Mill. errechnet. Hinter diesen Zahlen verbergen sich die Verluste infolge der im Zusammenhang mit der Zwangskollektivierung stehenden Deportationen und Hungersnöte. Die Verluste an Menschen durch den zweiten Weltkrieg wurden vom DIW (einschließlich der Geburtenausfälle) auf 35 bis 40 Mill. geschätzt[225]; nach amtlichen sowjetischen Angaben hat sich die Zahl der Bevölkerung zwischen 1940 und 1955 nicht erhöht (vgl. Tabelle 1). Nachdem in der Nachkriegszeit die Wachstumsrate aufgrund eines hohen Geburtenüberschusses wieder stark anstieg und die Sowjetunion mit zu den Ländern mit dem stärksten relativen Bevölkerungszuwachs gehörte, ist seit Beginn der 60er Jahre eine deutliche Verlangsamung des Wachstums festzustellen.

Demgegenüber läßt sich in keinem Land der Erde die Entwicklung der Bevölkerung über die Jahrhunderte hinweg anhand von amtlichen Aufzeichnungen so gut verfolgen wie im kaiserlichen China. Allerdings handelt es sich bei diesen Angaben um sehr grobe Zählungen der Haushalte, die aus fiskalischen Gründen durchgeführt wurden. Aus diesen Aufzeichnungen wurden dann die Zahlen für die Gesamtbevölkerung errechnet. Ho[226] z. B. gibt für 1750 eine Bevölkerung von etwa 180 Mill. und für 1850 etwa 430 Mill. an. Tatsächlich ist die chinesische Bevölkerung aufgrund der stabilen politischen Verhältnisse zu Beginn der Ching Dynastie, vor

---

[224] F. *Lorimer:* „The Population of the Soviet Union." League of Nations. Genf 1946, S. 113 ff.

[225] E. *Eisendraht:* „Das Bevölkerungspotential der Sowjetunion." Deutsches Institut für Wirtschaftsforschung, Sonderheft, N. F. Nr. 53. Berlin 1960, S. 20.

[226] *Ping-ti Ho*: „Studies on the Population of China 1368–1953." Cambridge, Mass. 1959, Anhang II.

allem aber infolge einer Erweiterung der Nahrungsbasis[227] rasch gewachsen, sie hat sich zwischen 1600 und 1850 praktisch versechsfacht. In den folgenden sechzig Jahren ist die Bevölkerung dann jedoch so gut wie konstant geblieben: Der Verfall der politischen und sozialen Ordnung, schwere Überschwemmungen, mehrere Bauernaufstände, auch die sozialen Folgen der kolonialen Invasion begannen sich auszuwirken. Außerdem war unter dem gegebenen Anbausystem die Grenzen des Nahrungsspielraums anscheinend erreicht.

Erst seit der Jahrhundertwende mit einer langsamen Besserung der hygienischen Verhältnisse und in erster Linie infolge einer stärkeren Wanderungsbewegung nach Südwesten und Nordosten (der Mandschurei) stieg die Bevölkerung wieder langsam an, sie wurde für 1933 auf etwa 500 Mill. geschätzt[228] (vgl. Tabelle 2). Die erste Volkszählung in China fand 1953 statt und ergab eine Zahl von etwa 580 Mill., was einer angenommenen jährlichen Zuwachsrate von 7,8 vT in den letzten fünfzig Jahren entspricht. Diese Annahme unterstellt schwankende hohe Sterberaten und weiterhin hohe Geburtenraten, d. h. eine Bevölkerungsweise, die durch die chaotischen Jahre des Bürgerkrieges und der japanischen Besetzung bestimmt wurde.

Das Ergebnis der kommunistischen Volkszählung von 1953 ist seit seiner Veröffentlichung immer wieder kritisiert worden. Die Kritik richtete sich auf die nach sowjetischen Vorbildern angewandten Methoden der Klassifizierung, die Durchführung der Zählung, die Sorgfalt der Registrierung usf. Trotz dieser, nach westlichem Standard gemessenen, erheblichen Mängel ist man sich jedoch zumeist einig, daß es sich bei dem Zensus von 1953 um die genaueste Zählung handelte, die bisher in China durchgeführt worden war. Die Ergebnisse dieser Volkszählung wurden, mit einigen Vorbehalten, auch in der bisher umfangreichsten Studie[229] zu diesem Thema akzeptiert; die Angaben von 1953 bilden auch die Grundlage für diese Untersuchung.

In beiden Ländern ist die Siedlungsdichte sehr unterschiedlich, etwa die Hälfte beider Länder sind unbewohnt oder kaum besiedelt. Dabei zeigt sich in der Sowjetunion ein deutliches Gefälle von Westen nach Osten, in der VR von Osten nach Westen. Die Bevölkerungsdichte ist in der Sowjetunion, in der Ukraine und der Moldauischen SR am größten (rund

---

[227] Durch die Einführung neuer Früchte (Süßkartoffeln, Mais und Erdnüsse) sowie den Übergang auf dazu geeignete Grenzböden.

[228] *Ta-chung Liu* und *Kung-chia Yeh*: „The Economy of the Chinese Mainland: National Income und Economic Development, 1933 bis 1959." Princeton 1965, S. 185.

[229] J. S. *Aird:* „The Size, Composition, and Growth of the Population of Mainland China." US Department of Commerce, Bureau of Census. Washington DC 1961.

71 Einwohner je km²), sie liegt noch unter der mittleren Bevölkerungsdichte Chinas, die etwa achtzig Einwohner je km² beträgt. In einigen Küstenprovinzen und in der Provinz Szechuan liegt die Siedlungsdichte über 200 Einwohner je km².

Der Prozeß der Verstädterung ist in der Sowjetunion sehr viel weiter fortgeschritten als in China. In der Volksrepublik leben auch heute noch so viel Menschen auf dem Lande wie in Rußland im Jahre 1897 (85 vH) und dieser Anteil hat sich in den letzten fünfzig Jahren nur unwesentlich verschoben, obwohl sich die Stadtbevölkerung[230] in dieser Zeit fast verdreifacht hat. In der Sowjetunion hingegen ist der Urbanisierungsprozeß durch ein viel schnelleres Tempo gekennzeichnet. Lebten 1926 erst 18 vH der Bevölkerung in städtischen Siedlungen und 1950 39 vH, so waren es 1969 schon 56 vH. Die im Verlauf der forcierten Industrialisierung und der gleichzeitigen Zwangskollektivierung geplant durchgeführten regionalen Umsiedlungen haben diesen Verstädterungsprozeß eingeleitet. In China war es nicht möglich, in den Städten neue Arbeits- und Wohnplätze in vergleichbarem Maßstab zu errichten. Man hat daher seit den frühen 50er Jahren mit planmäßigen Rücksiedlungen auf das Land begonnen, die nach dem Fehlschlag des „Großen Sprunges" ab 1962[231] und während der Kulturrevolution, besonders ab 1967, verstärkt fortgesetzt wurden.

In der Sowjetunion wie in der Volksrepublik China gibt es keine genauen Angaben über die landwirtschaftlichen Beschäftigten. Während in China (von einigen Ausnahmen betreffend Handwerker und andere Gewerbetreibende abgesehen) bisher nur Beschäftigungszahlen für Arbeiter und Angestellte veröffentlicht wurden, wird in den sowjetischen Handbüchern seit einiger Zeit auch über die landwirtschaftliche Bevölkerung berichtet. Nun stellt die Beschäftigungsstatistik für landwirtschaftliche Arbeiter auch in westlichen Volkswirtschaften ein besonderes Problem dar in bezug auf eine Abgrenzung der wirklichen Tätigkeiten von den mithelfenden Familienangehörigen sowie auf eine Aufteilung der tatsächlichen Beschäftigung auf landwirtschaftliche und nichtlandwirtschaftliche Arbeiten. Die sowjetische Konzeption der landwirtschaftlichen Beschäftigung konzentriert sich auf die gesellschaftliche Produktion der Kolchose und Sowchose sowie auf die ständig mit landwirtschaftlicher Tätigkeit Beschäftigten. Nicht berücksichtigt werden die nur teilweise oder zeitweilig (z. B. Studenten in den Ferien) in der Landwirtschaft Tätigen, so

---

[230] Die Definition für Stadt ist nicht einheitlich. Während in der Sowjetunion allgemein 2000 Einwohner als unterste städtische Siedlungsgrenze gelten, ist in China das *entscheidende* Kriterium politisch: Der Ratssitz einer „xian"-(Kreis-) Verwaltung. Die allgemeine Norm von 2000 Einwohnern setzt voraus, daß 50 vH der Beschäftigten nicht in der Landwirtschaft tätig sind. (Bei städtischen Siedlungen mit 1000 bis 2000 Einwohnern 75 vH).
[231] Guangming Ribao, Peking, vom 7. 10. 1963.

daß die amtlichen Angaben als zu niedrig anzusehen sind und um 15 bis 20 vH erhöht werden müssen. Grossmann[232] rechnet z. B. den Angaben des Handbuchs für 1965 insgesamt 5 Mill. Beschäftigte für die Landwirtschaft zu. Entsprechend wäre der Anteil der in der Landwirtschaft Tätigen an den Gesamtbeschäftigten um etwa 15 vH zu erhöhen. Nach amtlichen sowjetischen Angaben betrug die Zahl der in der Landwirtschaft Beschäftigten in den letzten Jahren rd. ein Drittel der Beschäftigten insgesamt.

Für China sind bisher keine fortlaufenden Reihen für landwirtschaftlich Beschäftigte bekannt geworden, jedoch finden sich einzelne Hinweise auf ihr Verhältnis zur Zahl der Arbeiter und Angestellten. Aus diesen Angaben läßt sich eine Aufteilung der Beschäftigten im nichtlandwirtschaftlichen und landwirtschaftlichen Bereich iterativ berechnen (vgl. Tabelle 3). Im Gegensatz zur Sowjetunion sind in diesen Zahlen jedoch auch die nur teilweise und zeitweilig in der Landwirtschaft Tätigen enthalten. Der gegenwärtig niedrige Stand der technischen Ausrüstung bedingt bei dem chinesischen Anbausystem ein starkes saisonales Schwanken des Arbeitskräftebedarfs, das konzentriert ist auf wenige Wochen der Aussaat und Erntezeit[233]. Andererseits hat seit Beginn des zweiten Fünfjahrplans im Rahmen des „Großen Sprunges" von 1958/59 die gewerbliche und kleinindustrielle Tätigkeit in den Dörfern stark zugenommen. Aus den chinesischen Untersuchungen dieser Zeit erkennt man eine weitgehende Überschätzung der versteckten Arbeitslosigkeit, die bei der Formulierung der Politik des „Großen Sprunges" wesentliche Berücksichtigung fand[234].

Obwohl im Rahmen der chinesischen Kollektivierung mehrere Millionen Frauen in den Arbeitsprozeß eingegliedert wurden, blieb die Zuwachsrate der landwirtschaftlich Beschäftigten nach Annahme der Verfasser (mit Ausnahme der Jahre 1961/62) hinter der der Gesamtbeschäftigten zurück[235]. Der Anteil der in der Landwirtschaft Beschäftigten hat hingegen nur sehr langsam abgenommen, sieht man von dem scharfen Rückgang (und der anschließenden Erholung) zwischen 1958 und 1960 ab. Trotz der seit Beginn der 60er Jahre beschleunigten Mechanisierung und Chemisie-

---

[232] P. *Grossmann*: „Agricultural Employment, A. Note". In: „Soviet Studies", Januar 1968, S. 401 ff.

[233] Diese zusätzlich benötigten Arbeitskräfte können zeitweilig 15 bis 20 vH der Gesamtbeschäftigten der Landwirtschaft erreichen. Andererseits waren die Bauern in einigen Genossenschaften des Jahres 1957 mit durchschnittlich 264 Arbeitstagen unterbeschäftigt. Vgl. Jingji Yanjiu Nr. 10, Oktober 1963, S. 34 ff.

[234] Vgl. *Ma Yin-chu*: „Meine neue Lehre". In: Renmin Ribao, Peking, vom 24. 6. 1958 und die daran anschließende Diskussion in der Volkszeitung und der Roten Fahne.

[235] Eine Quelle spricht von 100 Mill. Frauen (HC Nr. 3, August 1958, S. 23). Jedoch haben die Frauen, von Nordchina abgesehen, während der Hauptsaison schon immer in der Landwirtschaft mitgearbeitet. Der tatsächliche Einsatz dürfte niedriger liegen, zum Teil auch in einer Freisetzung männlicher Arbeitskräfte bestehen.

rung der chinesischen Landwirtschaft und trotz des weiteren Ausbaus industrieller Kapazitäten in den Städten und ländlichen Gebieten dürfte der Anteil der landwirtschaftlich Beschäftigten auch in den folgenden Jahren weiterhin nur geringfügig zurückgegangen sein.

6.2 Produktionsflächen

Vom Gesamtterritorium der Sowjetunion von rund 22 Mill. km² entfallen nur etwa 2,1 Mill. km² oder 9,8 vH auf bebaute Ackerflächen (ohne Brache), die landwirtschaftliche Nutzfläche beträgt 5,45 Mill. km² oder rund 21 vH. Dieser im Vergleich zu den westeuropäischen Ländern sehr niedrige Anteil der Nutzfläche ergibt sich jedoch aus der sehr geringen agrarischen Nutzung in Sibirien und dem Fernen Osten. Im europäischen Teil der Sowjetunion erreicht dieser Anteil 42 vH, in der Ukraine sogar 72 vH.

Die Ackerfläche je Kopf der ländlichen Bevölkerung beträgt heute etwa 2 ha, sie wurde gegenüber 1940 fast verdoppelt — nicht nur durch die Menschenverluste des Krieges, sondern vor allem durch die *Neulandaktionen* seit 1954. Nach einem Programm des damaligen sowjetischen Ministerpräsidenten Chruschtschew wurden im Laufe von drei Jahren rund 36 Mill. ha bisher unbearbeitetes oder seit langem brachliegendes Land in Kultur genommen, was annähernd der gesamten Ackerfläche Kanadas entspricht. Diese Neulandaktion wurde mit großem Aufwand an staatlichen Mitteln durchgeführt, die für die Beschaffung des Maschineninventars, den Bau von Wohnungen, Transportwegen, Lagerhäusern u. a. erforderlich waren. Der überwiegende Teil der Neulandflächen befindet sich in der semiariden Zone von Nordkasachstan und Südsibirien sowie in kleineren Gebieten West- und Ostsibiriens. In diesen Gebieten übersteigt die Verdunstung die Niederschlagshöhe, und die Gefahr der Winderosion ist sehr groß. Trotz neuer agrartechnischer Methoden hat die Sowjetunion schwere Rückschläge in diesem Programm hinnehmen müssen, da seit 1955 mehrere Mißernten eintraten. Der Vergleich der Entwicklung von Anbaufläche und der globalen Ziffern der Neulandgewinnung seit 1957 ergibt, daß dieses Programm stellenweise wieder aufgegeben wurde oder große Flächen für die Brachehaltung reserviert wurden.

Den größten Teil der landwirtschaftlichen Nutzfläche umfaßt das *Dauergrünland* mit ausgedehnten Weideflächen in Kasachstan, daneben auch vielen Gebirgswiesen mit nur geringen Erträgen. Auf Wiesen entfallen nur etwa ein Sechstel des Grünlandes, ihre Fläche nimmt mit der größeren Bedeutung der Viehwirtschaft langsam zu.

Die *Waldnutzung,* die in der Sowjetunion nicht als landwirtschaftliche Produktion gilt, leistet aufgrund des ausgedehnten Baumbestandes einen großen Beitrag zum Volkseinkommen. Die gesamte Fläche des Waldbestandes ist annähernd 1½mal so groß wie die landwirtschaftliche Nutzfläche.

In *China* beträgt die bebaute Ackerfläche etwa 1,1 Mill. km², sie ist also nur halb so groß wie in der Sowjetunion. Je Kopf der ländlichen Bevölkerung stehen etwa 0,17 ha zur Verfügung. Dieser Anteil hat sich seit 1950 aufgrund des Bevölkerungszuwachses noch verringert, da die Anbaufläche, im Gegensatz zur Sowjetunion, in dieser Zeit nur um annähernd 10 vH ausgedehnt werden konnte. Der Anteil der Ackerfläche an der Gesamtfläche Chinas von rund 9,7 Mill. km² beträgt etwa 11 vH, der der landwirtschaftlichen Nutzfläche etwas über 30 vH. Er liegt damit etwas höher als in der Sowjetunion, ist aber im Verhältnis zu den europäischen Ländern immer noch sehr gering. Große Gebiete der Inneren Mongolei, Sinkiangs und Tibets sind für die agrarische Nutzung nicht geeignet, aber auch die starke Gebirgsfaltung und die Höhenlage vieler Gebiete engen die Flächen, die für landwirtschaftliche Nutzung geeignet sind, stark ein. Andererseits liegt der Anteil in vielen Provinzen über 50 vH, in Szechuan beträgt er sogar 76 vH. Die Ackerfläche ist ziemlich gleichmäßig auf die einzelnen Provinzen des eigentlichen chinesischen Kernlandes (ohne Mongolei, Sinkiang und Tibet) verteilt.

Im Gegensatz zur Sowjetunion ist die *Anbaufläche* in China um etwa 45 vH größer als die Ackerfläche, weil nur wenig Fläche als Brache verwandt wird (nur in Nordchina in größerem Umfang), von allem aber erlaubt das intensive Anbausystem und das Klima in Mittel- und Südchina eine doppelte, mitunter eine dreifache Ernte auf gleicher Fläche.

Während die Ackerfläche in China in den letzten 20 Jahren um etwa 12 Mill. ha erweitert wurde, konnte die Anbaufläche um den doppelten Betrag vergrößert werden. Die *Neulandgewinnung* erfolgte dabei auch nur zur Hälfte in bisher unerschlossenen Grenzgebieten Nordchinas, der Inneren Mongolei, Sinkiangs und der Provinz Yünnan. Bei diesen Programmen standen auch eher strategische denn wirtschaftliche Motive im Vordergrund. Wichtiger ist die Ausdehnung der Ackerfläche auf ehemaligen Grenzböden (oder sonstigen unbrauchbaren Böden) in den traditionellen Anbaugebieten durch Ausweitung der Bewässerung oder nach Bodenmeliorationen. Die Ausdehnung der Anbaufläche in China erfolgt also zum überwiegenden Teil durch Intensivierung und in den traditionellen Gebieten. Der Kapitalaufwand konzentriert sich dabei neben den in den letzten Jahren verstärkt eingesetzten industriellen Zulieferungen (wie chemischen Düngemitteln und Pflanzenschutzmitteln) vor allem auf die Bereitstellung von zusätzlichem Wasser. Die neuerstellten größeren und kleineren Bewässerungsprojekte dienen in der Regel sowohl den neuerschlossenen Böden als auch dem alten Kulturland. Die rasche Ausdehnung der bewässerten Flächen, die gegenüber dem Beginn der 50er Jahre vervierfacht wurden und nun annähernd 70 vH der Ackerfläche betragen, verdeutlicht diesen Teil der Landwirtschaftspolitik (vgl. Tabelle 6). Demgegenüber ist die Bewässerung in der Sowjetunion mit etwa 4,5 vH der Anbaufläche bisher noch sehr gering.

Der Anteil des *Dauergrünlandes* an der landwirtschaftlichen Nutzfläche Chinas beträgt heute etwas über 60 vH, er ist bei nur wenig veränderter Fläche gegenüber 1950 etwas zurückgegangen. Das Dauergrünlandverhältnis zur Ackerfläche liegt etwas höher als in der Sowjetunion; jedoch sind hier die Erträge teilweise noch viel geringer. Zum Teil handelt es sich um Ödland in Trockengebieten, dessen spärlicher Pflanzenwuchs häufiger zu Brennmaterial als zur Viehfütterung dient. Wiesen im europäischen Sinne sind, bedingt durch die chinesische Viehhaltung, kaum bekannt[236].

Auch der *Waldbestand,* mit 99 Mill. ha etwa 10 vH der Fläche der Volksrepublik (und annähernd ein Drittel der landwirtschaftlichen Nutzfläche), ist nach europäischen Maßstäben nur zu einem Teil forstliche Holzfläche. Außerdem sind die eigentlichen Kulturgebiete ausgesprochen waldarm. Die umfangreichen Aufforstungen seit 1954 wurden an erster Stelle im Zusammenhang mit Bodenmeliorationen und anderen Schutzmaßnahmen für die Landwirtschaft durchgeführt und nur zum Teil als Ersatz für die Nutzholzverwendung.

Bei der Aufteilung der Fruchtarten auf die Anbaufläche fällt in beiden Ländern das Überwiegen des Getreideanbaus auf. Auch in der Sowjetunion ist der Getreideanbau nach wie vor die Grundlage der Landwirtschaft, er beansprucht heute 60 vH der Anbaufläche gegenüber fast 90 vH vor dem ersten Weltkrieg. Diese Verringerung des Anteils erfolgte fast ausschließlich zugunsten eines verstärkten Anbaus von Futterpflanzen, darunter Grünfutter zumeist in den Neulandgebieten sowie Mais für Silage. Die Fläche für Futterpflanzen, 1928 erst 3,9 vH, hat heute einen Anteil von etwa 27 vH und steht an zweiter Stelle der Nutzung der Anbaufläche. Danach folgen die sogenannten „Technischen Kulturen" (vor allem Baumwolle, Ölsaaten, Zuckerrüben u. ä.) sowie Kartoffeln, deren Anbau ebenfalls stark erweitert wurde. Dabei blieb der Anteil für Kartoffeln nahezu konstant, der der technischen Kulturen erhöhte sich nur geringfügig.

Eine erhebliche Verschiebung erfuhr jedoch die Anbaustruktur von Getreide: Weizen beansprucht heute 55 vH der Anbaufläche, während Roggen immer mehr zurückgedrängt wird. Auch Gerste wurde in letzter Zeit vermehrt angebaut, dagegen spielen die übrigen Getreidearten, Hafer Hirse, Buchweizen und Reis nur eine nebensächliche Rolle.

---

[236] In China herrscht, von wenigen Gebieten abgesehen, die Stallfütterung vor. Vor allem Schweine wurden und werden auch heute noch überwiegend mit Abfällen gefüttert. Anderes Großvieh war zumeist auf das Abweiden von Feldrainen oder abgeernteten Feldern sowie des Brachlandes angewiesen.

Das vermehrte Angebot von Weizen sowie der verstärkte Anbau von Futterpflanzen hat sich auch auf den Kartoffelanbau ausgewirkt. Während die Anbauflächen bis 1957 kontinuierlich ausgeweitet wurden, ist seit dieser Zeit eine langsame Verringerung zu verzeichnen. Die Anbauflächen für technische Kulturen hingegen haben sich seit 1913 im Verlauf der forcierten Industrialisierung verdreifacht, davon nahmen vor allem die Flächen für Baumwolle und Zuckerrüben stark zu.

Auch in der Volksrepublik *China* steht die Getreidewirtschaft an erster Stelle. Im gegenwärtigen Stadium der landwirtschaftlichen Entwicklung und dem niedrigen Versorgungsniveau mit Grundnahrungsmitteln entsprechend ist die Flächenkonkurrenz zwischen Nahrungspflanzen einerseits sowie technischen und Futterpflanzen andererseits noch besonders groß. Die Veränderungen in der Anbaustruktur hielten sich daher in sehr engen Grenzen, jedoch geben schon die geringfügigen Verschiebungen der Flächenaufteilung einen Hinweis auf die Schwierigkeiten im gesamten Agrarsektor nach 1956, d. h. seit dem Beginn der neuen Landwirtschaftspolitik.

Bis zum Jahr 1969 war die gesamte Anbaufläche gegenüber 1952 um 21,3 Mill. ha oder 15,1 vH. ausgedehnt worden, die für Nahrungsgetreide um 9,4 Mill. ha oder 9,1 vH. Ihr Anteil an der Gesamtfläche nahm daher geringfügig von 73,3 vH auf 69,8 vH ab. Viel stärker — um etwas mehr als 50 vH — wurde der Anbau von Kartoffeln ausgedehnt; der Anteil der Kartoffelfelder an der gesamten Anbaufläche stieg von 6,2 vH auf 8,3 vH[237]. Die Anbaufläche für „Technische Pflanzen" (nach chinesischer Klassifizierung Baumwolle, Jute, Flachs, Tabak, Sojabohnen, Raps, Erdnüsse, Sesam, Rohr- und Rübenzucker) wurde um 1,5 Mill. ha oder 12,1 vH vergrößert, wenn auch die Anbauflächen von zwei der wichtigsten Produkte, Baumwolle und Sojabohnen, ihren ursprünglichen Umfang noch nicht wieder erreicht haben. Am stärksten jedoch erhöhte sich die Anbaufläche der sonstigen Pflanzen: Sie stieg um 4,3 Mill. ha (88 vH) und erreichte damit einen Anteil von 5,7 vH (1966) der gesamten Anbaufläche (1952 = 3,4 vH). Die Flächenerweiterung in dieser Gruppe betraf vor allem Futterpflanzen, Gründünger[238] und Gemüse.

Diese über die gesamte Periode mäßigen Veränderungen der Anbaustruktur verdecken aber die starken Verschiebungen, die im Zusammenhang mit der Politik des „Großen Sprunges" als „³/₃ Anbaustrategie" langfristig geplant war. Nach diesem Programm sollte etwa ein Drittel der

---

[237] Kartoffeln (zu über 80 vH Süßkartoffeln) zählen nach chinesischer Definition zum Nahrungsgetreide, weil Vieh, speziell Schweine, fast ausschließlich mit Abfällen gefüttert wird. Die Kartoffeln werden in der Angabe über die Gesamtproduktion mit ein Viertel ihres Bruttogewichtes angerechnet.

[238] Renmin Ribao, Peking, vom 31. 3. 1964.

Anbaufläche für Nahrungsgetreide (einschließlich Kartoffeln) reserviert werden, ein Drittel für die technischen Pflanzen und der Rest der Anbaufläche für Parks, Wiesen und andere Erholungsflächen, Obst- und Gemüsegärten verwendet werden[239]. Nach diesen utopischen Vorstellungen wurde die Planung für 1959 ausgerichtet: Die Fläche für Futtergetreide und Gründünger sowie für technische Pflanzen wurden stark ausgeweitet, so daß ihre Anteile im Jahr 1959 von 3,4 vH (1952) auf 10,7 vH bzw. von 8,8 vH auf 9,8 vH anstiegen. Andererseits erfolgte eine Reduzierung der Fläche für Nahrungsgetreide um 7,5 Mill. ha gegenüber dem Vorjahr, wodurch ihr Anteil von 67,5 vH auf 64,4 vH zurückging. Da auch der Umfang der Kartoffelanbauflächen verringert wurde — von 10,4 auf 8,6 vH der Gesamtfläche —, hatte diese Planung insgesamt eine Verringerung der Fläche für die Nahrungsbasis um 6,2 vH zur Folge. Für die kommenden Jahre waren weitere Reduzierungen geplant. Als aber das schlechte Erntewetter der Jahre 1959 bis 1961 und der Mißerfolg einiger agrotechnischer Experimente im Zusammenhang mit der Veränderung des Anbausystems[240] auch die Erträge stark absinken ließ, bewirkte diese geplante Verkleinerung der Anbaufläche einen drastischen Abfall der Produktion und eine katastrophale Versorgungslage. Die Abwehrmaßnahmen erfolgten in der in China üblichen Weise eines Ausweichens auf die Konkurrenzflächen, aber auch durch Importe von Nahrungsmitteln, speziell Weizen. Die Flächen für Nahrungsgetreide wurden wieder schrittweise auf den Umfang von 1958 ausgedehnt. Außerdem wurden die Flächen für technische Pflanzen und sonstige Kulturen eingeschränkt, darunter auch die Anbauflächen für Baumwolle und Sojabohnen sowie die für Futtergetreide. Die geplante Veränderung der Anbaustruktur hat auf diese Weise in starkem Ausmaß die gesamtwirtschaftliche Entwicklung in der Volksrepublik China beeinflußt.

6.3 Pflanzliche Produktion

In der Sowjetunion wie auch in der Volksrepublik China sind die Angaben über die pflanzliche Produktion eine der wichtigsten Kennziffern der Landwirtschaft. In beiden Ländern jedoch sind Einzelheiten über die jährlich erzielten Erntemengen für längere Zeiträume lückenhaft. Während über die sowjetische Getreideernte während der Herrschaft Stalins stets aufgebauschte Zahlen veröffentlicht wurden, gibt es seit 1953 relativ zuverlässige Angaben, die dann durch spätere Berichtigungen ergänzt und teilweise revidiert wurden. Dagegen liegt für China bis heute die letzte amtliche statistische Mitteilung über die Ergebnisse der agrarischen

---

[239] National Programme..., l.c. Diese Forderung ist in der revidierten Fassung abgemildert.
[240] Siehe oben, S. 99.

Produktion aus dem Jahre 1959 vor! Seit 1960 gibt es nur vereinzelte und systematisch verzerrte Hinweise auf Steigerungsraten, deren statistische Basis unbekannt ist. Während für die Sowjetunion aus der Zeit der Kollektivierung keine glaubwürdigen statistischen Angaben zur Verfügung stehen, sind für China die Auswirkungen des Volkskommunensystems der Krise von 1959 bis 1961 nicht hinreichend belegt.

Eine besondere Problematik der *sowjetischen* Agrarstatistik für die Zeit nach der Kollektivierung besteht in der Verwendung der sogenannten „biologischen Ernte" an Stelle der Scheunenernte. Da die sowjetischen Planer die Ablieferungen der Kolchose und Sowchose möglichst hoch angeben wollten, wurden auf die Erfolgsmeldungen der Betriebsleiter der Produktionseinheiten verzichtet und die Ernte auf dem Halm geschätzt. Das ergab außerdem die Möglichkeit einer im politischen Sinne günstigen Manipulation der Ernteergebnisse. Diese Art der Berichterstattung wurde bis 1953 beibehalten, die später veröffentlichten absoluten Ernteziffern für diesen Zeitraum zeigen gegenüber den früheren relativen Angaben teilweise Abweichungen von bis zu 45 vH! So hat sich z. B. die ursprüngliche Ernteziffer von 1952 als stark überhöht erwiesen. Sie mußte um etwa 39 Mill. t reduziert werden.

Die Differenz erklärt sich nicht allein aus dem Unterschied von Biologischer- und Speicherernte (von der noch Trockenschwund, Aufbereitungsverluste usw. abzuziehen sind), sondern gibt auch einen Hinweis auf absichtliche Korrekturen der Ernteergebnisse.

Nach den später veröffentlichten Zahlen über die sowjetische Getreideproduktion für die Jahre nach 1928 ergibt sich, daß die Ernten Anfang der 30er Jahre nur um 10 bis 15 vH über dem Durchschnittsergebnis der Jahre 1909/13 lagen, und seit dieser Zeit sind die Ernten trotz erheblicher Erweiterung der Anbauflächen und größerer Bevölkerungszahl nur unwesentlich gestiegen. Erst ab Mitte der 50er Jahre erfolgte dann ein schnelleres Wachstum der Ernteergebnisse. Eine Ausnahme ist lediglich der vorübergehende Rückgang der Kartoffelproduktion.

Charakteristisches Merkmal der pflanzlichen Produktion — ganz besonders der Getreideproduktion — sind die starken jährlichen Schwankungen. Diese sind überall in der Landwirtschaft naturbedingt, sollten sich bei der Größe des sowjetischen Territoriums und den verschiedenen Klimagebieten jedoch etwas mehr ausgleichen. Zwar werden sich partielle Mißernten, speziell in den semiariden Neulandgebieten, immer nachteilig auf das Gesamtergebnis auswirken, doch sind diese starken Schwankungen auch bedingt durch eine unzureichende technische Ausrüstung, ungenügende Bodenmelioration und Bewässerung.

Die Betrachtung der sowjetischen Hektarerträge zeigt ein ähnliches Bild: Für die wichtigsten Fruchtarten lagen die Erträge zu Anfang der 50er

Jahre nur wenig über dem Niveau von 1909 bis 1913 — ein selbst angesichts der schweren Rückschläge während des letzten Krieges recht schlechtes Ergebnis. Erst seit 1955 steigen die Erträge kontinuierlich an, wobei allerdings die Kartoffelproduktion hinter dem Ergebnis der übrigen Anbauarten zurückblieb. So beachtlich diese Steigerungen seit 1953 auch sind, bedeuten sie über einen Zeitraum von fast 60 Jahren bei Getreide lediglich eine Steigerung um etwa 68 vH, ein Wert, der hinter dem Zuwachs der europäischen Länder — bei höherer Ausgangsbasis — stark zurückbleibt.

Noch deutlicher wird die Rückständigkeit der sowjetischen Agrarwirtschaft gekennzeichnet, wenn die Erträge im Zusammenhang mit der Bevölkerungsentwicklung verglichen werden. Während nach der Revolution bis zum Ende der 20er Jahre die pro-Kopf-Erzeugung an Getreide um etwa 14 vH anstieg und auch die Erzeugung von Kartoffeln, Baumwolle und anderen Fruchtarten gesteigert werden konnte, gingen die pro-Kopf-Erträge nach der Kollektivierung stark zurück. Sie lagen noch zu Beginn der 50er Jahre unter dem Niveau der Zeit vor dem 1. Weltkrieg — sieht man von der Baumwoll- und Kartoffelproduktion ab. Bei letzterer ist allerdings zu berücksichtigen, daß ein hoher Anteil in den privaten Nebenwirtschaften angebaut wird, wo die Produktivität zwar höher liegen dürfte, die Erträge aber nur schwer erfaßt werden können.

Erst seit 1954, im Gefolge der neuen Landwirtschaftspolitik nach Stalins Tod, stiegen die Erträge merklich schneller als die Bevölkerungszahl.

Für die Gesamtheit *Chinas* hat es niemals eine ordentliche Agrarstatistik gegeben[241]. Angaben aus der Zeit vor 1949 sind Schätzungen auf der Basis von ausgewählten Untersuchungen in einigen Provinzen und Kreisen. Die Untersuchungen der Abteilung für Landwirtschaft und Forsten an der Universität Nanking z. B. wurden mit großer Sorgfalt durchgeführt, jedoch ergab die Hochrechnung auf nationale Ebene nur ein annäherndes Bild der chinesischen Agrarpolitik zu Beginn der 30er Jahre[242]. Es ist daher auch kein Wunder, daß verschiedene spätere Nachrechnungen oder kommunistische Angaben stark differieren[243].

Nach der kommunistischen Machtübernahme wandten die kommunistischen Behörden die gleiche Methode an. Jetzt wurden diese „Modell-Untersuchungen" auf alle Kreise des Landes und später einzelne Dörfer und Regionen ausgedehnt. Im Rahmen dieser Modell-Untersuchungen

---

[241] Erst aus neuerer Zeit gibt es einen Versuch, ein quantitatives Bild der chinesischen Agrarwirtschaft zu zeichnen. Vgl. P. *Perkins:* „Agricultural Development..." l. c.
[242] Vgl. J. L. *Buck*: „Land Utilization in China." Nanking 1937.
[243] Vgl. *Ta-chung Liu* and *Kung-chia Yeh*: „The Economy of the Chinese Mainland: National Income and Economic Develpoment, 1933—1959." Princeton 1965, S. 24. Siehe Tabelle 10 dieser Arbeit.

wurde für die Anbauarten ein Standard-Ertrag errechnet, der dem durchschnittlichen Ertrag eines Jahres auf einem bestimmten Boden und pro Flächeneinheit entsprach. Gezählt wurden nur Anbaugebiete, die nicht von Witterungsschäden, d. h. Dürren, Überschwemmungen u. ä. betroffen waren[244]. Nach diesem Standard-Ertrag wurde dann die gesamte Erntemenge eines Dorfes, Kreises usw. geschätzt. In den ersten Jahren nach 1950 verließ man sich auf Befragungen der individuellen Haushalte, später der Genossenschaften und Kommunen. Die Leitung dieser Untersuchungskomitees lag überall in den Händen der örtlichen Parteisekretäre. In den Jahren 1958/59 wurden diese Untersuchungen auf möglichst viele Felder der Volkskommunen ausgedehnt, um die Ergebnisse der Schätzungen und Zählungen zu verbessern.

Bei der Hochrechnung dieser Untersuchungen bediente man sich, wie in der Sowjetunion, der Schätzung auf dem Halm, d. h. der „biologischen Ernte[245]". Anscheinend erfolgte jedoch dieser Wechsel in der Berechnung nicht überall einheitlich, die statistische Erfassung war in den ersten Jahren überhaupt noch sehr mangelhaft. Denn selbst wenn man eine gewisse Zeit des Wiederaufbaus (vor allem der Bewässerungsanlagen) berücksichtigt, sind die amtlichen Produktionszahlen für die Jahre 1949 bis 1952 sicher zu niedrig angegeben, die Wachstumsrate der nachfolgenden Jahre erscheint dadurch überhöht. Dagegen dürften die Angaben für die Jahre 1955 bis 1957 schon infolge verbesserter statistischer Erfassung den tatsächlichen Ernteergebnissen nahe kommen. Ab 1958 jedoch sind die landwirtschaftlichen Produktionsergebnisse durch die Umgruppierung der statistischen Abteilungen der Volkskommunen sowie durch die Parolen des „Großen Sprunges" beeinflußt, und zwar um etwa 20 vH (1958) oder sogar 45 vH (1959) überhöht. Das dürfte in etwa gleichem Ausmaß für alle Fruchtarten zutreffen.

Zwar wurden ab 1959 große Anstrengungen für den weiteren Ausbau des statistischen Dienstes in den Volkskommunen unternommen, auch wurde ab 1960 die Zählung in Form der „Scheunenernte"[246] eingeführt, jedoch hörte zu gleicher Zeit die ausführliche Berichterstattung über die Ergebnisse in der gesamten Volkswirtschaft auf. Seither gibt es nur vereinzelte Hinweise zur landwirtschaftlichen Produktion, die jedoch eine Schätzung der Erteergebnisse für die folgenden Jahre gestatten[247].

Sieht man von den Mißernten der Jahre 1960/61 ab, dann schwanken die Erträge im jährlichen Wechsel nicht so stark wie in der Sowjetunion.

---
[244] Vgl. *Nai-ruenn Chen*: „Chinese Economic Statistics, A Handbook for Mainland China." Edingburgh 1967, S. 54 ff.
[245] Diese Art der Erfassung war in China traditionell üblich.
[246] Vgl. Jihua yu Tongji, Peking (Planwirtschaft und Statistik), Nr. 2. Februar 1960, S. 18.
[247] Vgl. die Anmerkungen zu den Tabellen im Anhang.

In China macht sich der größere Anteil der bewässerten Flächen, vor allem beim Reisanbau, bemerkbar. Insgesamt ist die Produktion aber nur sehr langsam gesteigert worden, für Getreide in dem Zeitraum von 1953 bis 1969 um etwa 42 vH (darunter Reis um 60 vH und Weizen etwa 42 vH), Baumwolle etwa 80 vH und Kartoffeln um 86 vH. Hier zeigt sich, welche Bedeutung die Kartoffelproduktion für die chinesische Versorgung gewonnen hat. Die Erzeugung von Sojabohnen hat anscheinend das in den 50er Jahren erreichte Niveau wieder erreicht.

Diese unterschiedliche Entwicklung der Produktion ist zu einem Teil bedingt durch die strukturelle Veränderung der Anbauflächen, zum anderen durch langsam steigende Hektarerträge. Bis Mitte der 50er Jahre wurden bei den wichtigsten Fruchtarten die Vorkriegserträge wieder erreicht, sie fielen bei fast allen Anbaufrüchten nach rascher Steigerung während des „Großen Sprunges" stark zurück. Seither sind die Erträge bei weiterhin starken jährlichen Schwankungen im Trend anscheinend stetig gestiegen mit größerem Zuwachs bei Reis und Baumwolle, während die Steigerung bei Kartoffeln nur mäßig ist.

Im Vergleich zur Sowjetunion liegen die chinesischen Erträge sehr niedrig, berücksichtigt man die sehr viel intensiveren Anbaumethoden in China. Bei Weizen, Reis, sonstigen Nahrungsgetreiden und Kartoffeln werden im Durchschnitt in der Sowjetunion mehr auf der Flächeneinheit erzeugt als in China. Die Erträge von Baumwolle sind ebenfalls nicht vergleichbar, da in der Sowjetunion als Rohbaumwolle die ungereinigte, nicht entkernte Baumwolle angegeben wird, in der Volksrepublik China jedoch die aufbereitete Rohbaumwolle. Unter Einrechnung dieses Gewichtsverlustes[248] sind die russischen Erträge anscheinend doppelt so hoch wie die chinesischen. Bei allen diesen globalen Vergleichen ist allerdings zu beachten, daß die regionalen Abweichungen von diesen Mittelwerten in beiden Ländern sehr groß sind.

Die Rückständigkeit der chinesischen Agrarproduktion im Verhältnis zur Sowjetunion wird noch besser gekennzeichnet, vergleicht man die pro-Kopf-Erzeugung beider Landwirtschaften. Abgesehen von den in ihrer Höhe angezweifelten Erträgen der Jahre 1958 und 1959 erreichten die chinesischen Erträge bestenfalls 60 vH der russischen, zumeist lagen sie unter der halben russischen pro-Kopf-Produktion. Das gilt für Getreide, besonders auch für Kartoffeln und Speisefette (Sonnenblumen beziehungsweise Sojabohnen) und erst recht für Baumwolle. Und während die sowjetische pro-Kopf-Erzeugung seit Mitte der 50er Jahre rasch gesteigert werden konnte, fielen die chinesischen Erträge in der Krise von 1960/61 auf das Niveau der Kriegsjahre zurück und die mäßigen Produktions-

---

[248] Zum Vergleich lassen sich die Schätzungen des FAO Production Yearbook heranziehen.

steigerungen der folgenden Jahre wurden teilweise vom Bevölkerungswachstum aufgezehrt. Die pro-Kopf-Produktion aller wichtigen pflanzlichen Früchte (mit Ausnahme von Reis) lag 1969 unter dem Niveau von 1957, d. h. es hatte anscheinend in einem Jahrzehnt kaum eine Verbesserung der Versorgung gegeben. Eine wesentlich andere Einschätzung der Agrarproduktion beider Länder ergibt sich jedoch, bezieht man den Vergleich auch auf die entsprechenden Entwicklungsperioden, d. h. die Zeit des ersten und zweiten Fünfjahrplans und die Zeit der Kollektivierung. Dann ist andererseits festzustellen, daß im Gegensatz zur Stagnation und dem teilweisen Rückgang der sowjetischen Agrarproduktion in der Zeit des ersten Fünfjahrplans die chinesische Erzeugung langsam aber stetig zugenommen hat, und daß die in den darauffolgenden Jahren festgestellte Stagnation in China in erster Linie durch die **Umstellungsschwierigkeiten** bei der sehr raschen Veränderung des Anbausystems verursacht sein dürften, erst an zweiter Stelle durch organisatorische Veränderungen der staatlichen Verwaltungen und des Kommunesystems.

Diese im Vergleich zur Sowjetunion geringe pro-Kopf-Erzeugung Chinas gibt zugleich einen Hinweis auf die möglichen Marktleistungen der Landwirtschaft und beleuchtet die Schwierigkeiten, die rasch wachsende städtische Bevölkerung mit Nahrungsmitteln zu versorgen und pflanzliche Rohstoffe für die Verbrauchsgüterindustrien bereitzustellen. Die Differenz der pro-Kopf-Quoten kennzeichnet außerdem die viel niedrigere Kapazität der chinesischen Landwirtschaft, einen Beitrag zur Finanzierung der Industrialisierung zu leisten.

6.4 Viehwirtschaft

In Rußland wie auch in China spielt die Viehwirtschaft bisher — schon aus traditionellen Gründen — nur eine zweitrangige Rolle. In beiden Ländern gab es vor der Revolution keine entwickelte Viehzucht, Großvieh wurde vor allem als Zugvieh gehalten. Solange die pflanzliche Produktion der Landwirtschaft nur ein Existenzminimum der menschlichen Ernährung gewährleistete und ein derartig starker Bedarf an Nahrungsgetreide bestand, war eine Umwegproduktion tierischer Produkte[249] noch nicht möglich, mußte daher auch die Entwicklung der Viehwirtschaft stagnieren. Nachdem in beiden Ländern die Viehbestände durch die Einwirkungen der Kriege und Bürgerkriege stark vermindert worden waren, nahmen die Bestandszahlen in den anschließenden Wiederaufbaujahren

---

[249] Die Produktion tierischer Produkte erfordert den Einsatz von Futtermitteln, die das Ergebnis um ein Vielfaches übersteigen. Der Aufwand ist abhängig von den Tierarten, Fütterungsgewohnheiten und klimatischen Bedingungen, er schwankt zwischen 1:3 und 1:6.

rasch zu, zum Teil wurden die Bestände der vorrevolutionären Zeit übertroffen. Diese Aufwärtsentwicklung wurde mit dem Beginn der Kollektivierung in der *Sowjetunion* dann jedoch jäh unterbrochen, die Viehbestände sanken rasch und erst in den Jahren zwischen 1953 und 1957 wurden die Stückzahlen von 1916 wieder erreicht oder übertroffen. Abgesehen von der Bevorzugung des Getreidesektors stellte sich die Schwäche der kollektiven Bewirtschaftung bei der Viehhaltung in der Sowjetunion als besonders nachteilig heraus.

Soweit die Bestände nicht durch Abschlachtungen dezimiert waren, wirkte sich das mangelnde Interesse der Landarbeiter negativ aus; zur ungenügenden Pflege und unzureichenden Versorgung mit Futtermitteln kam das Fehlen geeigneter Gemeinschaftsställe, geeigneten Zuchtmaterials etc. Auch aus anderen Gründen waren die neuen Großbetriebe für die Viehhaltung nicht besonders geeignet, woran die Einrichtung spezieller Viehkolchose wenig änderte. Nach der Kollektivierung waren die Bestände auf 50 bis sogar 30 vH der Stückzahlen von 1928 zurückgegangen; und die Erholung des Viehbestandes machte nur bei Schweinen, von denen sowieso ein großer Teil in privater Nutzung gehalten wurde, raschere Fortschritte.

Erst mit der Erweiterung des Futtermittelanbaus, der Bereitstellung größerer Kraftfuttermengen und einer Veränderung des Preisgefüges stiegen die Viehbestände wieder an, wobei sich starke Veränderungen in der Zusammensetzung des Tierbestandes ergaben. Der starke Rückgang des Pferdebestandes ist eine Folge der Mechanisierung der Ackerarbeiten, der Rückgang der Ziegenhaltung zugunsten einer stärkeren Schafzucht ist auch in anderen Ländern zu beobachten; er wurde durch die schnelle Vergrößerung der kollektiven Großherden in den asiatischen Teilen der Sowjetunion ermöglicht.

Im Gegensatz zur Sowjetunion hat die schrittweise Kollektivierung in *China* keinen stärkeren Rückschlag in der Viehhaltung verursacht. Die Einführung der landwirtschaftlichen Genossenschaften verschiedenen Typs und der Volkskommunen hatte zwar in vereinzelten Fällen ebenfalls zu vorzeitigen Abschlachtungen geführt, doch sind die Bestände in diesen Jahren bei Rindern, Pferden und Eseln nur unwesentlich zurückgegangen. Die gleichzeitige Stagnation der Stückzahlen dieser Tierarten wurde häufig mit dem — wohl zutreffenden — Hinweis erklärt, daß die Genossenschaften an einer qualitativen Besserung ihres Bestandes an Zugtieren interessiert waren und nicht bereit gewesen seien, kranke oder leistungsunfähige Tiere zu übernehmen[250].

Der Rückschlag in der Viehhaltung trat in China erst im Jahre 1960 ein, als sich mit den Auswirkungen des Fehlschlags des „Großen Sprun-

---

[250] Da Gong Bao, Peking, vom 23. 6. 1957.

ges" von 1958/59 und der anhaltenden schlechten Witterung der Jahre 1959 bis 1961 eine rapide Verschlechterung der Futtergrundlage bemerkbar machte, die alle Tierarten annähernd gleichmäßig (auch die Zugtiere — wenn auch etwas weniger stark —) betraf, wobei dies sowohl für die kollektive als auch die private Viehhaltung galt. Bei allen Tierarten waren verstärkte Abschlachtungen zu verzeichnen, und für mindestens zwei Jahre wurde anscheinend auch die Aufzucht stark eingeschränkt. Für die gesamte Landwirtschaft hemmend dürfte sich dabei die Verringerung des Bestandes an Zugtieren ausgewirkt haben (Rinder, Wasserbüffel, Pferde und Esel), deren Stückzahlen bis 1966 infolge der längerfristigen Aufzucht den Stand vor Beginn der Krise noch nicht wieder erreicht haben. Sehr rasch hingegen erfolgte die Erholung der Bestände an Schweinen, Schafen und auch Ziegen.

Vergleicht man den Viehbesatz beider Länder bezogen auf 1000 ha landwirtschaftlicher Nutzfläche, dürften die Bestände aller angeführten Tierarten — mit Ausnahme der Stückzahlen von Rindern (Kühen) — in der Volksrepublik China höher liegen als in der Sowjetunion. Dieses Verhältnis ändert sich aber, vergleicht man die Bestände je 1000 Einwohner des jeweiligen Gebietes. In diesem Falle ergibt sich lediglich bei Schweinen ein ganz geringer und bei Ziegen ein größerer Bestand in China, hingegen sind in der Sowjetunion die Stückzahlen der Rinder etwa 6mal und die der Schafe etwa 4,5mal zu groß wie die Bestände in der Volksrepublik China, bezogen auf die Einwohnerzahl. Dieser Unterschied ist auf die größere Futtergrundlage der Sowjetunion zurückzuführen, die es erlaubt, auch beim Großvieh die Fleischwirtschaft auszudehnen.

Über die Geflügelzucht in China liegen nur stark abweichende Angaben und Schätzungen vor; mit Sicherheit läßt sich jedoch sagen, daß die Geflügelbestände auch im Verhältnis zur Bevölkerungszahl in der Volksrepublik China höher sind. Unter Berücksichtigung der besseren Futtermittelversorgung — die Schweinemast in China erfolgt z. B. auch heute noch zum überwiegenden Teil mit Abfällen — läßt sich folgern, daß auch die Produktionsleistungen der Viehhaltung in der Sowjetunion wesentlich höher liegen als in der Volksrepublik China.

6.5 Mechanisierung

Die skizzierten, zum Teil sehr unterschiedlichen Produktionsleistungen der chinesischen und sowjetischen Landwirtschaft haben ihre Ursache nicht nur in den mitunter stark differierenden Klimabedingungen und verschiedenen Anbausystemen; sie sind vielmehr auch bedingt durch den unterschiedlichen Entwicklungsstand der beiden Volkswirtschaften, und zwar in erster Linie durch die technische Ausrüstung der jeweiligen Landwirtschaft. Dabei war für viele Jahre vor allem die Mechanisierung und die Einführung des Traktors ein Symbol für die sozialistische Umgestaltung der Landwirtschaft. Die Mechanisierung sollte nicht nur die Produktivität und die Produktion steigern, sondern vor allem auch die Schaffung eines neuen, revolutionsbewußten „Landarbeiters" begünstigen. Tatsächlich folgte jedoch die Mechanisierung dem Übergang zu kollektiver Feldarbeit mit längerer zeitlicher Verzögerung, wenngleich die Produktion landwirtschaftlicher Maschinen und Traktoren in der Sowjetunion im Zusammenhang mit der Kollektivierung schneller und stärker vorangetrieben wurde. Zunächst wurden in der Sowjetunion wie auch in China die staatlichen Betriebe bevorzugt beliefert; und erst nach der Errichtung der Maschinen-Traktoren-Stationen (MTS) wurde die systematische Versorgung der Kolchosbetriebe forciert, ein Schritt, der in China bis zur Einführung der Volkskommunen in ähnlicher Weise nachvollzogen wurde. Besonders seit den 50er Jahren, im Zusammenhang mit dem Neulandprogramm, ist die technische Ausrüstung der sowjetischen Landwirtschaft mit Traktoren, Mähdreschern und Lastkraftwagen stark ausgedehnt worden, begünstigt durch die in der Nachkriegszeit noch rüstungsorientierte Produktionsstruktur der sowjetischen Maschinenbauindustrie.

In China begann die versuchsweise Traktorenproduktion erst Mitte der 50er Jahre zunächst mit dem Nachbau schwerer sowjetischer Modelle. Seit 1962 wurde die Produktion stark ausgeweitet und seither werden auch leichtere Traktoren, darunter auch von Hand geführte „Gartentraktoren" gebaut[251]. Zur Zeit produziert China alle für die Ackerarbeit notwendigen Maschinen, wobei heute zumeist eigene Entwicklungen bevorzugt werden.

In beiden Ländern ist die Mechanisierung weiterhin stark auf die Ackerarbeit konzentriert. Nach der in der Landwirtschaft eingesetzten Stückzahl hat die Volksrepublik China den Stand der Sowjetunion zu Beginn der Kollektivierung erreicht, in bezug auf die produktionstechnische Ausrüstung der Landmaschinen liegt China noch weiter zurück. Der unterschiedliche Mechanisierungsgrad, der in beiden Ländern ständig gestiegen ist, hat in der Sowjetunion je Arbeitskraft viel schneller zugenommen. Jeder Traktor hatte in China im Jahre 1965 die 10fache Fläche zu bearbeiten wie in der Sowjetunion, jeder Mähdrescher sogar die 20fache Ackerfläche. Für beide Länder ist eine hohe Auslastung der Maschinenkapazitäten charakteristisch, deren Kehrseite hohe Ausfallzeiten sind. Der Schwerpunkt der gegenwärtigen chinesischen Mechanisierung zielt auf kleine, leichte Mehrzweckmaschinen.

Der stärkere Mechanisierungsgrad der Ackerarbeit entspricht der extensiven Produktionsweise der sowjetischen Landwirtschaft. Das chinesische, stark intensive Anbausystem mit seinem hohen Anteil an künstlicher Bewässerung für Reis und andere Kulturen, benötigte einen hohen

---

[251] Renmin Ribao, Peking, vom 27. 4. 1968.

Arbeitseinsatz für die Bewässerung und Drainage. Seit langem ist man in der chinesischen Landwirtschaft bemüht, diese zumeist sehr eintönige Arbeit durch mechanischen Antrieb zu erleichtern oder zu ersetzen. Neben Motoren der verschiedensten Art wird vor allem der Elektromotor mit 3 bis 5 PS, aber auch in leistungsstärkeren Ausführungen in großen Mengen in China gebaut und mit entsprechenden Pumpen gekoppelt. Zu diesem Zweck wurden kleine, tragbare Aggregate entwickelt, die von Feld zu Feld getragen und zu anderen landwirtschaftlichen Arbeiten, z. B. zum Dreschen, eingesetzt werden können.

In China wurde in den letzten Jahren das elektrische Versorgungsnetz auf dem Lande stark ausgeweitet, neben den größeren Kraftwerken wurden überall mittlere und kleinere thermische und hydroelektrische Kraftstationen gebaut[252]. Der Anteil des Stromverbrauchs der Landwirtschaft am gesamten Nettoverbrauch an elektrischer Energie hat sich zwischen 1959 und 1969 um etwa das dreißigfache erhöht, wovon über 80 vH zu produktiven Zwecken eingesetzt werden[253].

Hierin besteht der wesentliche strukturelle Unterschied in der technischen Ausrüstung der Landwirtschaft beider Länder: In der Sowjetunion werden weniger als die Hälfte des im landwirtschaftlichen Sektor verbrauchten Stroms zu produktiven Zwecken eingesetzt und der Anteil des Stromverbrauchs der Landwirtschaft am Gesamtverbrauch an elektrischer Energie betrug 1969 erst 4,8 vH[254]. Dieses Verhältnis wird noch deutlicher, vergleicht man die Gesamtkapazitäten in beiden Landwirtschaften. Während in der Sowjetunion Traktoren und Lastkraftwagen mehr als zwei Drittel aller in der Landwirtschaft eingesetzten PS leisten, erreicht der Anteil aller anderen eingesetzten Energiearten neben den elektrischen und sonstigen mechanischen Pumpen nur einen geringen Bruchteil. Der gesamte Einsatz an Energie je ha Ackerfläche ist, bei gänzlich anderer Struktur des Einsatzes, in beiden Ländern fast gleich.

6.6 Chemisierung

In der Sowjetunion wie auch in der Volksrepublik China wurden in den letzten Jahren große Anstrengungen gemacht, die Flächenerträge der pflanzlichen Produktion durch vermehrte Verwendung von Handelsdünger zu steigern. Beide Länder haben die Produktionskapazitäten für Stickstoff, Phosphat und Kali stark erweitert und China hat zusätzlich große Mengen importiert. Die Importmengen Chinas überstiegen bis zum Jahr 1960 die

---
[252] Renmin Ribao, Peking, vom 2. 1. 1965.
[253] Ebenda.
[254] Bei diesem Vergleich ist allerdings zu beachten, daß in China der gewerbliche Verbrauch in den Volkskommunen mit enthalten ist, für den eine Durchschnittsziffer aber nicht bekannt ist. Mehr als 15 vH dürfte er nicht erreichen.

inländische Produktion, seither werden teilweise noch zusätzlich annähernd 50 vH der eigenen Produktion aus Japan, Nordafrika und Europa eingeführt. Obwohl beide Länder ihre chemische Industrie zur Herstellung von Handelsdünger und Pflanzenschutzmitteln mit hohen Wachstumsraten ausgebaut haben, ist die Bereitstellung je Flächeneinheit im Vergleich zu entwickelten Industrieländern noch sehr gering, der Verbrauch wird für die Volksrepublik China im Jahr 1969 noch um ein Drittel niedriger angenommen als in der Sowjetunion. Während in der Sowjetunion aber diese Mengen zum überwiegenden Teil den technischen Kulturen zugute kommen, werden in der Volksrepublik China anscheinend mehr als die Hälfte des Düngers für Getreide- und Futtermittelkulturen verwendet[255]. Bei diesem mehr breit gestreuten Verbrauch werden in China auch im großen Maßstab verschiedene Arten von Mischdüngern aus Organischen- und Handelsdüngern angewandt. Die Volksrepublik China ist heute auf dem internationalen Markt der größte Importeur für Stickstoffdünger und auch bei anderen Sorten ein wichtiger Importeur. Durch ihre Getreide-(Reis-)Exporte können die Chinesen, zum Teil in direkter Kompensation, diese großen Handelsdüngereinfuhren bezahlen.

Infolge der langen Erfahrung der chinesischen Bauern mit Düngerkulturen ist anzunehmen, daß der Nutzeffekt der modernen Düngung in der Volksrepublik China höher ist als in der Sowjetunion.

6.7 Gesamtwirtschaft und Außenhandel

Dem Versuch, den Anteil der landwirtschaftlichen Produktion an der gesamten Bruttoproduktion für beide Länder zu errechnen, stehen viele Schwierigkeiten entgegen. So ist diese Kennziffer schon für ein einzelnes Land gesondert schwer anzugeben, da die Basisjahre für die Wertangaben nicht übereinstimmen. Die langjährige Fortschreibung des Index in der Sowjetunion läßt auch die Entwicklung ungenau werden. Zudem wird bei der Angabe der landwirtschaftlichen Bruttoproduktion in der Sowjetunion lediglich die pflanzliche und tierische Produktion berücksichtigt, in der Volksrepublik China aber auch Forstwirtschaft, Fischfang, Nebengewerbe etc. Nach diesen groben Rechnungen würde im Jahre 1969 die industrielle Bruttoproduktion in der Sowjetunion das Vierfache der landwirtschaftlichen Produktion betragen haben, in der Volksrepublik China das Dreifache. Beide Zahlen dürften aus ideologischen Gründen in ihrer Gewichtung überhöht sein, geben aber das Verhältnis des Entwicklungsstandes annähernd wieder. Der Anteil der pflanzlichen Produktion an der landwirtschaftlichen Produktion der Sowjetunion wird mit 50 vH für 1969

---

[255] Diese Vermutung stützt sich auf die Häufigkeit, mit der Handelsdünger in der chinesischen Presse und vor allem Fachzeitschriften im Zusammenhang mit dem Getreideanbau und Futtermittelkulturen erwähnt wird.

angegeben (50 vH tierische Produktion), nach der chinesischen Statistik errechnet sich für das entsprechende Jahr ein Anteil von 66 vH, für die tierische Produktion nur 15 vH (der Rest für Nebengewerbe u. a.). Auch dieses Verhältnis deutet die starke Ausrichtung auf die pflanzliche Produktion oder die „subsistence-Wirtschaft" Chinas gut an.

Aufgrund der obigen Vorbehalte ist auch der Überblick über den Anteil der Landwirtschaft am Außenhandel zu betrachten. Hier ist zusätzlich zu beachten, daß die chinesischen Zahlen aus den Statistiken der Partnerländer rekonstruiert wurden. Unter diesem Vorbehalt ist festzustellen, daß China, das traditionell ein Nahrungsmittelexporteur war, diese Rolle in den ersten Jahren des Bestehens der Volksrepublik auch beibehalten hat. Rund 30 bis 40 vH der chinesischen Exporte sind Nahrungsmittel. Rechnet man die aus der Landwirtschaft stammenden Vorprodukte mit ein, erhöht sich dieser Anteil auf 50 vH. Wurden während der ersten Jahre der Volksrepublik nur etwa 5 vH jährlich an Nahrungsmitteln importiert, stieg dieser Anteil im Gefolge der Krise der Jahre 1959/60 auf 40 vH. Rund ein Fünftel der chinesischen Einfuhr besteht auch heute noch aus Nahrungsmitteln, fast durchweg Getreide in Höhe von 3,5 bis 6 Mill. t jährlich, die annähernd 2 bis 4 vH der chinesischen Getreideernte ausmachen. Diese starken Veränderungen spiegeln sehr gut die Krise der chinesischen Getreidewirtschaft der letzten Jahre wider.

Der Außenhandelsanteil mit Nahrungsmitteln hat für die Sowjetunion nicht so große Bedeutung. Annähernd 10 vH der Ausfuhr und 20 vH der Einfuhr der Sowjetunion sind Nahrungsmittel. Die Sowjetunion ist im Gegensatz zu China ein Nettoimporteur. Das trifft allerdings für den Getreidehandel, dessen Import-Exportbilanz in der Sowjetunion in langfristiger Betrachtung fast ausgeglichen ist, erst für die letzten Jahre zu.

Auch die übrige Struktur des Warensortiments weist die Sowjetunion als eine im Verhältnis zu China viel weiter entwickelte Volkswirtschaft aus.

7. Schlußbetrachtung

7.1 Zusammenfassung

Die Beobachtung der Agrargeschichte Rußlands und Chinas zeigte bis zum Ausbruch der Revolutionen fast nur Gegensätze. Unter kommunistischer Herrschaft bildeten sich sowohl Ähnlichkeiten im wirtschaftlichen — speziell landwirtschaftlichen — System als auch markante Unterschiede heraus.

Die Ähnlichkeiten in den beiden Ländern haben ihren Ursprung im gemeinsamen Bekenntnis zur sozialistischen oder kommunistischen Gesellschaftsform, d. h. zu den gemeinsamen ideologischen Voraussetzungen zur Veränderung ihrer Gesellschaften. Diese bedingen vor allem die alleinige und umfassende Herrschaft einer — d. h. der kommunistischen — Partei und die weitestgehende Vergesellschaftung aller Produktionsmittel. Beiden Ländern gemeinsam ist das Ziel einer möglichst raschen Modernisierung, vor allem Industrialisierung, zur Stärkung der politischen, wirtschaftlichen und militärischen Macht des Staates. Diese beschleunigte „nachholende Entwicklung" konnte unter den Voraussetzungen beider Länder, d. h. unter Berücksichtigung des niedrigen Ausgangsniveaus, nur durch langjährig erzwungenen Konsumverzicht breiter Volksschichten bei gleichzeitig erhöhter Arbeitsleistung erreicht werden.

In beiden Ländern war die Agrarpolitik zunächst eindeutig Instrument dieser allgemeinen Wirtschaftspolitik, d. h. die Landwirtschaft diente als Akkumulationsquelle für die forcierte Industrialisierung. Die Vergesellschaftung der Landwirtschaft und die Schaffung landwirtschaftlicher Großbetriebe kennzeichnen beide Agrarsysteme ebenso wie die damit verbundene bürokratische Verwaltung und das System der Pflichtablieferungen, auch wenn hierbei mit unterschiedlicher Praxis vorgegangen wird.

Zusammenfassend läßt sich sagen, daß die Ähnlichkeiten hauptsächlich in gewissen, beiden Ländern gemeinsamen, ideologischen Vorstellungen zum Ausdruck kommen, während die Unterschiede vor allem in der praktischen Durchführung dieser Vorstellungen liegen: Bodenreform und Kollektivierung haben in den beiden Vergleichsländern einen unterschiedlichen Verlauf genommen. Die Chinesen hatten dabei den Vorteil, nicht nur das ideologische Konzept einer Leninschen Bauernpolitik übernehmen, sondern auch von den praktischen Erfahrungen und Fehlern der sowjetischen Agrarpolitik lernen zu können.

Die ideologische Einschätzung der Rolle der Bauernschaft weicht in China nicht von dem leninistischen Vorbild ab, jedoch haben die chinesischen Führer auf dem Lande und nicht in den Städten ihre Revolution vorbereitet und erprobt. Sie hatten lange vor Gründung der Volksrepublik in den sogenannten „befreiten Gebieten" Gelegenheit, ihre Vorstellungen von der Bodenreform und der Kollektivierung zu testen. Sie haben bei dieser Gelegenheit gezeigt, daß sie ihre Politik den politischen und ökonomischen Notwendigkeiten anzupassen wußten, wie z. B. während des Krieges gegen Japan.

Als die Kommunisten die Macht im ganzen Lande gewonnen hatten und begannen, ihre weithin gelenkte und geplante Bodenreform durchzuführen, hatten sie als die tatsächlichen „Sieger" des Krieges gegen Japan die Unterstützung der Mehrheit aller Bevölkerungsschichten hinter sich. Im Gegensatz zur Sowjetunion vollzog sich die Phase der Bodenreform in China in einer Situation der konsolidierten Macht der herrschenden kommunistischen Partei, einer seit langem nicht gekannten inneren Stabilität und Sicherheit, sowie in einer Zeit der raschen wirtschaftlichen Gesundung. Die Chinesen waren daher in der Lage, sofort nach der von ihnen gesteuerten und für ihre Zwecke genutzten Landverteilung mit einer stufenweisen Kooperation zu beginnen. Dieser stufenweise, gut abgestimmte und organisierte Prozeß trug dabei weniger den Charakter eines Experiments als einer Gewöhnung und Erziehung der Bauern zur kollektiven Arbeitsweise. Bis zum Höhepunkt der Kollektivierung in den Jahren 1956/57 wurde zudem Freiwilligkeit häufig angestrebt. Aus diesem Grunde gab es bei der Kollektivierung in China keinen nennenswerten Widerstand der Bauern gegen das Regime. So hat sich während dieser Zeit der Viehbestand nur unwesentlich verringert und die landwirtschaftliche Produktion nahm leicht und beständig zu.

Im Gegensatz dazu hatte es den sowjetischen Funktionären zunächst an praktischer Erfahrung und an politischer Macht im Dorf gefehlt. Die russischen Bauern hatten sich den Boden weitgehend ohne das Zutun der Sowjets angeeignet. Die anschließend einsetzende Requirierungspolitik der Sowjetregierung während der Zeit des Kriegskommunismus und des Bürgerkrieges forderte den Widerstand der Bauern heraus und führte schließlich zu einem Rückzug in der Periode der Neuen Ökonomischen Politik, in der das Privateigentum der Bauern wieder zur Geltung kam. Während dieser längeren Pause der sozialen Veränderungen in der Sowjetunion gab es — auch als die Sowjets die Macht schon fest in Händen hatten — nur Ansätze zu einer kollektiven Organisationform; es war eher eine Phase der Experimente, des Improvisierens und der Dikussionen über den einzuschlagenden Weg. Die dann sehr überstürzt und schnell durchgeführte Kollektivierung brachte nicht nur starke Einbußen in der landwirtschaftlichen Produktion und eine erhebliche Abschlachtung der Viehbestände sowie nachfolgend mehrere Hungerjahre in den Städten und auf dem Lande. Der gesamte Prozeß machte trotz der langen Anlaufzeit eher den Eindruck einer plötzlichen improvisierten Aktion, in der wesentliche Fragen der Organisationsform u. a. zunächst ungelöst blieben. Es war dies die Folge der fehlenden Übereinstimmung innerhalb der sowjetischen Führung über die richtige Agrarpolitik und darüber hinaus über die allgemeine Wirtschaftspolitik. Vor allem aber führte der Zwang und der Terror bei der Behandlung der Bauern zu verschärften Spannungen auf dem Lande, die langfristig psychologisch wirksam blieben und zu vielfältigem passiven Widerstand führten. Das sollte sich als ein entscheidender Hemmschuh bei den Bemühungen um eine Steigerung der Arbeitsproduktivität erweisen. Diese Schwierigkeiten zwangen das Regime auch nach Beendigung der Kollektivierung, den Kolchos- und Sowchosbauern gewisse Erleichterungen zu gewähren und das private Hofland zu tolerieren.

Sieht man von den ideologischen und politischen Gründen ab, die bei der Entscheidung zur Kollektivierung in beiden Ländern ausschlaggebend waren (in China werden diese Gründe heute sogar stärker betont), dann sind es vor allem folgende ökonomische Gesichtspunkte und Erwartungen, die zugunsten der Kollektivierung hier wie dort ins Feld geführt wurden:

1. Der Großbetrieb, die Großproduktion ist der individuellen Bauernwirtschaft überlegen. Sie erlauben den rationelleren Einsatz des knappen Faktors Kapital und setzen Arbeit für den industriellen Aufbau frei. Entsprechend wird die landwirtschaftliche und gesamtwirtschaftliche Produktivität gesteigert.

2. Die Vereinigung der individuellen Bauern in beaufsichtigten Kollektiven wird nicht nur zu höheren Erträgen führen, sie wird vor allem den öffentlichen „Marktanteil" erhöhen, d. h. den Zugriff des Staates auf die Ernte erheblich steigern.

3. Den erhöhten Marktanteil wird der Staat für Investitionen in der Industrie verwenden können, wodurch sich das Güterangebot an Produktions- und Verbrauchsgütern erhöhen und der Lebensstandard wachsen wird.

Diese Erwartungen haben sich in beiden Ländern nicht oder nur sehr unvollkommen erfüllt. Es zeigte sich, daß die kollektive Produktionsweise in Großbetrieben keineswegs zu unmittelbarer Produktivitätssteigerung führt, wenn nicht gleichzeitig bestimmte andere Voraussetzungen erfüllt sind. Vor allem muß eine Form der Arbeitsorganisation gefunden werden, die auch individuelle Leistungen erkennbar macht und honoriert. Die erwartete Substituierung von menschlicher Arbeitskraft durch Kapitalgüter setzt eine leistungsfähige Industrie voraus, die es zu Beginn der Kollektivierung in der UdSSR — und erst recht in China — nicht gab. Es besteht also ein funktionaler Zusammenhang zwischen der Notwendigkeit, einerseits die Produktivität der Landwirtschaft zu steigern, um Arbeitskräfte und Finanzierungsmittel für die Industrialisierung zu gewinnen, und der Notwendigkeit des Einsatzes industrieller Vorleistungen andererseits, um ein Wachstum der landwirtschaftlichen Produktivität überhaupt erst möglich zu machen.

Vor diesem Dilemma stehen praktisch alle Entwicklungsländer, soweit sie nicht mit ausländischer Hilfe rechnen können, die aber niemals allein ausreicht, um eine kontinuierliche Entwicklung zu erreichen, vor allem nicht bei so großen Ländern wie Rußland und China. In beiden Ländern wurden daher die Investitionen in der ersten industriellen Aufbauphase zum großen Teil durch die Landwirtschaft erwirtschaftet bei extremer Drosselung des Massenkonsums.

Erfolge und Mißerfolge des unterschiedlichen Vorgehens liegen daher auf verschiedenen Ebenen: Der Sowjetunion gelang es z. B., nach der Kollektivierung bei abnehmendem Gesamtumfang der landwirtschaftlichen Produktion deren Marktanteil (d. h. den Teil, der nicht Eigenverbrauch ist, sondern an den Staat abgeführt wird) beträchtlich zu erhöhen. Die außerordentlich hohe Umsatzbesteuerung der landwirtschaftlichen Produkte (wie auch aller anderen Konsumgüter) gab dem sowjetischen Staat die notwendigen Finanzierungsmittel für den Aufbau der Schwerindustrie und ermöglichte eine laufende hohe Investitionsrate.

In China dagegen ließ sich der Anteil der vom Staat erfaßten Produktion nach der Kollektivierung nicht nur nicht erhöhen, er ging sogar zurück. Dementsprechend konnte sich auch die Industrialisierung in China nur langsam vollziehen, jedenfalls langsamer als in der UdSSR und die Investitionsrate mußte nach dem Aussetzen der sowjetischen Wirtschaftshilfe gekürzt werden. Andererseits ersparte die behutsame und schonende Durchführung der Kollektivierung in China deren Landwirtschaft die katastrophalen Rückschläge in der Produktion, die die sowjetische Landwirtschaft hinnehmen mußte, Rückschläge, die jahrzehntelang nicht aufgeholt werden konnten und in deren Folge die Landwirtschaft bis heute ein rückständiger Sektor der Volkswirtschaft geblieben ist. Rückschläge traten allerdings auch in China ein, und zwar als Ergebnis des verfehlten „Großen Sprunges" und der übereilten und zu radikal betriebenen Schaffung von Volkskommunen, vor allem infolge der raschen Veränderung des Anbausystems. Aber die Fehler wurden in China schnell und wirksam korrigiert: es wurden neue Prioritäten gesetzt und einschneidende institutionelle Änderungen eingeführt. Die bevorzugte Stellung, die die Landwirtschaft seit ca. 1962 genießt, die Konzentration auf Gebiete mit „gleichbleibend hohen Erträgen" bei der Verteilung der begrenzten staatlichen Zuschüsse, die vergrößerten Freiheiten für die Bauern, die Dezentralisierungsmaßnahmen bis hin zu den kleinsten Betriebseinheiten und die Verbesserung des Managements, d. h. die Förderung des „erfahrenen alten Bauern", des im Dorf groß gewordenen Aktivisten, haben die rasche Erholung der Versorgungssituation auf dem Lande und in den Städten bewirkt. Diese radikale Veränderung der Arbeitsorganisation und die Mobilisierung von Millionen Bauern hat eine Atmosphäre der Wandlung gebracht, die tatsächlich und bleibend eine Veränderung des chinesischen Dorfes eingeleitet hat. Das Bewußtsein einer „neuen Zeit" scheint im chinesischen Dorf stärker verwurzelt als in den sowjetischen Kolchosen.

7.2 Zukunftsaspekte

Mutmaßungen über die zukünftige Entwicklung der Landwirtschaft in den hier verglichenen Ländern müssen sich naturgemäß an bestimmten

Daten orientieren, wie etwa am bisherigen Entwicklungstrend, dem gegenwärtig erreichten Niveau und — soweit vorhanden — an Planangaben für die zukünftige Produktionserweiterung, Investitionsumfang u. dgl. Derartige Angaben sind — wie schon mehrfach erwähnt — für die UdSSR reichlicher vorhanden als für die Volksrepublik China. Sie zeigen für die UdSSR, soweit es sich um den bisherigen Entwicklungstrend handelt, seit Einführung der neuen Landwirtschaftspolitik von 1953 ein deutliches Wachstum der Agrarproduktion, steigende Erträge je ha und je Arbeitskraft und eine bessere Versorgung der Einwohner mit Nahrungsmitteln. Diese Erfolge reichten aber nicht aus, den ungeheuren großen Rückstand der Landwirtschaft zu überwinden, so daß deren Lage heute — über vierzig Jahre nach Beginn der Kollektivierung — noch immer unbefriedigend ist, was sich vor allem an zwei Punkten feststellen läßt:

1. Die Selbstversorgung mit Nahrungsmitteln auf dem von der Sowjetunion angestrebten Niveau ist nicht gesichert. Das gilt sowohl für den Umfang der Produktion (Getreide-Importe) als auch für die qualitative Zusammensetzung der Ernährung, die erheblich unter dem Standard eines entwickelten Industrielandes liegt.

2. Die Landwirtschaft bindet noch immer zu viele Arbeitskräfte und entzieht sie damit anderen Sektoren der Volkswirtschaft. Auch in der Beschäftigungsstruktur konnte die UdSSR noch nicht den Anschluß an den Standard vergleichbarer Industrieländer finden.

Die niedrige Effizienz der sowjetischen Landwirtschaft geht auf verschiedene Ursachen zurück; in erster Linie ist die technische Rückständigkeit zu nennen, d. h. die geringe Versorgung der Landwirtschaft mit Maschinen, Düngemitteln, Elektrizität u. dgl. An derartigen technischen Hilfsmitteln hat die UdSSR je Flächeneinheit und je Arbeitskraft wesentlich weniger einzusetzen als etwa die USA oder vergleichbare europäische Länder.

Nicht minder gravierend haben sich die verschiedenartigen Mängel der Arbeitsorganisation ausgewirkt, wie z. B. der lähmende Bürokratismus, die Mißachtung des Eigeninteresses sowohl der Kolchose als auch der Kolchosbeschäftigten, die falsche Preispolitik usw. Bei diesen Mängeln und Unzulänglichkeiten gilt es also anzusetzen, um den Rückstand der sowjetischen Landwirtschaft aufzuholen.

Tatsächlich sehen die Perspektivpläne für die Entwicklung der Landwirtschaft den Einsatz von Maßnahmen vor, die alle in diese Richtung zielen. Es ist geplant:

1. die Investitionen zugunsten der Landwirtschaft progressiv zu steigern. Die Mittel sollen sowohl für Bodenmeliorationen im großen Stil verwandt werden als auch für eine fortschreitende Mechanisierung, Elektrifizierung und Chemisierung der landwirtschaftlichen Produktion.

2. die Arbeitsorganisation der landwirtschaftlichen Betriebe zu reformieren. Sowchose sollen — wie vor ihnen staatliche Industriebetriebe — zum Neuen Ökonomischen System übergehen, das den Betriebsleitern ein größeres Maß an Entscheidungsfreiheit zugesteht und sie zu einer rentabilitätsorientierten Arbeitsweise hinführen soll. Auch bei den Kolchosen ist an eine Reform des Systems gedacht, die in einem neuen Kolchos-Statut niedergelegt werden soll.
3. die Arbeitseinkommen der Kolchosbauern schneller zu erhöhen als die Durchschnittslöhne der Arbeiter und Angestellten, womit sich das Einkommensgefälle von Stadt zu Land verringern würde.

Es erhebt sich nun die Frage, ob die vorgesehenen Maßnahmen verwirklicht werden können und ob sie ausreichen, die angestrebten Fortschritte zu bewirken. Aufgrund der bisherigen Erfahrungen wird man diese Frage vorsichtig bejahen dürfen — zumal die geplanten Fortschritte sich in mäßigen Grenzen halten. In den kommenden Jahren wird eine landwirtschaftliche Produktionszunahme von jährlich rd. 5 vH erwartet — nur wenig mehr, als in den vergangenen Jahren mit rd. 4 vH erzielt wurde. Eine grundlegende Änderung des Systems oder eine sprunghafte Erweiterung der Produktion sind keineswegs zu erwarten, wohl aber — wie bisher — eine leichte Steigerung der Erträge unbeschadet gelegentlicher Rückschläge durch Mißernten. Ein besonderes Hindernis für die weiteren Fortschritte bildet die Bürokratisierung der landwirtschaftlichen Verwaltung. Demgegenüber ist die zukünftige Entwicklung der chinesischen Landwirtschaft zum gegenwärtigen Zeitpunkt nur schwer abzuschätzen. Gesicherte Angaben über die landwirtschaftliche Produktion, deren Anteil an der Gesamtproduktion, den Marktanteil und ähnliche Größen stehen nicht zur Verfügung. Unsere mit Vorbehalt gemachten Berechnungen und Schätzungen eignen sich nicht als Basis weiterer Vorausschätzungen und Prognosen.

Hinzu kommt, daß im Rahmen der Kulturrevolution der Jahre 1966 bis 1969 ein vorsichtiger Trend zu einer stärkeren Konzentration in den Kommunen sowie der Einschränkung der nach 1960 gewährten „kleinen Freiheiten" zu beobachten ist, was die Einschätzung der zukünftigen Entwicklung noch mehr erschwert. Obwohl die Kampagnen der Kulturrevolution seit 1962 in allen Bereichen der chinesischen Gesellschaft und ab 1965 in verstärktem Ausmaß auch in der Landwirtschaft durchgeführt wurden, hat es jedoch bis Ende 1969 keine Anzeichen eines stärkeren Rückgangs der landwirtschaftlichen Aktivität gegeben. Man gewinnt vielmehr den Eindruck, daß bestimmte Bereiche der Wirtschaft, neben der Rüstung auch die Landwirtschaft, von Exzessen der Kulturrevolution verschont geblieben sind.

So ist man für die Abschätzung der künftigen Entwicklung auf Vermutungen angewiesen. Nach dem ideologischen und politischen Programm der chinesischen Kommunisten ist mit einer erneuten Beschleunigung der wirtschaftlichen Entwicklung im Sinne eines „Großen Sprunges", einer Verschärfung des sozialistischen Kurses und einer teilweisen Einschränkung der nach 1959/60 gewährten Erleichterungen, d. h. erneuter Zentralisierung der Volkskommunen, Einengung der freien Märkte und Verringerung der privaten Nebenwirtschaften als im Bereich des Möglichen zu rechnen. In den vergangenen Jahren hat sich immer wieder gezeigt, daß die „Maoisten" diesen, durch ihr strategisches Konzept einer raschen und permanenten sozialen Veränderung begründeten Weg immer wieder beschritten haben, wenn die Besserung der wirtschaftlichen Verhältnisse dies erlaubte. Andererseits waren sie stets zu schnellen taktischen Konzessionen bereit, wenn sich infolge einer übereilten Sozialisierungspolitik oder falscher Planung wirtschaftliche Rückschläge einstellten. Es ist daher nicht anzunehmen, daß die chinesischen Kommunisten die Fehler des „Großen Sprunges" im gleichen Ausmaß noch einmal wiederholen.

Nach dem Ende der Kulturrevolution ist damit zu rechnen, daß es keine grundlegenden Änderungen am Wirtschaftssystem oder an der Wirtschaftspolitik geben wird. Auf lange Sicht werden sich die Unterschiede zwischen den Staatsgütern und den Volkskommunen angleichen, wobei die Volkskommune unter Vernachlässigung der Eigentumsfrage weiterhin das Modell bleiben wird.

Die Modernisierung der chinesischen Landwirtschaft wird man durch Veränderung des Anbausystems, durch vermehrten Einsatz industrieller Vorleistungen und durch Vergrößerung des Arbeitseinsatzes in den ökonomischen Einheiten langsam vorantreiben. Wesentlich ist, daß der Arbeitseinsatz, wie in der Vergangenheit, mit einer minimalen Steuerung durch individuelle materielle Anreize auskommen muß. Da sich die pro-Kopf-Produktion nur sehr langsam erhöhen dürfte und der Staat wie bisher jede Mehrerzeugung für seine Zwecke abzuziehen bestrebt sein wird, sind Einkommenserhöhungen nur in sehr bescheidenen Grenzen denkbar.

Anders als in der Sowjetunion herrscht in China das Prinzip der unmittelbaren Demokratie (in der Form der Räte-Demokratie) bei der Wahl der Kommunefunktionäre, doch wird durch die ständigen politischen Kampagnen die Unsicherheit gefördert und die Arbeitsproduktivität nicht immer erhöht.

MELLOR[256] hat kürzlich darauf hingewiesen, daß besonders in unterentwickelten Ländern bei stärkerer Intensivierung der Arbeitsinput überproportional steigt. Das war der Fall bei den mißglückten Experimenten des „Großen Sprunges". Seit 1961 zeichnet sich auf dem Agrarsektor eine Änderung der Politik ab mit stärkerem Einsatz aus anderen Sektoren.

---

[256] J. W. *Mellor:* „The Economics of Agricultural Development." Ithaca, N. Y. 1966, S. 158.

Diese neue Landwirtschaftspolitik könnte, wie vergleichende Statistiken aus Taiwan oder Japan zeigen, die Hektarerträge langsam ansteigen lassen.

In Zukunft dürfte der durchschnittliche Jahreszuwachs der landwirtschaftlichen Produktion daher, wie in den letzten fünf Jahren, über den Ergebnissen des ersten Fünfjahrplans liegen. Trotzdem wird der Import von Getreide, in erster Linie Weizen, noch für einige Jahre anhalten, da diese Einfuhren zur Aufstockung der staatlichen Getreidereserven und zur Erfüllung von Exportverpflichtungen verwandt werden. Diese Prognose geht von der Voraussetzung aus, daß die gegenwärtige Wirtschafts- (speziell Landwirtschafts-)politik nicht geändert wird, wofür es bisher auch keine Anzeichen gibt.

Die im Rahmen der Modernisierung der Landwirtschaft begonnenen Programme, der steigende Input aus dem industriellen Sektor werden sich langsam, aber nachhaltig auswirken; trotzdem wird die chinesische Landwirtschaft noch längere Zeit sehr anfällig gegen ungünstige Witterungsbedingungen bleiben. Nach der chinesischen Statistik hat es im langfristigen Mittel jährlich vier Überschwemmungen oder Dürren auf dem Festland gegeben. In den letzten fünfzehn Jahren hat sich die Zahl der Witterungsschäden — vielleicht infolge besserer Berichterstattung — auf durchschnittlich sechs pro Jahr erhöht. Nach dieser Statistik kam es in einem Zyklus von acht bis zehn Jahren zu einer schweren Erntekatastrophe und in deren Folge früher zu Hungersnöten, in den Jahren nach dem „Großen Sprung" zu einer schweren Wirtschaftskrise. Die verhältnismäßig rasche Erholung der chinesischen Wirtschaft nach dieser letzten Krise läßt darauf schließen, daß dem neuen Landwirtschaftsprogramm ein erster Erfolg beschieden ist.

In der Volksrepublik China wie auch in der UdSSR werden die ideologischen und machtpolitischen Motive der herrschenden Parteien auch weiterhin bestimmenden Einfluß auf die agrarpolitischen Entscheidungen haben. In dem Ausmaß, in dem die beiden Landwirtschaften immer mehr auch von dem gesamtwirtschaftlichen Wachstum beeinflußt werden, wird es in Teilbereichen möglich sein, eine mehr autonome (rationalere) Agrarpolitik zu verwirklichen. Alle diese Maßnahmen dürften dann jedoch in der UdSSR mehr den Charakter zweckrationaler (praktischer) Wirtschaftspolitik, in der Volksrepublik China mehr den einer gesamtwirtschaftlich orientierten Gesellschaftspolitik tragen.

Summary

This comparative study focuses on the institutional aspects of agricultural change in the Soviet Union and the People's Republic of China. The manner and extent of land reform after the revolutions in Russia and China were determined primarily by the particular historical and social situations in each country; however the special revolutionary experience of the two communist parties in the treatment of rural problems was also a significant factor. The Chinese had not only the advantage of many years of experimental reforms of their own; they could also learn from the Soviet experience.

The Soviet government organized the rural population in collectives within a very short time under severe pressure, in order to guarantee food-supply of the cities as well as to finance industrialization. This led to a heavy rural crisis and to years of stagnation in agricultural production. Nonetheless the Soviet government created in the collectives an instrument with which the forced state purchases could be substantially increased and thus contributed to the acceleration of economic growth in the five year plans.

By comparison, the collectivisation in China was planned as a long-term development proceeding in stages and was at first executed only slowly. In spite of a gradual increase in agricultural production, the Chinese administration has not succeeded in increasing state purchases or raising the contribution of the agricultural sector to industrialization. The attempt to increase this contribution by way of stricter organization in the people's communes and through rapid change in the cropping systems was followed in China as well by failure and by a long crisis of the entire economy.

In China all aspects of rural life are more intensively affected by the collective form of organization. The Soviet collective-farm is more integrated into the planned economy.

Tabellenanhang

Verzeichnis der Tabellen

Nr.

1 Die Bevölkerungsentwicklung in der UdSSR von 1897 bis 1969
2 Die Bevölkerungsentwicklung in der Volksrepublik China von 1912 bis 1969
3 Zahl der Beschäftigten in der gesamten Wirtschaft und in der Landwirtschaft in der UdSSR und in der Volksrepublik China
4 Die landwirtschaftliche Nutzfläche in der UdSSR
5 Die landwirtschaftliche Nutzfläche in der Volksrepublik China
6 Bewässerte Flächen und Aufforstungen in der UdSSR und in der Volksrepublik China
7 Anbauflächen in der UdSSR
8 Anbauflächen wichtiger Fruchtarten in der Volksrepublik China
9 Erzeugung wichtiger Fruchtarten in der UdSSR
10 Erzeugung wichtiger Fruchtarten in der Volksrepublik China
11 Hektarerträge wichtiger Fruchtarten in der UdSSR
12 Hektarerträge wichtiger Fruchtarten in der Volksrepublik China
13 Erzeugung der wichtigsten Fruchtarten je Kopf der Bevölkerung in der UdSSR
14 Erzeugung der wichtigsten Fruchtarten je Kopf der Bevölkerung in der Volksrepublik China
15 Viehbestand in der UdSSR
16 Viehbestand in der Volksrepublik China
17 Viehbestand je 1000 Einwohner in der UdSSR
18 Viehbestand je 1000 Einwohner in der Volksrepublik China
19 Viehbestand je 1000 ha Nutzfläche in der UdSSR
20 Viehbestand je 1000 ha Nutzfläche in der Volksrepublik China
21 Maschinenbestand in der Landwirtschaft der UdSSR und der Volksrepublik China
22 Acker- bzw. Aussaatfläche je Traktor u. Mähdrescher in der UdSSR und der Volksrepublik China
23 Stromverbrauch in der Landwirtschaft der UdSSR und der Volksrepublik China
24 Energiekapazitäten in der Landwirtschaft der UdSSR
25 Energiekapazitäten in der Landwirtschaft der Volksrepublik China
26 Bereitstellung von Handelsdünger in der UdSSR
27 Produktion, Einfuhr und Verbrauch von Handelsdünger in der Volksrepublik China
28 Außenhandel der UdSSR mit Nahrungsmitteln und Getreide
29 Außenhandel der Volksrepublik China mit Nahrungsmitteln und Getreide
30 Struktur der Agrarproduktion in der UdSSR
31 Struktur der Agrarproduktion in der Volksrepublik China

Tabelle 1

Die Bevölkerungsentwicklung in der UdSSR von 1897 bis 1969
in den gegenwärtigen Grenzen; — zwischen 1913 und 1938 in
den Grenzen bis zum 17. Sept. 1939*)

Jahr	Gesamt	Zuwachs gegen Vorjahr	Einwohner je km²	Bevölkerung in			
				Stadt	Land	Stadt	Land
	Mill.	vH	Pers.	Mill.		in vH	
1897[1])	124,6	.	5,6	18,4	106,2	15	85
1913	139,3	.	6,2	24,8	114,5	18	82
1917	143,5	.	6,6	25,8	117,7	18	82
1919	138,0	.	6,4	21,5	116,5	16	84
1920	136,8	.	6,3	20,9	115,9	15	85
1926[2])	147,0	.	6,8	26,3	120,7	18	82
1929	153,4	.	7,1	28,7	124,7	19	81
1937	163,8	.	7,5	46,6	117,2	28	72
1938	167,0	2,0	7,7	50,0	117,0	30	70
1939[3])	190,7	14,2	8,6	60,4	130,3	32	68
1940	194,1	1,8	8,8	63,1	131,0	33	67
1950	178,5	.	8,0	69,4	109,1	39	61
1951	181,6	1,7	8,1	73,0	108,6	40	60
1952	184,8	1,8	8,3	76,8	108,0	42	58
1953	188,0	1,7	8,4	80,2	107,8	43	57
1954	191,0	1,6	8,5	83,6	107,4	44	56
1955	194,4	1,8	8,7	86,3	108,1	44	56
1956	197,9	1,8	8,8	88,2	109,7	45	55
1957	201,4	1,8	9,0	92,4	110,0	45	55
1958	204,9	1,7	9,1	95,6	109,3	47	53
1959[1])	208,8	1,9	9,3	100,0	108,8	48	52
1960	212,3	1,7	9,5	103,8	108,5	49	51
1961	216,2	1,8	9,7	108,3	107,0	50	50
1962	219,8	1,7	9,8	111,8	108,0	51	49
1963	223,2	1,5	10,0	115,1	108,1	52	48
1964	226,4	1,4	10,1	118,5	107,9	52	48
1965	229,3	1,3	10,2	121,7	107,6	53	47
1966	231,9	1,1	10,4	124,8	107,1	54	46
1967	234,4	1,1	10,5	128,0	106,4	55	45
1968	236,7	1,1	10,6	131,0	105,7	55	45
1969	238,9	0,9	10,7	134,2	104,7	56	44

*) Amtliche Schätzungen. Ergebnisse der Volkszählungen werden in den Fußnoten besonders vermerkt. — [1]) Volkszählung. — [2]) Volkszählung vom 17. Dezember 1926. — [3]) Volkszählung vom 17. Januar 1936; hinzu kommt die geschätzte Bevölkerung der 1939 neu übernommenen Gebiete.
Quellen: Narodnoje Chosjajstwo w 1965 g.; Strana Sowjetow sa 50 let. Moskau; 1967. Nar. Chos. 1969.

Tabelle 2

Die Bevölkerungsentwicklung in der Volksrepublik China von 1912 bis 1969

Jahr	Gesamt	Zuwachs gegen Vorjahr	Einwohner je km²	Bevölkerung in			
				Stadt	Land	Stadt	Land
	Mill.	vH	Pers.	Mill.		in vH	
1912	430,0	.	45,0	36,5	393,5	8,5	91,5
1933	500,0	.	52,3	46,5	453,5	9,3	90,7
1949	537,5	.	56,2	55,6	481,9	10,3	89,7
1950	546,8	1,7	57,2	59,6	487,2	10,9	89,1
1951	557,5	2,0	58,3	64,0	493,5	11,5	88,5
1952	568,9	2,0	59,5	69,0	499,9	12,1	87,9
1953	581,4	2,2	60,8	74,6	506,8	12,8	87,2
1954	594,8	2,3	62,2	79,6	515,2	13,4	86,6
1955	608,2	2,3	63,6	82,2	526,0	13,5	86,5
1956	621,2	2,1	65,0	86,0	535,2	13,8	86,2
1957	638,7	2,8	66,8	89,4	549,3	14,0	86,0
1958	656,2	2,7	68,6	94,0	562,2	14,3	85,7
1959	670,9	2,2	70,2	98,0	572,9	14,6	85,4
1960	683,0	1,8	71,4	106,0	577,0	15,5	84,5
1961	693,9	1,6	72,6	113,0	580,9	16,3	83,7
1962	703,6	1,4	73,6	115,0	588,6	16,3	83,7
1963	714,2	1,5	74,7	117,0	597,2	16,4	83,6
1964	726,3	1,7	76,0	112,0	614,3	15,4	84,6
1965	739,4	1,8	77,3	110,0	629,4	14,9	85,1
1966	753,4	1,9	78,8	112,0	641,4	14,9	85,1
1967	767,7	1,9	80,3	113,0	654,7	14,7	85,3
1968	783,0	2,0	81,9	113,0	670,0	14,4	85,6
1969	798,6	2,0	83,5	116,6	682,0	14,6	85,4

Anmerkung: Jährliches Mittel, ohne die Bevölkerung von Taiwan, Überseechinesen und Auslandsstudenten.

Quellen: Ta-chung Liu and Kung-chia Yeh, The Economy of the Chinese Mainland: National Income and Economic Development, 1933-1959. Princeton 1965. Tables 54 u. 55, S. 185 und 188. — Statistisches Büro: „Statistische Daten über Chinas Bevölkerung", Tongji Gongzuo (Statistische Arbeit, Peking) Nr. 11, 14.1.1957, S. 24-25.

Fortschreibung unter Annahme einer jährlichen Zunahme von 2,23; 1,79; 1,59; 1,40; 1,49; 1,69; 1,80; 1,90; 1,89; ab 1959. Vgl. US Bureau of Census; Estimates and Projections of the Population of Mainland China: 1953-1986, by John S. Aird, International Population Reports, Series P-91, No. 17. Washington DC 1968.

A. L. Strong: „Interview with Po-I-Po on Economic Readjustment." Da Gong Bao, Hongkong, 15.1.1964.

Tabelle 3

Zahl der Beschäftigten in der gesamten Wirtschaft und in der Landwirtschaft in der UdSSR und der Volksrepublik China [1])

Jahr	UdSSR			VR China		
	Beschäftigte, gesamt	dar.: in der Landwirtschaft	Anteil der in der Landwirtschaft Beschäft. an den Beschäftigten, gesamt	Beschäftigte, gesamt	dar.: in der Landwirtschaft	Anteil der in der Landwirtschaft Beschäft. an den Beschäftigten, gesamt
	Mill.		vH	Mill.		vH
1940	62,5	31,3	50,1	.	.	.
1950	67,7	30,7	45,3	.	.	.
1952	.	.	.	270,4	237,8	87,9
1953	.	29,4	.	274,3	240,9	87,8
1954	.	.	.	279,5	245,2	87,7
1955	72,9	30.7	42,1	285,0	250,0	87,7
1956	.	31,5	.	291,7	255,9	87,7
1957	.	30,9	.	297,0	260,0	87,5
1958	79,2	30,8	38,9	352,0	291,5	82,8
1959	83,7	33,0	39,4	359,0	283,2	78,9
1960	86,9	32,0	36,8	361,0	284,6	78,8
1961	88,9	31,0	34,9	348,2	288,5	82,9
1962	91,1	31,0	34,0	335,3	287,3	85,7
1963	93,2	31,0	33,3	344,8	293,7	85,2
1964	95,7	31,0	32,4	353,1	300,8	85,2
1965	95,8	[2]) 28,0	29,2	357,8	304,1	85,0
1966	98,3	[2]) 27,9	28,4	361,0	305,9	84,7
1967	100,7	[2]) 27,7	27,5	363,5	307,0	84,5
1968	103,2	[2]) 27,5	26,7	380,4	323,3	85,0
1969	105,1	26,3	25,0	387,2	329,1	85,0

[1]) Jährliche Durchschnitte. — [2]) Einschließlich der Beschäftigten in den Nebenwirtschaften rd. 30 Mill. Beschäftigte.
Quellen: UdSSR; siehe Tabelle 1.
China: Ma Yin-chu: „New Treatise on Population". Xinhua Banyuekan, Nr. 15, 1957, S. 34 - 41. — Projektion aufgrund der Daten von: Ch'en Ta, New China's Population Census of 1953 and Its Relation to National Reconstruction and Demographic Research. International Statistical Institute, Stockholm, August 1957, S. 23. — Shigeru Ishikawa: „Long Term Projections of Mainland Chinas' Economy, 1957 - 1982". ECAFE, Economic Bulletin for Asia and the Far East, Vol. XVI, No. 2, September 1965, S. 10 ff.

Tabelle 4

Die landwirtschaftliche Nutzfläche in der UdSSR

| Jahr | Landwirt-schaftl. Nutzfläche gesamt | darunter | | Dauergrün-land in vH der Ackerfläche | Ackerfläche je Kopf d. ländlichen Bevölkerung | Wald-bestand |
| | | Acker-fläche[1]) | Dauer-grün-land[2]) | | | |
	Mill. ha			vH	ha	Mill. ha
1931	.	136,3	.	.	.	.
1932	.	134,4	.	.	.	.
1933	.	129,7	.	.	.	.
1934	.	131,5	.	.	.	456
1935	.	132,8	.	.	.	.
1936	.	133,8	.	.	.	.
1940	.	150,6	.	.	1,15	.
1948	.	133,7	.	.	.	.
1950	475,6	146,3	.	.	1,34	.
1951	.	153,0	.	.	1,41	.
1952	479,7	155,8	.	.	1,44	.
1953	481,6	157,2	.	.	1,46	.
1954	486,4	204,8	267	161	1,55	.
1955	487,2	.	.	.	.	.
1956	492,0	.	.	.	.	722
1957	498,9	.	.	.	.	.
1958	500,8	217,9	283	129	1,99	.
1959	503,1	218,6	273	125	2,01	.
1960	515,4	220,0	285	130	2,03	.
1961	521,8	222,4	290	130	2,06	.
1962	527,9	223,5	295	132	2,07	.
1963	532,6	224,2	301	134	2,07	.
1964	539,5	223,3	305	137	2,07	.
1965	542,8	223,4	308	138	2,08	.
1966	543,8	222,9	310	139	2,08	.
1967	545,1	223,2	312	140	2,09	.
1968	545,7	223,2	313	140	2,12	.
1969	546,2	223,3	315	141	2,13	.

[1]) Bis 1953 Saatfläche. — [2]) Wiesen, Weiden und Steppen, Dauergrünland, das von Sowchosen, Kolchosen und anderen staatlichen Unternehmen genutzt wird, aber ohne Ländereien des staatlichen Bondenfonds.

Quellen: Posewnyje ploschtschadi SSSR, Moskau 1957; Narodnoje Chosjajstwo SSSR w 1964 - 1969 g.; Sozialistitscheskoje stroitelstwo 1955, S. LIX; Enzyklopädie der UdSSR 1959, S. 830.

Tabelle 5

Die landwirtschaftliche Nutzfläche in der Volksrepublik China

| Jahr | Land- wirt- schaftl. Nutz- fläche gesamt | davon | | | | Dauer- grün- land in vH d. Acker- fläche | Acker- fläche | Aus- saat- fläche | Wald- be- stand |
		Acker- fläche	Mehr- ernte faktor	Aus- saat- fläche	Dauer- grün- land[1])		je Kopf der ländlichen Bevölkerung		
	Mill. ha		vH	Mill. ha		vH	ha		Mill. ha
1949	272,8	97,8	138,1	135,0	175,0	179	0,20	0,28	65,0
1950	.	100,3	.	.	.	.	0,21	.	.
1951	.	103,6	.	.	.	.	0,21	.	.
1952	284,9	107,8	130,9	141,1	177,1	164	0,22	0,28	70,5
1953	285,9	108,4	132,7	143,9	177,5	164	0,21	0,28	71,5
1963	286,8	109,2	135,3	147,8	177,6	163	0,21	0,29	73,0
1955	287,8	110,0	137,2	150,9	177,8	162	0,21	0,29	73,5
1956	289,5	111,7	142,3	159,0	177,8	159	0,21	0,30	76,6
1957	289,7	111,7	140,6	157,1	178,0	159	0,20	0,29	78,5
1958	285,9	107,7	145,0	156,1	178,2	165	0,19	0,28	82,0
1959	283,7	105,4	148,3	156,3	178,3	169	0,18	0,27	93,0
1960	283,6	105,5	138,2	145,8	178,1	169	0,18	0,25	95,0
1961	284,0	106,9	130,0	142,2	177,1	166	0,18	0,24	95,3
1962	285,1	107,8	135,3	145,8	177,3	164	0,18	0,25	95,0
1963	286,0	108,5	136,1	147,7	177,5	164	0,18	0,25	95,6
1964	287,8	109,3	140,1	153,1	178,5	163	0,18	0,25	96,7
1965	289,3	109,8	144,4	158,6	179,5	163	0,17	0,25	97,2
1966	290,9	110,2	144,6	159,3	180,7	164	0,17	0,25	98,0
1967	291,2	110,5	144,7	159,9	180,7	164	0,17	0,24	98,1
1968	291,9	111,0	144,9	160,8	180,9	163	0,16	0,24	98,6
1969	293,0	112,0	145,0	162,4	181,0	162	0,16	0,24	99,0

Anmerkung: Aussaatfläche = Ackerfläche × Mehrerntefaktor. —
Quellen: Staatliches Statistisches Büro (SSB), Peking. Das große Jahrzehnt (chinesisch), S. 128. —
SSB Kommunique über die Erfüllung des Wirtschaftsplans der Nation für 1955. Peking 1956, S. 29.
Renmin Ribao vom 8. 11. 1965, S. 3. — Berichte aus einzelnen Provinzen.

Tabelle 6

**Bewässerte Flächen und Aufforstungen in der UdSSR
und in der Volksrepublik China**

in 1 000 ha

Jahr	UdSSR			VR China	
	Bewässerte Flächen		Auf-forstungen	Bewässerte Flächen	Auf-forstungen
	Gesamt	genutzt[1])			
1949	.	.	.	16 000	.
1950	10 100	7 400	.	.	124
1951	.	.	.	18 667	463
1952	.	.	.	21 333	692
1953	11 000	8 700	.	22 000	1 000
1954	.	.	.	23 333	1 120
1955	11 100	9 200	.	24 667	1 700
1956	.	.	.	32 000	4 000
1957	11 200	9 300	.	34 667	3 960
1958	.	.	.	66 667	17 460
1959	.	.	.	71 333	18 800
1960	11 400	9 300	.	66 300	13 000
1961	.	.	.	68 800	5 000
1962	11 900	9 500	.	70 000	3 500
1963	.	.	.	71 500	3 000
1964	12 100	9 800	.	74 300	3 000
1965	12 100	9 300	.	75 800	3 500
1966	.	.	.	77 000	4 000
1967	.	.	.	78 000	3 000
1968	.	10 100	.	79 000	3 500
1969	.	.	.	80 000	4 000

[1]) Irrigationsfertig.

Quellen: UdSSR: Narodnoje Chosjajstwo SSSR 1958 - 1969. China: Staatliches Statistisches Büro: „Das große Jahrzehnt". Peking 1959, S. 130. SSB, Kommunique über die Entwicklung der Wirtschaft im Jahre 1959. Peking, Januar 1960, S. 9. Renmin Ribao vom 23. 3. 1965. — SSB, „Das große Jahrzehnt", S. 133. Berichte aus einzelnen Provinzen und Kreisen.

Tabelle 7

Anbauflächen in der UdSSR[1])

Mill. ha

Jahr	ge-samt	Nahrungsgetreide				Kar-toffeln	Technische Kulturen			Sonstige Pflanzen	
		ge-samt	Wei-zen	Reis	Son-stiges		ge-samt	Baum-wolle	Son-nen-blu-men	ge-samt	Futter-pflan-zen
1913	118,2	104,6	33,0	0,30	71,3	4,2	4,9	0,69	1,0	4,5	3,3
1928	113,0	92,2	27,7	0,20	64,3	5,7	8,6	0,97	3,9	6,5	3,9
1929	118,0	96,0	29,8	0,1[2])	66,1	5,6	8,4	1,01	3,6	8,0	5,0
1930	127,2	101,8	33,8	0,1[2])	67,9	5,7	8,9	1,58	3,4	10,8	6,5
1931	136,3	104,4	36,9	0,1[2])	67,4	6,2	12,1	2,13	4,6	13,6	8,8
1932	134,4	99,7	34,5	0,10	65,1	6,1	14,9	2,17	5,3	13,7	10,6
1937	135,3	104,5	41,4	0,20	62,9	6,9	11,2	2,12	3,3	12,7	10,6
1940	150,6	110,7	40,3	0,17	70,2	7,7	11,8	2,08	3,5	20,4	18,1
1953[3])	153,1	105,8	44,0	0,12	61,8	8,4	12,3	2,44	3,7	26,7	24,7
1959[3])	195,1	120,5	65,1	0,11	55,3	9,5	12,4	2,12	4,0	52,7	47,5
1960	203,0	115,6	60,4	0,10	55,1	9,1	13,1	2,19	4,2	65,2	63,1
1961	204,6	122,3	63,0	0,12	59,2	8,9	13,6	2,33	4,2	59,8	57,9
1962	216,0	128,7	67,4	0,12	61,2	8,7	14,3	2,39	4,4	64,3	62,3
1963	218,5	130,0	64,6	0,15	65,3	8,5	14,9	2,48	4,4	65,1	63,1
1964	212,8	133,3	67,9	0,19	65,2	8,5	15,5	2,46	4,6	55,5	53,4
1965	209,1	128,0	70,2	0,22	57,6	8,6	15,3	2,44	4,9	57,2	55,2
1966	206,8	124,8	70,0	0,25	54,6	8,4	15,1	2,46	5,0	58,5	56,6
1967	206,9	122,2	67,0	0,28	54,9	8,3	14,8	2,44	4,8	61,6	59,6
1968	207,0	121,5	67,2	0,30	56,0	8,3	14,6	2,45	4,9	62,6	60,7
1969	208,6	122,7	66,4	0,30	56,0	8,1	14,4	2,54	4,8	63,4	61,5

[1]) In den jeweiligen Grenzen. — [2]) Schätzung. — [3]) Durchschnitt 1950/1953 bzw. 1956/1959.

Quellen: Nar. Chos. 1958 bis 1969; SSSR w zyfrach w 1967 g.; Sozialistitscheskoje stroitelstwo SSSR 1935 g.

Tabelle 8

Anbauflächen wichtiger Fruchtarten in der Volksrepublik China
Mill. ha

Jahr	Getreide, gesamt	darunter			Kartoffeln	Sojabohnen	Baumwolle
		Weizen	Reis	Sonst. Getreide			
a)	109,8	28,7	26,8	54,3	4,6	8,7	3,0
1949	94,8	21,6	25,8	47,4	7,0	8,3	2,8
1950	97,4	22,9	26,3	48,2	7,7	.	3,8
1951	99,0	23,2	27,1	48,7	8,3	.	5,5
1952	103,9	24,9	28,5	50,5	8,7	11,7	5,6
1953	105,6	25,8	28,5	51,3	9,0	12,4	5,2
1954	106,8	27,1	28,9	50,9	9,8	12,7	5,5
1955	108,6	26,9	29,3	52,4	10,0	11,4	5,8
1956	113,6	27,4	33,5	52,7	11,0	12,1	6,3
1957	110,7	27,7	32,4	50,6	10,5	12,5	5,8
1958	105,4	26,8	32,9	45,7	16,3	9,3	5,7
1959	100,6	24,1	29,7	46,8	13,5	10,1	6,5
1960	103,0	24,0	30,5	48,5	12,0	9,5	5,2
1961	104,0	22,0	32,0	50,0	14,0	7,0	4,1
1962	107,0	23,0	32,5	51,5	15,5	6,8	3,0
1963	108,1	23,3	32,8	52,0	15,0	7,4	3,8
1964	109,1	23,5	33,1	52,5	14,0	9,2	4,2
1965	112,0	24,0	33,5	54,5	13,0	10,3	5,1
1966	112,3	23,8	33,7	54,8	13,3	10,8	5,2
1967	112,3	24,0	33,8	54,6	13,5	10,5	5,2
1968	113,0	24,5	33,9	54,6	13,5	10,3	5,2
1969	113,3	24,5	34,0	54,8	13,5	10,5	5,2

Anmerkung a) = Vorkriegsangaben; Durchschnitt der Jahre 1932 - 36.
Quellen: John Lossing Buck: „Food Grain Production in Mainland China before and during the Communist Regime", S. 3 ff. in: J. L. Buck, O. L. Dawson; Yuan-li Wu: „Food and Agriculture in Communist China", New York 1966, hier S. 56. Staatliches Statistisches Büro, Peking 1959. „Das große Jahrzehnt", S. 114. — „An Economic Profile of Mainland China", US Congress, Joint Economic Committee, Washington 1967. — Edwin F. Jones: „The Emerging Pattern of China's Economic Revolution". In: An Economic Profile...", l. c. S. 77 ff. Einzelne Angaben aus verschiedenen Gebieten und Kreisen.

Tabelle 9

Erzeugung wichtiger Fruchtarten in der UdSSR[1]

in Mill. t

Jahr	Getreide, gesamt	darunter			Kar- toffeln	Sonnen- blumen	Baum- wolle
		Weizen	Reis	Sonst. Getreide			
1928	73,3	22,0	0,43	50,9	46,4	2,1	0,8
1929	71,7[2]	18,9	.	52,8	45,6	1,8	0,9
1930	83,5[2]	26,9	.	56,6	49,4	1,6	1,1
1931	69,5[2]	20,5	.	49,0	44,8	2,5	1,3
1937	97,4	38,9	.	58,5	58,7	1,8	2,6
1940	95,6	31,8	0,30	63,5	76,1	2,6	2,2
1950	81,2	31,1	0,22	49,9	88,6	1,8	3,54
1951	78,7[2]	32,3	.	46,4	58,8	1,7	3,73
1952	92,2[2]	43,9	.	48,3	69,2	2,2	3,78
1953	82,5	41,3	0,22	41,8	72,6	2,6	3,85
1954	85,6[2]	42,3	.	43,3	75,0	1,9	4,20
1955	103,7	47,3	0,25	56,2	71,8	3,8	3,88
1956	125,0[2]	67,4	.	57,6	96,0	3,9	4,33
1957	102,6[2]	58,1	.	44,5	87,8	2,8	4,21
1958	134,7	76,6	0,22	57,9	86,5	4,6	4,34
1959	119,5	69,1	0,21	50,2	86,6	3,0	4,69
1960	125,5	64,3	0,19	61,0	84,4	4,0	4,29
1961	130,8	66,5	0,25	64,1	84,3	4,8	4,52
1962	140,2	70,8	0,27	69,1	69,7	4,8	4,30
1963	107,5	49,7	0,38	57,4	71,8	4,3	5,21
1964	152,1	74,4	0,47	77,2	93,6	6,1	5,28
1965	121,1	59,7	0,58	60,8	88,7	5,5	5,66
1966	171,2	100,5	0,71	70,0	87,9	6,2	5,98
1967	147,6	77,4	0,89	69,3	95,5	6,6	5,97
1968	169,5	93,4	1,06	75,0	102,2	6,7	5,95
1969	162,4	79,9	1,11	81,4	91,8	6,4	5,71

[1] In den jeweiligen Grenzen. — [2] Ohne Reis.
Quellen: Narodnoje Chosjajstwo SSSR 1958 bis 1969; SSSR w zyfrach w 1967 g.; Sozialistitscheskoje stroitelstwo SSSR 1935 g.

Tabelle 10

Erzeugung wichtiger Fruchtarten in der Volksrepublik China

Mill. t

Jahr	Getreide, gesamt	darunter			Kar-toffeln	Soja-bohnen	Baum-wolle
		Weizen	Reis	Sonst. Getreide			
a)	161,6	30,6	67,8	63,2	34,8	9,9	0,68
b)	132,4	23,3	57,4	51,7	25,4	.	0,85
1949	98,3	13,8	48,7	35,8	39,4	5,1	0,44
1950	112,3	14,5	55,1	42,7	49,6	.	0,69
1951	121,2	17,3	60,6	43,3	56,0	.	1,03
1952	138,1	18,1	68,5	51,5	65,4	9,5	1,30
1953	140,3	18,3	71,3	50,7	66,6	9,9	1,18
1954	143,5	23,4	70,9	49,2	68,0	9,1	1,07
1955	155,9	23,0	78,0	54,9	75,6	9,1	1,52
1956	160,7	24,8	82,5	53,4	87,4	10,3	1,45
1957	163,1	23,7	86,8	52,6	87,6	10,1	1,64
1958	204,6	29,0	113,7	61,9	181,6	10,5	2,10
1959	183,3	31,3	100,0	52,0	148,0	11,5	2,41
1960	141,1	20,0	77,5	43,6	88,0	7,8	1,60
1961	145,9	16,9	82,0	47,0	98,4	5,5	1,05
1962	164,3	21,2	92,6	50,5	144,2	5,4	0,85
1963	157,6	22,1	85,6	49,9	126,0	7,6	0,99
1964	180,4	24,2	102,6	53,6	110,6	11,2	1,13
1965	178,8	23,3	101,5	54,0	109,2	10,9	1,58
1966	180,2	22,1	105,5	52,6	113,7	11,0	1,72
1967	184,4	24,5	104,8	55,1	113,7	11,1	1,91
1968	184,7	24,0	106,1	54,6	118,1	10,7	1,87
1969	198,9	25,9	113,8	59,2	124,2	11,3	2,15

Quellen: John Lossing Buck, Food Grain Production ... siehe Tabelle 8. b) Staatliches Statistisches Büro, Peking 1959. „Das große Jahrzehnt". S. 105. — Edwin F. Jones, „The Emerging Pattern" ... siehe Tabelle 8. — Far Eastern Economic Review, Hongkong vom 8. 12. 1966. Robert F. Amerry, Asian Survey, Vol. VI, No. 6, June 1966, S. 303. Chou En-lai zu Edgar Snow in Asahi, 27. Februar 1965. — Chou En-lai zu Edgar Snow in Epoca, März 1971. — Eigene Schätzung nach Berichten aus den Hauptanbaugebieten, gerichtet nach den Ergebnissen von 1957 unter Berücksichtigung der Verschiebungen im südlichen Winterweizengebiet.

Tabelle 11

Hektarerträge wichtiger Fruchtarten in der UdSSR [1]

dz/ha

Jahr	Getreide, gesamt	darunter			Kar-toffeln	Sonnen-blumen	Roh-baum-wolle
		Weizen	Reis	Sonst. Getreide			
1928	7,9	7,9	21,5	7,9	81	5,4	8,1
1929	7,5	6,3	.	8,0	81	4,9	8,2
1930	8,2	8,0	.	8,3	87	4,7	7,0
1931	6,7	5,6	.	7,3	72	5,5	6,0
1937	9,3	9,4	.	9,3	85	5,5	12,1
1940	8,6	7,9	17,3	9,0	99	7,4	10,8
1950	7,9	8,1	14,6	7,8	104	5,0	15,3
1951	7,4	7,5	.	7,3	70	4,8	13,7
1952	8,6	9,5	.	7,9	84	6,0	13,4
1953	7,8	8,6	16,1	7,0	87	6,7	21,0
1954	7,6	8,6	.	6,9	86	4,7	19,1
1955	8,4	7,8	17,8	8,9	79	8,9	17,6
1956	9,9	10,9	.	9,3	104	8,7	20,9
1957	8,4	8,4	.	8,4	90	8,1	20,1
1958	11,1	11,5	20,1	10,6	91	11,8	19,3
1959	10,4	11,0	22,1	9,7	91	7,7	21,6
1960	10,9	10,6	19,7	11,1	92	9,4	19,6
1961	10,7	10,6	21,1	10,8	95	11,2	19,3
1962	10,9	10,5	22,6	11,3	80	10,9	17,9
1963	8,3	7,7	25,6	8,8	84	9,7	20,8
1964	11,4	11,0	24,3	11,8	110	13,1	21,5
1965	9,5	8,5	26,9	10,6	103	11,3	23,2
1966	13,7	14,4	28,7	12,8	105	12,2	24,3
1967	12,1	11,6	31,8	12,6	115	13,8	24,3
1968	14,0	13,9	34,1	15,4	123	13,7	24,3
1969	13,2	12,0	33,7	13,7	113	13,3	22,5

[1] In den jeweiligen Grenzen.

Quellen: Narodnoje Chosjajstwo SSSR 1958 bis 1969; SSSR w zyfrach w 1967 godu; Sozialistitscheskoje stroitelstwo SSSR 1935 g.

Tabelle 12

Hektarerträge wichtiger Fruchtarten in der Volksrepublik China
dz/ha

Jahr	Getreide, gesamt	darunter			Kar- toffeln	Soja- bohnen	Baum- wolle
		Weizen	Reis	Sonst. Getreide			
a)	14,7	10,7	25,3	11,6	75,6	11,5	2,3
b)	.	8,1	21,4	.	55,2	.	.
1949	10,3	6,4	18,8	7,6	56,2	6,1	1,7
1950	11,5	6,3	21,0	8,9	64,4	.	1,8
1951	12,2	7,4	22,4	8,9	67,6	.	1,9
1952	13,3	7,3	24,0	10,2	75,2	8,2	2,3
1953	13,3	7,1	25,0	9,9	73,9	8,0	2,3
1954	13,4	8,6	24,7	9,7	69,4	7,2	2,0
1955	14,4	8,5	26,6	10,5	75,2	8,0	2,6
1956	14,1	9,1	24,6	10,1	79,5	8,5	2,3
1957	14,7	8,5	26,8	10,4	83,5	8,0	2,9
1958	19,4	10,8	34,5	13,6	111,5	11,3	3,6
1959	18,2	13,0	33,7	11,1	109,6	11,4	3,7
1960	13,7	8,3	25,4	9,0	73,3	8,2	3,1
1961	14,0	7,7	25,6	9,4	70,3	7,9	2,6
1962	15,4	9,2	28,5	9,8	93,0	7,9	2,8
1963	14,6	9,5	26,1	9,6	84,0	10,3	2,6
1964	16,5	10,3	31,0	10,2	79,0	12,2	2,7
1965	16,0	9,7	30,1	9,9	84,0	10,6	3,1
1966	16,1	9,3	31,3	9,6	85,5	10,2	3,3
1967	16,4	10,2	31,0	10,1	84,2	10,6	3,7
1968	16,3	9,8	31,3	10,0	87,5	10,4	3,6
1969	17,6	10,6	33,5	10,8	92,0	10,8	4,1

Quelle: Siehe Quellenangaben auf Tabellen 8 und 10.

Tabelle 13

Erzeugung der wichtigsten Fruchtarten je Kopf der Bevölkerung in der UdSSR[1]
in kg

Jahr	Getreide, gesamt	darunter			Kar- toffeln	Sonnen- blumen	Baum- wolle
		Weizen	Reis	Sonst. Getreide			
1928	478	144	2,8	332	308	14	5
1929	463[2])	122	.	341	294	12	6
1930	533[2])	172	.	361	315	10	7
1931	440[2])	130	.	310	283	16	8
1937	538[2])	215	.	323	324	10	14
1940	493	164	1,5	327	392	13	11
1950	451	173	1,1	277	492	10	20
1951	430[2])	176	.	253	321	9	20
1952	495[2])	236	.	259	371	12	20
1953	435	218	1,1	216	383	14	20
1954	444	220	.	225	389	10	22
1955	529	241	1,3	287	366	19	20
1956	626[2])	338	.	289	481	20	22
1957	505[2])	286	.	219	432	14	21
1958	651	370	1,1	280	418	22	21
1959	567	328	0,9	238	411	14	22
1960	585	300	0,9	285	394	19	20
1961	600	305	1,0	294	387	22	21
1962	633	320	1,2	312	315	22	19
1963	478	221	1,7	255	319	19	23
1964	668	327	2,1	339	411	27	23
1965	525	259	2,5	264	385	24	25
1966	734	431	3,0	300	377	27	26
1967	627	327	3,8	296	403	28	25
1968	713	393	4,5	315	430	28	25
1969	677	333	4,6	338	382	26	24

[1]) In den jeweiligen Grenzen. — [2]) Ohne Reis.
Quellen: Narodnoje Chosjajstwo SSSR 1958 bis 1969; SSSR w zyfrach w 1967 g.; Sozialistitscheskoje stroitelstwo SSSR 1935 g.

Tabelle 14

Erzeugung der wichtigsten Fruchtarten je Kopf der Bevölkerung in der Volksrepublik China

in kg

Jahr	Getreide, gesamt	darunter			Kartoffeln	Sojabohnen	Baumwolle
		Weizen	Reis	Sonst. Getreide			
1949	183	26	90	67	74	9	0,7
1950	205	27	101	78	91	.	1,3
1951	217	31	109	78	100	.	1,8
1952	242	32	120	91	115	17	2,3
1953	241	32	123	87	115	17	2,1
1954	241	39	119	83	114	15	1,7
1955	256	38	128	90	125	15	2,5
1956	259	40	133	86	141	17	2,3
1957	256	38	136	82	137	16	2,5
1958	312	44	173	94	277	16	3,2
1959	273	47	149	78	221	17	3,6
1960	207	29	113	64	129	11	2,3
1961	210	24	118	68	142	8	1,5
1962	234	30	132	72	205	8	1,2
1963	221	31	120	70	176	11	1,4
1964	248	33	141	74	152	15	1,6
1965	242	32	137	73	148	15	2,1
1966	239	29	140	70	151	15	2,3
1967	240	32	137	72	148	15	2,5
1968	236	31	135	70	151	14	2,4
1969	249	32	143	74	156	14	2,7

Quelle: Berechnet aufgrund der Tabellen 2 und 10.

Tabelle 15

Viehbestand in der UdSSR [1]

Mill. Stück

Jahr	Rinder	dar.: Kühe	Schweine	Schafe	Ziegen	Pferde
1928	60,1	29,3	22,0	97,3	9,7	32,1
1929	58,2	29,2	19,4	97,4	9,7	32,6
1932	38,3	22,3	10,9	43,8	3,8	21,7
1933	33,5	19,4	9,9	34,0	3,3	17,3
1935	38,9	19,0	17,1	36,4	4,4	14,9
1936	46,0	20,0	25,9	43,8	6,1	15,5
1940	47,8	22,8	22,5	66,6	10,1	17,7
1950	58,1	24,6	22,2	77,6	16,0	12,7
1952	58,8	24,9	27,1	90,5	17,1	14,7
1953	56,6	24,3	28,5	94,3	15,6	15,3
1954	55,8	25,2	33,3	99,8	15,7	15,3
1955	56,7	26,4	30,9	99,0	14,0	14,2
1956	58,8	27,7	34,0	103,3	12,9	13,0
1957	61,4	29,0	40,8	108,2	11,6	12,4
1958	66,8	31,4	44,3	120,2	9,9	11,9
1959	70,8	33,3	48,7	129,9	9,3	11,5
1960	74,2	33,9	53,4	136,1	7,9	11,0
1961	75,8	34,8	58,7	133,0	7,3	9,9
1962	82,1	36,3	66,7	137,5	7,0	9,4
1963	87,0	38,0	70,0	139,7	6,7	9,1
1964	85,4	38,3	40,9	133,9	5,6	8,5
1965	87,2	38,8	52,8	125,2	5,5	7,9
1966	93,4	40,1	59,5	129,8	5,5	8,0
1967	97,1	41,2	58,0	135,5	5,5	8,0
1968	97,2	41,6	50,9	138,4	5,6	8,0
1969	95,7	41,2	49,0	140,6	5,5	8,0

[1] Viehbestand jeweils am 1. Januar.
Quellen: Nar. Chos. SSSR w 1965 - 1969; SSSR w zyfrach w 1967 g.

Tabelle 16

Viehbestand in der Volksrepublik China

Mill. Stück

Jahr	Rinder	dar.: Wasserbüffel	Schweine	Schafe	Ziegen	Pferde	Esel und Maulesel
1949	43,9	10,2	57,7	16,1	26,2	4,9	11,0
1952	56,6	11,6	89,8	24,9	36,9	6,1	13,4
1953	60,1	12,2	96,1	29,2	42,8	6,5	13,9
1954	63,6	12,4	101,7	33,2	48,1	6,9	14,4
1955	66,0	12,5	87,9	34,0	50,2	7,3	14,1
1956	66,6	12,9	84,0	38,6	53,1	7,4	14,0
1957	63,6	13,1	145,9	45,1	53,4	7,3	12,5
1958	64,8	13,3	160,0	55,6	53,3	7,5	12,8
1959	65,4	13,5	180,8	58,4	54,1	7,6	12,3
1960	56,5	11,8	130,0	62,0	56,0	7,6	11,8
1961	44,0	11,8	90,0	54,0	42,0	5,4	11,2
1962	44,2	12,2	115,0	52,0	46,0	5,4	11,8
1963	44,8	12,6	140,0	53,0	48,0	5,6	13,9
1964	46,5	13,5	155,0	56,0	50,0	5,9	15,0
1965	50,3	13,8	185,0	60,0	53,0	6,3	18,0
1966	55,2	14,2	200,0	62,0	58,0	6,7	21,0
1967	59,5	14,5	207,0	63,5	57,0	7,1	23,0
1968	61,7	14,9	218,0	64,0	56,5	7,4	24,5
1969	63,0	15,3	226,0	65,0	57,0	7,6	25,0

Quellen: Ministerium d. Landwirtschaft, Planungsbüro, Sammlung statistischer Daten über die landwirtschaftliche Produktion Chinas und anderer wichtiger Länder, Peking. Verlag für Landwirtschaft 1958, S. 65-78. Staatliches Statistisches Büro. Kommunique über die Entwicklung der Volkswirtschaft im Jahr 1959. Januar 1960, S. 4. Eigene Schätzung DIW.

Tabelle 17

Viehbestand je 1000 Einwohner in der UdSSR[1])
Stück

Jahr	Rinder	dar.: Kühe	Schweine	Schafe	Ziegen	Pferde
1928	397	193	145	642	64	212
1929	377	189	126	632	63	211
1932	328	139	68	272	24	135
1933	205	119	61	208	20	106
1935	243	119	107	227	27	93
1936	283	123	160	270	38	96
1940	249	119	117	347	53	92
1950	325	138	124	435	90	71
1952	318	135	147	490	93	80
1953	301	129	152	502	83	81
1954	292	132	174	523	82	80
1955	292	136	159	509	72	73
1956	297	140	172	522	65	66
1957	305	144	203	537	58	62
1958	326	153	216	587	48	58
1959	339	159	233	622	45	55
1960	350	160	252	641	37	52
1961	351	161	272	615	34	46
1962	254	165	303	626	32	43
1963	390	170	314	626	30	41
1964	377	169	181	591	25	38
1965	380	169	230	546	24	34
1966	403	173	257	560	24	35
1967	416	177	249	582	24	35
1968	412	177	216	587	24	35
1969	402	173	205	591	23	34

[1]) Viehbestand jeweils am 1. Januar; Bevölkerungsangaben jeweils Jahresdurchschnitt (Schätzungen des DIW).
Quellen: Errechnet aufgrund der Tabellen 1 und 15.

Tabelle 18

Viehbestand je 1000 Einwohner in der Volksrepublik China
Stück

Jahr	Rinder	dar.: Wasser-büffel	Schweine	Schafe	Ziegen	Pferde	Esel und Maulesel
1949	82	19	107	30	49	9	20
1952	99	20	158	44	65	11	25
1953	103	21	165	50	74	11	25
1954	107	21	171	56	81	12	24
1955	108	21	145	56	83	12	23
1956	107	21	135	62	85	12	22
1957	100	20	228	68	84	12	20
1958	99	20	244	81	81	11	20
1959	97	20	268	87	81	12	18
1960	83	17	190	91	82	11	17
1961	63	18	130	78	61	8	16
1962	63	17	163	74	65	8	17
1963	63	18	196	74	67	8	19
1964	64	19	213	77	69	8	21
1965	68	19	250	81	72	9	24
1966	75	19	265	82	77	9	28
1967	76	19	270	83	74	9	30
1968	79	19	278	82	72	9	31
1969	79	19	283	81	71	10	31

Quellen: Errechnet aufgrund der Tabellen 2 und 16.

Tabelle 19

Viehbestand je 1000 ha Nutzfläche in der UdSSR [1]

Jahr	Rinder	dar.: Kühe	Schweine	Schafe	Ziegen	Pferde
1950	122	52	47	163	34	27
1952	118	50	59	196	32	32
1953	115	52	68	205	32	31
1954	116	54	63	203	29	29
1955	120	56	69	210	26	26
1956	123	58	82	217	23	25
1957	133	63	88	240	20	24
1958	141	66	97	259	19	23
1959	147	67	106	271	16	22
1960	147	68	114	258	14	19
1961	156	69	126	260	13	18
1962	165	72	133	265	13	17
1963	160	71	77	251	11	16
1964	162	72	98	232	10	15
1965	172	74	110	239	10	14
1966	179	76	107	249	10	14
1967	178	76	93	254	10	14
1968	178	76	93	254	10	14
1969	175	76	90	258	10	14

[1] Viehbestand jeweils am 1. Januar; die ha-Zahlen beziehen sich auf die Nutzfläche vom jeweils 1. November des Vorjahres.
Quellen: Errechnet aufgrund der Tabellen 4 und 15.

Tabelle 20

Viehbestand je 1000 ha Nutzfläche in der Volksrepublik China
Stück

Jahr	Rinder	dar.: Wasserbüffel	Schweine	Schafe	Ziegen	Pferde	Esel und Maulesel
1949	161	37	212	59	96	18	40
1952	199	41	315	87	130	21	47
1953	210	43	336	102	150	23	49
1954	222	43	355	116	168	24	50
1955	229	43	305	118	174	25	49
1956	230	45	290	133	183	26	48
1957	220	45	504	156	184	25	43
1958	227	47	560	194	186	26	45
1959	231	48	637	206	197	27	43
1960	199	42	458	219	191	27	42
1961	155	42	317	190	148	19	39
1962	155	43	403	182	161	19	41
1963	157	44	489	185	168	20	49
1964	162	47	539	195	174	21	52
1965	174	48	639	207	183	22	62
1966	190	49	687	213	199	23	72
1967	211	50	711	218	196	24	79
1968	204	51	747	219	194	25	84
1969	215	52	771	222	194	26	85

Quellen: Errechnet aufgrund der Tabellen 5 und 16.

Tabelle 21

Maschinenbestand in der Landwirtschaft der UdSSR und der Volksrepublik China
1 000 Einheiten

Jahr	UdSSR[1]			VR China	
	Traktoren	Mähdrescher	LKW[2]	Traktoren[3]	Mähdrescher
1928	27	[4]	1	.	.
1929	35	.	.	.	.
1930	66	1,8	.	.	.
1933	211	25	14	.	.
1940	531	182	228	0,4	.
1950	595	211	283	1,3	.
1951	.	.	.	1,4	.
1952	744	.	.	2,0	.
1953	.	318	424	2,7	.
1954	.	.	465	5,1	.
1955	840	338	544	8,0	.
1956	870	375	631	19,4	.
1957	924	483	660	24,6	3,1
1958	1 011	502	700	45,3	3,7
1959	1 054	494	729	59,0	4,7
1960	1 122	497	778	68,0	5,7
1961	1 212	498	796	72,0	6,7
1962	1 329	520	875	77,0	7,7
1963	1 442	517	922	86,0	9,2
1964	1 539	513	954	100,0	10,7
1965	1 613	520	982	118,0	13,3
1966	1 660	531	1 017	136,0	15,3
1967	1 739	553	1 054	157,0	17,7
1968	1 821	581	1 097	179,0	20,2
1969	1 969	605	1 153	203,0	23,4

[1]) Bestand jeweils am Jahresende. — [2]) Einschließlich Tankwagen. — [3]) In 15 PS-Einheiten. — [4]) 2 Stück.

Quellen: UdSSR: Narodnoje Chosjajstwo SSSR 1959 - 1969. — Selskoje Chosjajstwo 1965 g. — Strana Sowjetow sa 50 let, 1967 g. — SSSR w zyfrach w 1967 godu. China: SSB; „Das große Jahrzehnt", Peking 1959, S. 135. — Chen Chung-Jen, Hong-qi, Nr. 4, 1960. — Renmin Ribao, 26. 9. 1964 und 13. 8. 1965. — Schätzungen DIW.

Tabelle 22

Acker- bzw. Aussaatfläche je Traktor und Mähdrescher in der UdSSR und der Volksrepublik China

in ha

Jahr	UdSSR Aussaatfläche je		VR China Ackerfläche je		VR China Aussaatfläche je	
	Traktor	Mähdrescher	Traktor	Mähdrescher	Traktor	Mähdrescher
1928	4 185	.	.	.	.	.
1929	3 371	.	.	.	.	.
1930	1 927	.	.	.	.	.
1933	614	5 188	.	.	.	.
1940	284	527	.	.	.	.
1949	.	.	.	.	.	.
1950	246	693	550 300	.	.	.
1951	.	.	166 500	.	.	.
1952	.	.	127 500	.	166 400	.
1953	211	494	98 300	.	130 500	.
1954	.	.	54 650	.	74 000	.
1955	221	550	38 050	.	52 200	.
1956	234	519	16 550	.	23 500	.
1957	210	401	13 000	36 000	18 300	50 000
1958	195	390	6 700	29 000	9 700	42 000
1959	186	397	5 000	22 000	7 400	33 000
1960	181	408	4 250	19 000	5 900	26 000
1961	169	411	3 850	16 000	5 100	21 000
1962	163	415	3 450	14 000	4 700	19 000
1963	152	423	3 050	12 000	4 100	16 000
1964	138	415	2 550	10 000	3 600	14 000
1965	127	402	2 050	8 300	2 950	12 000
1966	125	389	1 700	7 200	2 400	10 400
1967	118	374	1 300	6 200	1 900	9 000
1968	114	356	1 000	5 500	1 500	8 000
1969	106	345	850	4 800	1 200	7 000

Quellen: UdSSR: Selskoje Chosjajstwo 1965 g.; Strana Sowjetow sa 50 let, 1967 g.; Eigene Berechnung DIW, vgl. Tabellen 4 und 21. China: Berechnung aufgrund der Tabellen 5 und 21, Zahlen gerundet. Norm-Einheiten umgerechnet unter der Annahme durchschnittlicher PS-Werte für 1950 = 33 PS, 1955 = 42 PS, 1960 = 41 PS, 1965 = 35 PS und 1969 = 25 PS.

Tabelle 23

Stromverbrauch in der Landwirtschaft der UdSSR und der Volksrepublik China

Jahr	UdSSR			VR China		
	Stromverbrauch, gesamt	davon in der Landwirtschaft	Anteil d. landwirtschaftl. Verbrauchs am Verbrauch, gesamt	Stromverbrauch, gesamt	davon in der Landwirtschaft	Anteil d. landwirtschaftl. Verbrauchs am Verbrauch, gesamt
	Mill. kWh		vH	Mill. kWh		vH
1928	5 007	35	0,7	.	.	.
1940	48 309	538	1,1	3 815	.	.
1949	.	.	.	2 973	16	0,5
1950	91 226	1 538	1,7	4 550	22	0,5
1951	.	.	.	5 750	27	0,5
1952	.	.	.	7 260	43	0,6
1953	134 325	2 742	2,0	9 200	40	0,4
1954	.	.	.	11 000	44	0,4
1955	170 225	.	.	12 280	50	0,4
1956	191 653	4 844	2,5	16 590	77	0,5
1957	209 688	5 824	2,8	19 340	251	1,3
1958	235 350	6 907	2,9	27 530	355	1,3
1959	265 112	.	.	41 500	537	1,3
1960	292 274	9 970	3,4	47 000	836	1,7
1961	327 611	11 978	3,7	40 500	1 200	2,9
1962	369 275	14 078	3,8	43 000	1 600	3,8
1963	412 418	16 130	3,9	48 500	3 200	6,6
1964	458 902	18 410	4,0	52 000	4 750	9,1
1965	506 709	21 009	4,1	55 200	5 000	9,1
1966	544 566	23 209	4,3	58 000	5 500	9,5
1967	587 700	25 754	4,4	61 000	7 000	11,5
1968	638 700	29 248	4,6	65 000	10 000	15,4
1969	689 100	33 256	4,8	72 000	14 700	20,4

Quellen: UdSSR: Nar. Chos. SSSR 1960 - 1969; Strana Sowjetow sa 50 let, Moskau 1967 g. China: Yuan-li Wu: Economic Development and the Use of Energy Resources in Communist China, New York 1963. — Jingji Yanjiu (Wirtschaftsforschung), Nr. 3, März 1963, S. 11. — Peking Review, 1. Januar 1965, S. 8. — Renmin Ribao vom 7. 9. 1965, und vom 23. 10. 1970. — Schätzung DIW.

Tabelle 24

Energiekapazitäten in der Landwirtschaft der UdSSR [1]

Jahr	Traktoren	Mäh-drescher	LKW	Elektromotoren u. Sonstige	Gesamt	PS je 10 ha Ackerfläche
	Mill. PS					PS
1928	0,5	.	0,0	0,6	1,1	0,1
1940	17,6	5,8	11,9	1,6	36,9	2,5
1950	22,3	8,0	21,3	3,4	55,0	3,7
1953	29,2	13,5	31,9	5,9	80,5	5,1
1955	35,3	15,1	42,7	7,5	100,6	5,4
1956	37,8	16,0	48,6	8,4	110,8	5,7
1957	39,5	21,7	53,8	8,8	123,8	6,4
1958	42,6	22,2	58,0	9,7	132,5	6,8
1959	45,6	23,8	61,1	11,6	142,1	7,2
1960	50,3	24,8	64,3	11,8	151,2	7,5
1961	55,4	25,8	65,9	13,5	160,6	7,8
1962	63,3	29,3	78,5	17,8	184,0	8,5
1963	70,4	31,5	73,6	21,2	201,6	9,2
1964	77,4	33,3	79,7	24,4	214,8	10,1
1965	85,5	35,6	84,5	27,3	232,9	11,1
1966	91,2	37,7	89,3	28,3	246,5	11,9
1967	98,6	40,0	95,5	29,3	263,4	12,7
1968	106,4	42,5	100,6	31,0	280,5	12,4
1969	115,4	44,0	108,5	34,1	302,0	12,6

[1] Jeweils Jahresende; Bestände an mechanischen Kraftmaschinen.
Quellen: Nar. Chos. SSSR 1958-1969; Strana Sowjetow sa 50 let, Moskau 1967.

Tabelle 25

Energiekapazitäten in der Landwirtschaft der Volksrepublik China

Jahr	Traktoren	Mähdrescher	Elektr. Pumpen	Sonstige	Gesamt[1]	PS je 10 ha Ackerfläche
			1 000 PS			PS
1952	70	.	500	100	680	0,1
1953	100	.	840	150	1 090	0,1
1954	194	.	1 370	190	1 754	0,2
1955	336	.	2 270	220	2 826	0,3
1956	834	40	3 900	250	5 024	0,4
1957	1 058	85	5 000	330	6 413	0,6
1958	1 903	110	16 000	270	18 343	1,7
1959	2 478	140	28 000	370	30 990	2,9
1960	2 788	170	50 000	390	53 350	5,1
1961	2 808	200	55 000	400	58 400	5,5
1962	2 850	230	62 000	420	65 500	6,1
1963	3 100	280	71 000	440	74 400	6,9
1964	3 500	320	80 000	450	84 300	7,7
1965	3 900	400	92 300	460	97 000	8,8
1966	4 200	480	110 000	480	115 200	10,4
1967	4 400	660	130 000	500	135 500	12,3
1968	4 400	735	150 000	530	155 700	14,0
1969	4 600	820	180 000	560	186 000	16,6

[1]) Aufgerundete Ergebnisse.
Quellen: Da Gong Bao vom 20. 4. 1958. — Renmin Ribao vom 23. 8. 1965. — Renmin Ribao vom 14. 11. 1970. — Berechnungen aufgrund der Tabellen 5 und 22, unter Annahme durchschnittlicher PS-Werte je Traktor. Vgl. Tabelle 22. — Schätzung DIW.

Tabelle 26

Bereitstellung von Handelsdünger in der UdSSR

| Jahr | Stickstoff | Phosphate | Phosphorit-mehl | Kali | Bereitstellung | | Verbrauch je ha Ackerfläche (Nährstoffgehalt) |
					Gesamt	nach Nährstoffgehalt	
	1 000 t						kg
1928	.	.	.	.	135	45	.
1933	.	.	.	.	1 034	.	.
1936	.	.	.	.	2 839	.	.
1940	789	1 371	473	526	3 159	727	4,8
1950	1 497	2 366	472	1 015	5 350	1 261	8,6
1951	.	.	.	.	5 931[1]	.	.
1952	.	.	.	.	6 401[1]	.	.
1953	1 923	2 807	592	1 247	6 570	.	.
1954	.	.	.	.	8 083[1]	.	.
1955	2 336	3 633	852	1 749	8 573	.	.
1956	2 695	4 054	859	1 818	9 429	.	.
1957	2 927	4 424	1 064	2 017	10 436	.	.
1958	3 348	4 391	1 095	1 786	10 626	.	.
1959	3 461	4 480	1 273	1 892	11 114	.	.
1960	3 749	4 403	1 392	1 842	11 404	2 624	12,9
1961	4 189	4 506	1 609	1 690	12 073	2 717	13,3
1962	5 218	4 562	1 764	1 985	13 645	3 094	14,3
1963	6 634	5 184	1 852	2 166	15 965	3 594	16,4
1964	8 584	6 865	2 972	3 416	21 961	5 040	23,7
1965	11 132	8 044	3 246	4 547	27 066	6 303	30,1
1966	12 955	8 896	4 004	4 573	30 535	6 992	33,8
1967	15 066	9 077	4 283	5 136	33 668	7 746	35,1
1968	16 847	9 351	4 662	5 231	36 191	8 273	37,7
1969	18 526	10 248	4 471	5 575	38 843	8 885	39,2

In genormten Einheiten. — [1]) Erzeugung.
Quellen: Nar. Chos. 1956 - 1969. Strana Sowjetow sa 50 let. Moskau 1967.

Tabelle 27

Produktion, Einfuhr und Verbrauch von Handelsdünger in der Volksrepublik China

Jahr	Produktion	Einfuhr	Bereitstellung		Verbrauch je ha	
			Gesamt	nach Nähr-stoffgehalt	Acker-fläche	Aussaat-fläche
	1 000 t				kg	
1949	27	.	.	.	.	.
1950	70	.	.	.	.	.
1951	129	.	.	.	.	.
1952	181	137	318	67	0,62	0,47
1953	226	366	592	129	1,19	0,90
1954	298	504	802	174	1,59	1,18
1955	332	923	1 255	261	2,37	1,73
1956	523	1 083	1 606	341	3,05	2,14
1957	631	1 313	1 944	413	3,69	2,74
1958	811	1 797	2 608	554	5,14	3,53
1959	1 333	1 500	2 833	601	5,72	3,85
1960	2 000	1 134	3 134	665	6,30	4,56
1961	1 447	1 172	2 619	556	5,26	3,91
1962	2 170	1 318	3 488	740	6,99	5,07
1963	2 916	1 500	4 416	938	8,82	6,35
1964	4 376	2 550	6 926	1 470	13,78	9,60
1965	5 677	2 250	7 927	1 683	15,66	10,61
1966	7 770	3 500	11 270	2 940	22,15	15,01
1967	8 940	5 120	14 060	3 870	35,00	24,20
1968	10 500	4 500	15 000	3 900	35,13	24,25
1969	12 150	4 250	16 400	4 050	36,16	24,93

Quellen: Staatliches Statistisches Büro, Peking 1959. Das große Jahrzehnt, S. 107. Liu Jung-chao, Fertilizer Application in Communist China. New York 1966. Da Gong Bao, 29. 9. 1965. — Schätzungen und Wochenberichte des DIW.

Tabelle 28

Außenhandel der UdSSR mit Nahrungsmitteln und Getreide

Jahr	Ausfuhr Gesamt Mill. US-$	dar.: Nahrungsmittel[1] Mill. US-$	Anteil d. Nahrungsmittelausfuhr an der Gesamtausfuhr vH	Getreide Mill. t	Anteil d. Getreideausfuhr an der Getreideernte vH	Einfuhr Gesamt Mill. US-$	dar.: Nahrungsmittel[1] Mill. US-$	Anteil d. Nahrungsmitteleinfuhr an der Gesamteinfuhr vH	Getreide Mill. t	Anteil d. Getreideeinfuhr an der Getreideernte vH	Getreide-Nettoeinfuhr (−) Ausfuhr (+) Mill. t
1950	1 794	370	20,6	2,9	3,6	1 456	255	17,5	0,2	0,2	+ 2,7
1955	3 426	411	12,0	3,7	3,6	3 060	618	20,2	0,3	0,7	+ 3,4
1956	3 615	.	.	3,2	2,6	3 612	.	.	0,5	0,4	+ 2,7
1957	4 381	.	.	7,4	7,2	3 938	.	.	0,2	0,2	+ 7,2
1958	4 297	529	12,3	5,1	3,8	4 349	654	14,8	0,8	0,6	+ 4,3
1959	5 440	823	15,1	7,0	5,9	5 073	641	12,8	0,3	0,3	+ 6,7
1960	5 561	740	13,3	6,8	5,4	5 628	681	12,1	0,2	0,2	+ 6,6
1961	5 998	822	13,7	7,5	5,7	5 827	822	14,1	0,7	0,5	+ 6,8
1962	7 030	935	13,3	7,8	5,6	6 455	742	11,5	0,0	0,0	+ 7,8
1963	7 272	938	12,9	6,3	5,9	7 058	903	12,8	3,1	2,9	+ 3,2
1964	7 683	592	7,7	3,5	2,3	7 735	1 547	20,0	7,3	4,3	− 3,8
1965	8 165	687	8,4	4,3	3,6	8 053	1 628	20,2	6,4	5,3	− 2,1
1966	8 840	813	9,2	3,6	2,7	7 912	1 551	19,6	7,7	4,5	− 4,1
1967	9 651	1 139	11,8	6,3	4,3	8 536	1 349	15,8	2,2	1,5	+ 4,1
1968	10 633	1 059	10,3	5,4	3,2	9 409	1 280	13,6	1,6	0,9	+ 3,8
1969	11 654	1 247	10,7	7,2	4,4	10 326	1 332	12,9	0,6	0,4	+ 6,6

Anmerkung: Umrechnung nach der Parität 1 Rubel = 1,111 US $. — [1] Nahrungsmittel gesamt, einschließlich Nahrungsmittelrohstoffe.
Quellen: Nar. Chos. SSSR; Wneschnjaja torgowlja SSSR 1918 - 1969; SSSR w zyfrach w 1967 godu.

Tabelle 29

Außenhandel der Volksrepublik China mit Nahrungsmitteln und Getreide

Jahr	Ausfuhr Gesamt	dar.: Nahrungs-mittel[1]	Anteil d. Nahrungs-mittel-ausfuhr an der Gesamt-ausfuhr	Getreide	Anteil d. Getreide-ausfuhr an der Getreide-ernte	Einfuhr Gesamt	dar.: Nahrungs-mittel[1]	Anteil d. Nahrungs-mittel-einfuhr an der Gesamt-einfuhr	Getreide	Anteil d. Getreide-einfuhr an der Getreide-ernte	Getreide-Netto-Einfuhr (−) Ausfuhr (+)
	Mill. US-$	Mill. US-$	vH	Mill. t	vH	Mill. US-$	Mill. US-$	vH	Mill. t	vH	Mill. t
1955	1 330	475	36	1,0	0,6	1 355	66	5	0,2	0,1	+ 0,8
1957	1 590	500	32	0,8	0,5	1 400	67	5	0,1	0,1	+ 0,7
1959	2 226	600	27	1,6	0,9	2 100	55	3	0,1	0,1	+ 1,5
1960	1 925	530	28	1,2	0,9	2 050	84	4	0,3	0,2	+ 0,9
1961	1 340	245	18	0,3	0,2	1 350	530	39	6,2	4,3	− 5,9
1962	1 544	300	19	0,6	0,4	1 230	445	36	5,3	3,2	− 4,7
1963	1 600	395	25	0,8	0,5	1 430	445	31	5,7	3,6	− 4,9
1964	1 852	520	28	0,7	0,4	1 600	520	33	6,8	3,8	− 6,1
1965	2 000	620	31	0,9	0,5	1 940	530	27	5,2	2,9	− 4,3
1966	2 283	730	32	1,2	0,7	2 200	530	24	5,7	3,2	− 4,5
1967	2 085	667	32	1,1	0,6	1 950	450	23	4,0	2,2	− 2,8
1968	2 012	624	31	1,2	0,7	1 800	420	23	3,8	2,1	− 2,6
1969	2 173	652	30	0,9	0,5	1 790	340	19	3,6	1,9	− 2,7

Quelle: Statistiken der Partnerländer, um den Anteil der Verbringungskosten bereinigte Daten. Vgl. Wochenberichte des DIW Nr. 27/1964; Nr. 27/1968 und Nr. 33/1970.

Tabelle 30

Struktur der Agrarproduktion in der UdSSR

Jahr	Bruttoproduktion der Industrie[1])	Bruttoproduktion der Landwirtschaft[2])	Pflanzl.	Tierische	Anteil der pflanzl. Produkt.	Anteil der tierischen Produkt.
			Produktion		an der landwirtsch. Bruttoproduktion	
	Mrd. Rubel				vH	
1940	.	30,4	18,6	11,8	61,2	38,8
1948	.	28,9	19,0	9,9	65,7	34,3
1950	.	30,4	18,2	12,2	60,0	40,0
1951	.	29,0	16,0	13,0	55,2	44,8
1952	66,6	31,2	17,9	13,3	57,4	42,6
1953	74,5	32,3	17,8	14,5	55,1	44,9
1954	84,3	34,2	18,4	15,8	53,8	46,2
1955	94,7	37,6	21,1	16,5	56,1	43,9
1956	104,7	42,5	24,2	18,3	56,9	43,1
1957	115,4	44,1	23,8	20,3	54,0	46,0
1958	127,2	48,5	27,3	21,2	56,3	43,7
1959	141,7	48,7	25,9	22,8	53,2	46,8
1960	155,2	49,8	27,2	22,6	54,6	45,4
1961	169,4	51,3	27,6	23,7	53,8	46,2
1962	185,8	51,9	27,6	24,3	53,2	46,8
1963	200,9	48,0	25,2	22,8	52,5	47,5
1964	215,6	54,9	32,5	22,4	59,2	40,8
1965	234,3	70,9	34,8	36,1	49,1	50,9
1966	248,3	77,0	39,6	37,4	51,4	48,6
1967	285,9	78,1	39,6	38,5	50,7	49,3
1968	322,8	80,9	41,8	39,1	51,7	48,3
1969	345,0	78,9	39,5	39,5	50,0	50,0

[1]) In Mrd. Rubel zu Großhandelspreisen von 1955. — [2]) In Preisen von 1958; ab 1965 in Preisen von 1965.

Quellen: Nar. Chos. SSSR 1964-1969. Ekon. Gas. Nr. 5, Januar 1967; Strana sowjetow sa 50 let. Moskau 1967.

Tabelle 31

Struktur der Agrarproduktion in der VR China

Jahr	Bruttoproduktion, gesamt	Bruttoproduktion der Landwirtschaft	Anteil d. Landwirtschaft an d. Bruttoproduktion, gesamt	Pflanzliche	Tierische	Anteil der pflanzl. Produktion an der landw. Bruttoproduktion	Anteil der tierisch. Produktion an der landw. Bruttoproduktion
	Mrd. Yuan		vH	Mrd. Yuan		vH	
1952	102,8	48,4	47,1	31,3	7,2	64,7	14,9
1953	122,3	49,9	40,8	32,1	7,1	64,3	14,2
1954	132,9	51,6	38,8	33,9	6,7	65,7	13,0
1955	142,8	55,5	38,9	37,6	6,1	67,7	11,0
1956	167,9	58,3	34,7	39,8	6,4	68,3	10,9
1957	182,6	60,4	33,1	37,9	9,2	62,8	15,2
1958	.	(67,1)	.	.	.	.	.
1959	.	(73,8)	.	.	.	.	.
1960	129,7	38,9	29,9	23,2	8,0	59,6	20,5
1961	132,8	39,9	30,1	24,1	8,9	60,5	22,0
1962	142,0	41,7	29,4	26,0	7,2	62,4	17,0
1963	150,3	43,0	28,8	28,5	5,6	66,2	13,0
1964	175,2	47,1	27,1	31,6	5,5	67,0	11,0
1965	196,7	48,7	24,8	32,9	5,7	67,5	11,6
1966	222,0	50,9	22,9	34,5	6,6	67,7	13,0
1967	250,3	56,8	22,7	40,0	6,9	71,4	12,1
1968	273,4	58,9	21,5	39,5	7,4	67,1	12,6
1969	324,3	62,2	19,2	41,3	9,1	66,4	14,6

Anmerkung: 1952 - 1957 in Preisen von 1957; von 1957 - 1969 in Preisen von 1957 und nach der Abgrenzung des 2. Fünfjahrplans, d. h. ohne den Eigenverbrauch der Kollektivwirtschaften. Landwirtschaftliche Bruttoproduktion von 1957 in Preisen von 1952 = 60,4 Mrd. Yuan, in Preisen von 1957 = 64,9 Mrd. Yuan, in Preisen von 1957 und nach der Abgrenzung des 2. Fünfjahrsplans = 53,7 Mrd. Yuan. Für 1958 waren ursprünglich 67,1 Mrd. Yuan als erzielt gemeldet und für 1959 73,8 Mrd. Yuan geplant worden; diese Produktionswerte wurden jedoch offensichtlich nicht erreicht.

Quellen: Po I-po: „Bericht über den Plan-Entwurf für die Volkswirtschaft im Jahre 1958", Xinhua Banyuekan, Nr. 5, 1958. — Chao Ching-hsin: „Eine Analyse der Marktsituation unseres Landes nach der Kollektivierung", Jingji Yanjiu, Nr. 5, 1956. — Wang Keng-chin: „Einige Erfahrungen mit landwirtschaftlicher Planung", Jihua yü Tongji, Nr. 14, 1959. — Eigene Schätzungen DIW.

Literaturhinweise

A. Sowjetunion

1. Bücher und Aufsätze

Balzak, S., *Vasyutin,* V. und *Feigin,* J.: Economic Geography of the Sovietunion. New York 1951.

Bolschaja Sow. Enzyklop. Bd. 1, 15, 24, 25, 39, 42. Moskau 1949—1956.

Eisendrath, E.: Das Bevölkerungspotential der Sowjetunion. Berlin 1960.

Ekonomitscheskije Osnowy Raswitija Sozialistitscheskogo Selskogo Chosjajstwa. Moskau 1967.

Geschichte der Kommunistischen Partei der Sowjetunion. Berlin 1946.

Fischer, R.: Stalin und der deutsche Kommunismus. Frankfurt/M. 1949.

Grossmann, Ph.: Agricultural employment in „Soviet Studies". Glasgow 1968.

Leimbach, W.: Die Sowjetunion. Stuttgart 1951.

Lorimer, F.: The population of the Sovietunion. Geneva 1946.

Perschin, P. N.: Agrar- und Forstwirtschaft. Moskau 1922.

Prokopovitsch, S. N.: Rußlands Volkswirtschaft unter den Sowjets. Zürich 1944.

Rochlin, R. P.: Agrarpolitik und Agrarverfassung der Sowjetunion. Berlin 1960.

Shabad, Th.: Geography of the USSR. New York 1951.

Sozialititscheskoje Stroitelstwo SSSR. Moskau 1935.

Strana Sowjeto sa 50 let. Moskau 1967.

Torschestwo Leninskogo Kooperatiwnogo Plana. Moskau 1969.

Wedekin, K. E.: Privatproduzenten in der sowjetischen Landwirtschaft. Köln 1967.

Wneschnjaja Torgowla SSSR 1918—1966. Moskau 1967.

2. Periodische Veröffentlichungen

Ekonomika Selskogo Chosjajstwa.	Moskau.
Ekonomitscheskaja Gaseta.	Moskau.
Kommunist.	Moskau.
Narodnoje Chosjajstwo SSSR.	Moskau.
Posewnyje Ploschtschadi SSSR.	Moskau.
Prawda.	Moskau.
Selskoje Chosjajstwo SSSR.	Moskau.
Sowjetskaja Rossija.	Moskau.
Sowjetskaja Torgowlja.	Moskau.
Statistitscheskij Sprawotschnik SSSR.	Moskau.
Statistitscheskij Westnik.	Moskau.

SSSR w Zyfrach.	Moskau.
Westnik Statistiki.	Moskau.
Woprossy Ekonomiki.	Moskau.
Wochenberichte des DIW.	Berlin.

B. China

1. *Bücher und Aufsätze*

Balacz, E.: Bureaucracy and Society — Variations on a Theme. New Haven, Conn. 1965.

Bernstein, T. B.: Leadership and Mass Mobilization in the Soviet and Chinese Collectivzation Campaigns of 1929—30 and 1955—56: A Comparison. In: The China Quarterly, No. 31, July—September 1967.

Bettelheim C., *Charrière*, J., *Marchisio*, H.: La Construction du Socialisme en Chine. Paris 1965.

Biehl, M.: Die Chinesische Volkskommune im „Großen Sprung" und danach. Hamburg 1965.

Brandt, C., *Schwartz*, B., *Fairbank*, J. K.: A Documentary History of Chinese Communism. London 1952.

Buck, J. L.: Land Utilization in China — A study of 16 786 farms in 168 localities, and 38 256 farm-families in twenty-two provinces in China, 1929—1933. Nanking 1937. 3 vols.

Burki, S. J.: A Study of Chinese Communes 1965. Cambridge, Mass. 1969. = Harvard East Asian Monograph, No. 29 =

Chao Kuo-chün: Agrarian Policy of the Chinese Communist Party, 1921—1959. London 1960. = Issued under the Auspices of the Indian School of International Studies and the Institute of Pacific Relations, New York =

Chen Hsueh-nung: Transforming a Poor Hill Village. In: Peking Review, No. 25, vom 19. 6. 1964.

Cheng Chu-yuan: Communist China's Economy 1949—1962. South Orange, N. J. 1963.

Chün Tu-ch'ü: „Chinese Class-Differentiation and Its Ideology". In: A. W. *Wright*: Studies in Chinese Thought. Cambridge, Mass. 1956.

Country Party Secretary *Chiao Yu-lu*. in: Peking Review, No. 9, vom 25. 2. 1966.

Cressey, F. B.: Land of the 500 Million — A Geography of China. New York 1955.

Crook, D. and I.: Revolution in a Chinese Village, Ten Mile Inn. London 1959. = International Library of Sociology and Social Reconstruction =

Fei Hsiao-tung: Peasant Life in China, A Field Study of Country Life in the Yangtze Valley. London 1939. = International Library of Sociology and Social Reconstruction =

Großmann, B.: Die wirtschaftliche Entwicklung der Volksrepublik China — Methoden und Probleme kommunistischer Entwicklungspolitik. Stuttgart 1960. = Ökonomische Studien, Heft 6, Herausgegeben vom Institut für Außenhandel und Überseewirtschaft an der Universität Hamburg =

Hinton, W.: FANSHEN — A Documentary of Revolution in a Chinese Village. New York 1966.

Hoffmann, C.: Workincentive Practices and Policies in the People's Republic of China 1953—1965. New York 1967.

Hsiao *Tso-liang*: The Land Revolution in China, 1930—1934, A study of documents. Seattle 1969. = Far Eastern and Russian Institute Publications on Asia, No. 18 =

Hsueh Mu-chiao, Su Hsing, Lin Tse-li: The Socialist Transformation of the National Economy in China. Peking 1960.

Ishikawa, S.: „Agricultural Crisis in China". In: The Japan Quarterly, Tokio. Vol. XIV, No. 4, Oct.—Dec. 1961, S. 403.

Ishikawa, S.: National Income and Capital Formation in Mainland China, An Examination of Official Statistics. Tokio 1965.

Ishikawa, S.: „Rural Kommunes, a Re-assessment. In: Far Eastern Economic Review, HongKong, Vol. XXXI, (1960), S. 720.

Jen Yu-di: Kurzgefaßte Geographie Chinas. Peking 1964.

Johnson, C. A.: Peasant Nationalism and Communist Power, The Emergence of Revolutionary China 1937—1945. London 1963.

Jones, E. F.: The Emerging Pattern of China's Economic Revolution. In: An Economic Profile of Mainland China. Vol. I, II. Washington, D. C. 1967. Vol. I, S. 77 ff. = Studies prepared for the Joint Economic Committee Congress of the United Staates =

Jones, P. P. and *Poleman,* T. T.: Communes and the Agricultural Crisis in Communist China. Vol. III, No. 1, Feb. 1962. = Food Research Institute Studies, Stanford University =

King, F. H.: Farmers of Forty Centuries — or Permanent Agriculture in China, Korea and Japan. London 1927.

Kolb, A.: Ostasien, China—Japan—Korea, Geographie eines Kulturerdteils. Heidelberg 1963.

Li Choh-ming: Economic Development of Communist China, An Appraisal of the First Five Years of Industrialisation. Berkeley and Los Angeles 1959. = Publications of the Bureau of Business and Economic Research, University of California =

Li Choh-ming: The Statistical System of Communist China. Berkeley and Los Angeles 1962.

Li Fu-chun: Report on the First Five-Year Plan for Development of the National Economy of the People's Republic of China in 1953—1957. Peking 1955.

Linebarger, P. M.: The China of Chiang Kai-shek. Boston 1941.

Mao Tse-tung: Selected Works. Peking 1961—1965. Vols. I-IV.

Mao Tse-tung: Über die genossenschaftliche Zusammenarbeit in der Landwirtschaft. Berlin 1957.

Myrdal, J.: Report from a Chinese Village. New York 1965.

Nove, A.: Collectivization in Russia and China. In: E. F. *Szczepanik,* Ed.: Symposium on Economic and Social Problems of the Far East. HongKong 1962.

Perkins, D. H.; with the assistance of Wang, Hsiao and Su: Agricultural Development in China 1368—1968. Chicago 1969. = Social Science Research Council, Committee on the Economy of China =

Schurmann, F.: Ideology and Organization in Communist China. Berkeley and Los Angeles 1968. 2. Aufl.

Shen, T. H.: Agricultural Resources of China. Ithaca, N. Y. 1951.

Skinner, G. W.: Marketing and Social Structure in Rural China. Parts I-III. In: The Journal of Asian Studies, Vol. 24, No. 1, S. 3 ff.; No. 2, S. 195 ff.; No. 3, S. 363 ff.

Tang, A. M.: „Policies and Performance in Agriculture." S. 459 ff. In: A. *Eckstein,* W. *Galenson,* Ta-chung *Liu*: Economic Trends in Communist China. Chicago 1968. = Social Science Research Council, Committee on the Economy of China =

Teng Ssu-yu, and *Fairbank,* J. K.: China's Response to the West, a documentary survey, 1839–1923. Cambridge, Mass. 1954.

Tregear, T. R.: A Geography of China. London 1965.

Tung Ta-lin: Agricultural Cooperation in China. Peking 1959.

Walker, K. R.: Planning in Chinese Agriculture – Socialization and the Private Sector, 1956–1962. London 1965.

Walker, K. R.: Collectivization in Retrospect: The Socialist High Tide of Autumn 1955 – Spring 1956. In: The China Quarterly, No. 26, April–June 1966.

Wilmanns, W.: Die Landwirtschaft Chinas. Berlin 1938. = Berichte über Landwirtschaft, N. F. Sonderheft 133 =

Winfield, G. F.: China – The Land and the People. New York 1948. = Issued in cooperation with The American Institute of Pacific Relations =

Wittfogel, K. A.: Wirtschaft und Gesellschaft Chinas. Erster Teil: Produktivkräfte, Produktions- u. Zirkulationsprozeß. Leipzig 1931. = Schriften des Instituts für Sozialforschung, Frankfurt/Main, Bd. 3, 1 =

Wu Chao-chu: The Nationalist Programme for China. London 1929.

Yuan-li Wu: An Economic Survey of Communist China. New York 1956.

Yang, C. K.: A Chinese Village in Early Communist Transition. Cambridge, Mass. 1959.

Yang Hsin-pao: Training rural leaders. Rom 1950. = FAO Study of the Shantan Bailie School, Kansu Province =

Yang, M. C.: Taitou, A Chinese Village. New York 1964. 2. Aufl.

2. *Periodische Schriften, Dokumenten-Sammlungen*

Da Gong Bao, Peking

Guang Ming Ribao, Peking

Renmin Ribao, Peking

Jingji Yanjiu, (Wirtschaftsforschung) Peking

Hongqi, (Rote Fahne) Peking

Jihua yü Tongji, (Planwirtschaft und Statistik)

People's China, Peking

Peking Review, Peking

China Reconstructs, Peking

Asian Survey, Berkeley, Cal.

Far Eastern Economic Review, HongKong

The China Quarterly, London

UN, ECAFE, Economic Bulletin for Asia and the Far East, Bankok

UN, FAO, Production Yearbook, Rom

UN, FAO, Monthly Bulletin of Agricultural Economics and Statistics, Rom

Contemporary China, HongKong, vols. I—VI

Renmin Shouce, (Volkshandbuch) Da Gong Baoshe Verlag, Peking

Wochenberichte des DIW, Berlin

Statistisches Bundesamt Wiesbaden, Reihe Allgemeine Statistik des Auslandes, Länderberichte Volksrepublik China 1961.

Stae Statistical Bureau, Ten Great Years — Statistics of the Economic and Cultural Achievements of the People's Republic of China. Peking 1959.

Shih Ching-tang, u. a., Zhongguo nongyeh hozuohua yundong shihliao. (Sammlung von Material über die landwirtschaftliche Genossenschaftsbewegung in China) Peking 1959 (Bd. 2).

Die Dokumente der 2. Tagung des 8. Parteitages der KPCh. (Deutsche Ausgabe) Peking 1958.

Eightth National Congress of the Communist Party of China. Peking 1956. Vol. I + II.

The Agrarian Reform Law of the People's Republic of China and other Relevant Documents. Peking 1950.

Cooperative Farming in China. Decisions on the Development of Agricultural Producers Cooperatives. Adopted by the Central Committee of the Chinese Communist Party. Peking 1954.

Decision on Agricultural Cooperation. Adopted at the Sith Plenary Session (Enlarged) of the Seventh Central Committee of the Communist Party of China, October 11, 1955. Peking 1956.

Model Regulations for Agricultural Producer's Cooperatives. Adopted by the Standing Committee of the National People's Congress of the People's Republic of China, on March 17, 1956. Peking 1956.

Model Regulations for Advanced Agricultural Producers' Cooperatives. Peking 1956.

National Programme for Agricultural Development 1956—1967. Peking 1960 (Revidierte Fassung).

People's Communes in China. Peking 1958.

Printed by Libri Plureos GmbH
in Hamburg, Germany